Markus Meier und Janina Rauscher

Griechenland

# Pindosgebirge

## mit Meteora

52 ausgewählte Touren



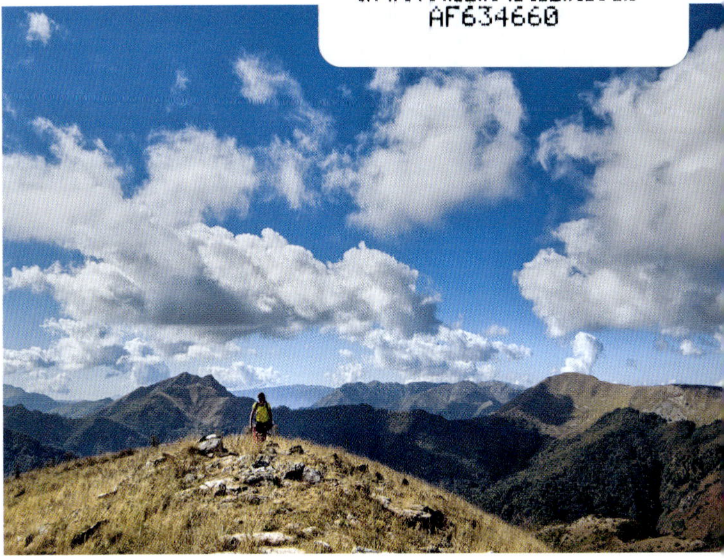

ROTHER
BERGVERLAG

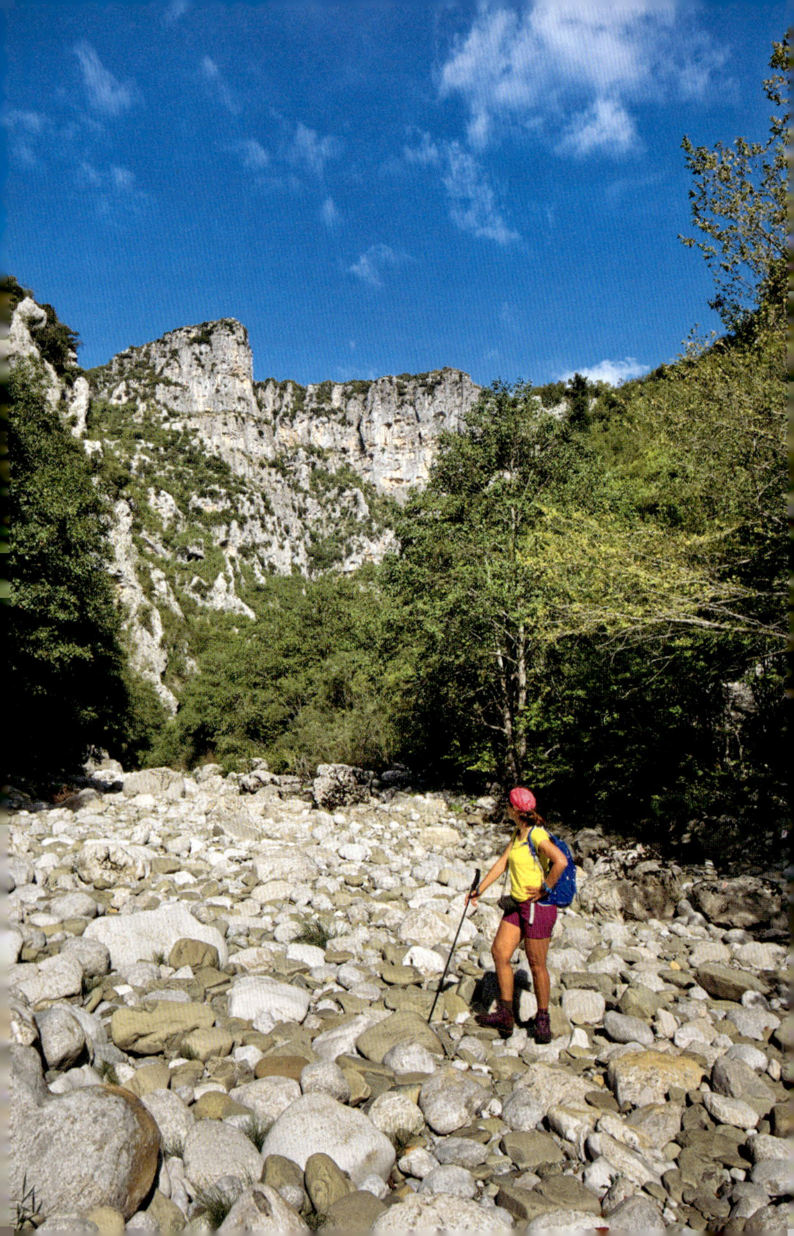

# VORWORT

Wir freuen uns sehr über den Anklang unseres Wanderführers und die 2. Auflage. Bergsteigen in Griechenland ist abgesehen vom Olymp eher unbekannt, obwohl das Land einen Gebirgsanteil von 75% hat. So ist unsere Motivation, Menschen in dieses wunderschöne Gebirge, das Pindosgebirge zu locken.

Das Gebirge erstreckt sich von der Albanischen Grenze im Nordwesten des Landes bis in den Süden Nordgriechenlands. Wandern und Bergsteigen hat in einigen Regionen dieses Gebirges eine lange Tradition. Gerade die Gebiete um die Astrakahütte und um den Smolikas sind gut erschlossen. Überlaufen ist immer noch keine der Gegenden, ganz im Gegenteil. Oft trafen wir tagelang keine Menschen auf unseren Wanderungen. Das gilt jetzt nicht für die bekannten Touren wie zum Smolikas, Drakolimni oder durch die Vikosschlucht. Aber selbst am Astraka, unweit der gleichnamigen Hütte waren wir ganz alleine. Ganz besonders gilt das für die Wanderungen im südlichen Pindosgebirge. Obwohl auf der Karte Routen eingezeichnet sind, bewegen wir uns häufig im weglosen Gelände oder auf nicht markierten Steigen, die von den Weidetieren geformt wurden.

Die Touren sind sehr abwechslungsreich. Es gibt die großen und langen Bergtouren wie zum Smolikas, über die Gamila, auf die beiden Avgos oder die Überschreitung des Kakarditsa. Es gibt tiefe Schluchten, allen voran die eindrucksvolle Vikosschlucht, aber auch romantische Täler wie das Valia Kalda. Sehr schön sind auch die Touren zu historischen Brücken und Orten. Eine Sonderstellung nimmt Meteora ein. Die Felstürme aus Konglomeratgestein mit den Klöstern sind sehr beeindruckend und ein bekanntes Touristenziel. Die Felsen gehören aber nicht zum Pindosgebirge. Wir erwähnen sie trotzdem in diesem Buch, weil sie sehr benachbart sind und Meteora selbst auch ein guter Ausgangspunkt für zwei Wanderungen im südlichen Pindosgebirge sind.

Wir wünschen nun viel Spaß bei der Entdeckung des Pindosgebirges.

Frühjahr 2024 — Markus Meier und Janina Rauscher

*Im trockenen Flussbett der Vikosschlucht.*

# INHALTSVERZEICHNIS

## SYMBOLE

**Symbole im Tourenkopf**

- Mit Bahn/Bus erreichbar
- Einkehrmöglichkeit unterwegs
- für Kinder geeignet

**Symbole im Höhenprofil**

- Parkplatz
- Ort mit Einkehrmöglichkeit
- Einkehrmöglichkeit
- Unbewirtschaftete Hütte
- Kloster, Kirche, Kapelle
- Brücke
- Abzweigung
- Gipfel
- Pass, Sattel
- Höhle
- Aussichtsplatz
- Picknickplatz
- Quelle
- Wasserfall
- Badestelle

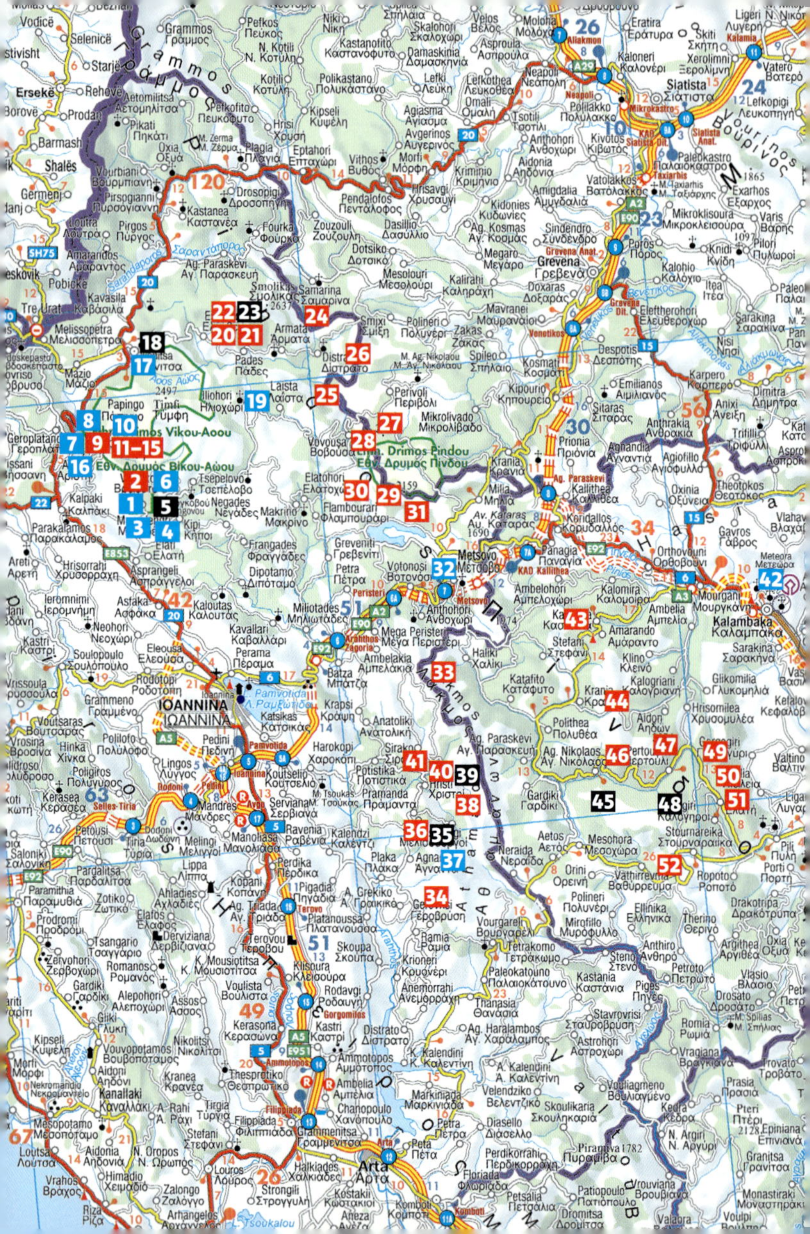

IOANNINA
ΙΩΑΝΝΙΝΑ
Pamvotida
Λ. Παμβώτιδα
Metsovo
Μέτσοβο
Kalambaka
Καλαμπάκα
Grevena
Γρεβενά
Siatista
Σιάτιστα
Arta
Άρτα
Konitsa
Papingo
Πάπιγκο
Ersekë
Grammos
Smolikas
Εθν. Δρυμός Βίκου-Αώου
Εθν. Δρυμός Πίνδου
Aoos Αώος
Filippiada
Φιλιππιάδα
Dodoni
Δωδώνη
Vourinos
Βούρινος
Meteora
Μετέωρα
Samarina
Σαμαρίνα
Vovousa
Βοβούσα
Tsepelovo
Τσεπέλοβο
Kalpaki
Καλπάκι
Kipi
Κήποι
Elati
Ελάτη
Kalambaka
Pertouli
Περτούλι
Neraida
Νεράιδα
Ammotopos
Αμμότοπος
Anilio
Anthohori
Ανθοχώρι
Mega Peristeri
Μέγα Περιστέρι
Kastrakı
Pamvotida
Perama
Πέραμα
Ag. Paraskevi
E90
E92
E951
E853
A2
A5
A29

# WICHTIGE HINWEISE FÜR UNTERWEGS

## Anforderungen

Das Pindosgebirge bietet eine große Auswahl von Touren mit sehr unterschiedlichem Charakter. Entsprechend sind auch die Anforderungen an die Wanderer und Abenteurer je nach Tour zu beurteilen. Von weglosen Touren, die teilweise etwas zuwachsen, über gut markierte Wanderungen zwischen romantischen Dörfern bis zu langen anspruchsvollen Bergtouren ist alles dabei. Gerade in der Region Zagori und am Smolikas sind die Wege gut ausgebaut und markiert. Trotzdem sind manche Touren nicht zu unterschätzen. Besonders der Smolikas, das zentrale Tymfigebirge und ein Besuch der Vikosschlucht sollten nur bei stabilem Wetter und einer guten Kondition ins Auge gefasst werden. Im südlichen Pindos sind viele Wege nicht oder nur schlecht markiert. Gerade in der Region Tzoumerka tut sich in der Richtung gerade etwas, aber es gibt viele Wege, für die ein gutes Orientierungsvermögen unerlässlich ist. Die in diesem Buch beigefügten GPS-Tracks können dabei eine große Hilfe sein, gerade im etwas unübersichtlichen Waldgelände. Besonders wenig begangene Wege können schnell zuwachsen und unübersichtlich werden. Einige Touren sind auch ziemlich lang und erfordern eine sehr gute Kondition.

## Schwierigkeitsbewertung

Die Schwierigkeitsangaben können sich durch Nässe, Schnee, Nebel oder Wegunterbrechungen verändern. Unsere Bewertung haben wir aufgrund eigener Erfahrung bei der Begehung vorgenommen.

### SCHWIERIGKEITSKATEGORIEN

#### ■ Leicht

Diese Wanderungen überwinden geringe Steigungen, sind nicht ausgesetzt und bedürfen keiner besonderen Fähigkeiten. Sie sind gut für Anfänger und Kinder geeignet.

#### ■ Mittel

Die Wanderungen sind meist durch steile Auf- und Abstiege gekennzeichnet. Sie verlaufen auf längeren Strecken und erfordern an einzelnen Stellen den Einsatz der Hände. Trittsicherheit und Schwindelfreiheit sind vereinzelt erforderlich.

#### ■ Schwierig

Diese Wanderungen sind dadurch gekennzeichnet, dass sie hohe konditionelle Anforderungen stellen. Die Touren führen auch in wegloses Gelände. Trittsicherheit ist unbedingt, vereinzelt auch Schwindelfreiheit erforderlich. Auch gute Orientierungsfähigkeit und fundierte Bergerfahrung, sowie etwas Abenteuerlust sind unabdingbar.

## Gehzeiten und Höhenunterschiede

Bei den angegebenen Gehzeiten handelt es sich um reine Gehzeiten eines Wanderers mit durchschnittlicher Kondition, also ca. 4 Kilometer in ebenem Gelände und ca. 400 Höhenmeter pro Stunde im Aufstieg. Dabei sind keine Pausen eingerechnet. Die Angaben sind als Richtwerte zu verstehen, da sie von Kondition und den Verhältnissen abhängig sind. Die Höhenunterschiede sind leicht gerundet. Bei Streckenwanderungen sind die Auf- und Abstiege der beschriebenen Tour getrennt angegeben. Bei Rundtouren bilden die Höhenangaben die Summe der Anstiege und Gegenanstiege. Bei der Tourenplanung unbedingt beachten, dass selbst erfahrene Wanderer im weglosen Gelände aufgrund des dichten Bewuchs häufig langsamer vorankommen.

## Gefahren

Viele Touren folgen deutlichen Wegen. Die Touren in unmarkiertem Gelände, die teilweise auch in hochalpines Gelände führen, sollten mit sorgfältiger Planung und ausreichend Vorbereitung begangen werden. Wir weisen auf das Gelände bei jeder Tour hin. Bei Schlechtwetter besser die meisten Touren meiden. Ausnahmen sind beispielsweise die Tour Ano Kleidona (Nr. 7), die Klöster bei Meteora (Nr. 42) oder die Brückentour bei Kipi (Nr. 4). Es gibt anders als in den Alpen auch keine Bergrettung im Pindosgebirge. Die Feuerwehr in Ioannina hat eine Brigade, die im Gebirge ausgebildet wurde und bei Bergunfällen helfen kann. Verlassen sollten wir uns darauf aber nicht, zumal im Zweifel Ioannina sehr weit weg ist.

*Am Weg von Samarina zum Smolikas.*

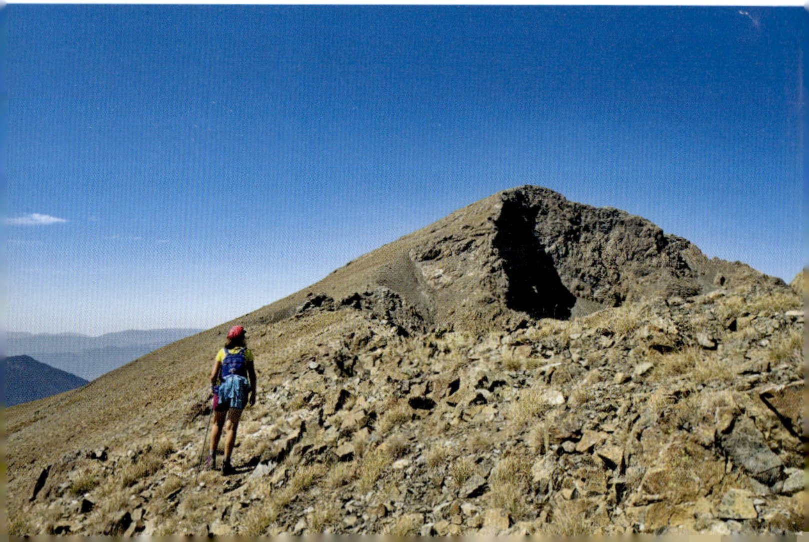

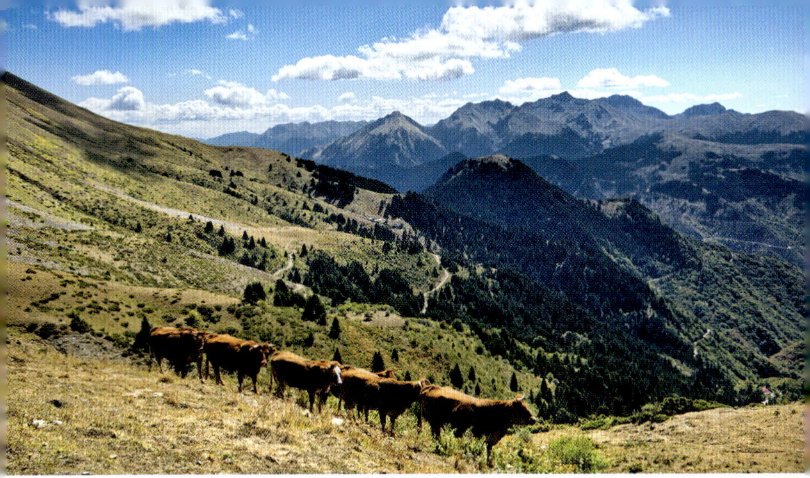

*Kühe am Weg zum Avgo im südlichen Pindos.*

## Begegnung mit Tieren

### Hirtenhunde

Eine Besonderheit sind die Schafherden, die im Pindosgebirge weiden. Meistens meiden sie die Wanderpfade, aber dies ist nicht immer der Fall. Idealerweise weicht man den Herden in großem Bogen aus, denn die Hirtenhunde bei den Herden sind nicht zu unterschätzen. Sie sind dafür ausgebildet, die Herde vor Feinden zu beschützen. Sind Schäfer bei den Herden, dann haben diese ihre Hunde meistens im Griff. Trotzdem kann eine gewisse Vorsicht nicht schaden. Sollten Sie trotzdem mal auf Hunde treffen, sollten Sie sich sehr vorsichtig zurückziehen. Keinesfalls wegrennen. Stöcke können helfen, die Hunde auf Abstand zu halten. Es gibt auch einzelne Pferdeherden im Pindos. Auch hier sind gerne Hunde als Bewachung dabei. Sollten die Hunde schon zu nahe für den Rückzug sein, warten Sie in aller Ruhe ab, bis die Hunde das Interesse verlieren.

### Kuhherden

Die Kühe im Pindos sind meistens harmlos. Trotzdem sollten Sie besser nicht mitten durch die Herde gehen. Vor allem wenn Jungtiere dabei sind, sollten die Herden großräumig umgangen werden. Normalerweise sind keine Hunde bei den Kühen, wir haben aber auch einmal eine Ausnahme erlebt. Daher lieber etwas vorsichtiger sein.

### Schlangen

Im Pindosgebirge leben giftige Schlangen wie die Hornotter, die giftigste Schlange Europas. Sie ist aber sehr scheu und verschwindet schnell im Gebüsch. Hohe Wanderschuhe und eine lange Hose sind ein guter Schutz. Im hohen Gras und auf warmen Steinen lassen Sie besser Vorsicht walten.

Wanderstöcke helfen und auch die Vibration beim Gehen verscheucht die Schlangen meistens. Wir haben nur ein paar kleinere Exemplare auf unseren Wanderungen gesehen. Sollte es trotzdem mal zu einem Biss kommen, muss unbedingt ein Arzt aufgesucht und ein Gegengift geben werden.

■ **Bären**

Im Pindosgebirge gibt es Braunbären. Die Zahlen unterscheiden sich sehr. Normalerweise sind es recht scheue Tiere, die aufgrund ihres guten Gehörs den Wanderer schon frühzeitig entdecken. Trotzdem gibt es immer wieder Berichte von Begegnungen. Treffen Sie auf einen Bären, ziehen Sie sich besser langsam zurück. Der Braunbär ist nicht aggressiv, jedoch mit Jungtieren oder wenn er sich in die Enge gedrängt fühlt, unberechenbar. Auf unseren Touren konnten wir viele Spuren und jede Menge Bärenkot entdecken.

## Wandern mit Kindern

Gerade die kürzeren, leichteren Wanderungen können mit Kindern unternommen werden. Jeder muss jedoch eigenverantwortlich entscheiden, welche der Wanderungen für die eigenen Kinder gemessen an ihrem Alter und ihrer Kondition machbar sind. Wir haben einige der Touren mit dem Symbol »für Kinder geeignet« versehen. Diese zeichnen sich durch verschiedene Qualitäten aus: entweder sind sie besonders kurz, einfach zu wandern oder bieten eine abwechslungsreiche und spannende Tageswanderung für die Kleinen.

## Anfahrt

Da öffentliche Verkehrsmittel kaum vorhanden sind, benötigen Sie für die Wanderungen ein Auto. Für viele Anfahrten zu den Ausgangspunkten der Touren ist ein normaler Pkw ausreichend. Bei einzelnen Zufahrten macht ein allradgetriebener Geländewagen Sinn. Dies geben wir bei den Touren jeweils an. Für Streckenwanderungen sollten Sie im Vorfeld einen Transfer organisieren, um nicht am Endpunkt stecken zu bleiben.

## Einkehr

Auf den Wanderungen, die auf historischen Wegen zwischen den Bergdörfern führen, gibt es in den Dörfern oft eine wunderschöne Einkehr. Meist am romantischen Dorfplatz unter einem großen Baum. Bei vielen Bergtouren müssen wir leider ohne Einkehrmöglichkeit auskommen. Dann nehmen Sie für die Tour besser eine Verpflegung mit. Wasser bzw. eine Flasche sollten Sie unbedingt auf jeder Tour dabei haben, da es in Griechenland ordentlich heiß werden kann. Im Pindosgebirge gibt es häufig Trinkwasserquellen, die an manchen Wanderungen auch markiert sind. Hier können Sie sich bedenkenlos mit Wasser versorgen.

*Die Kokkorosbrücke.*

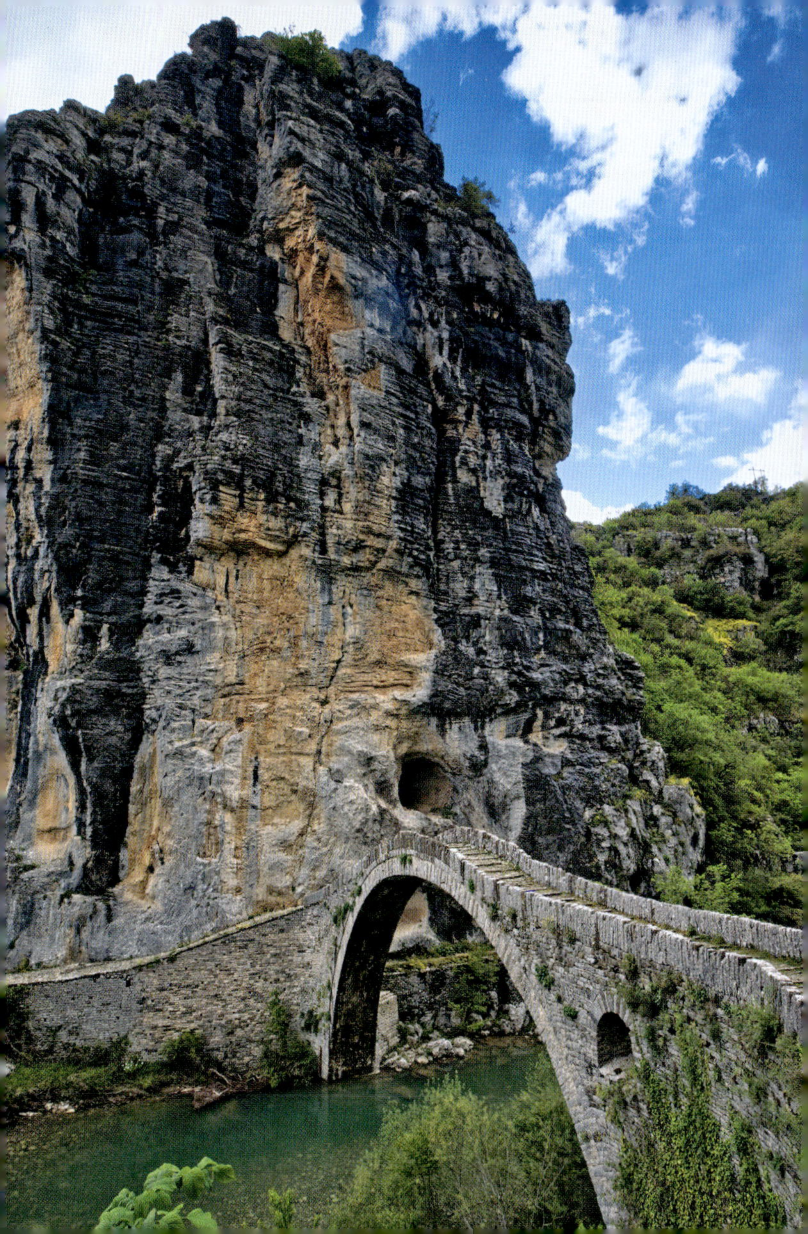

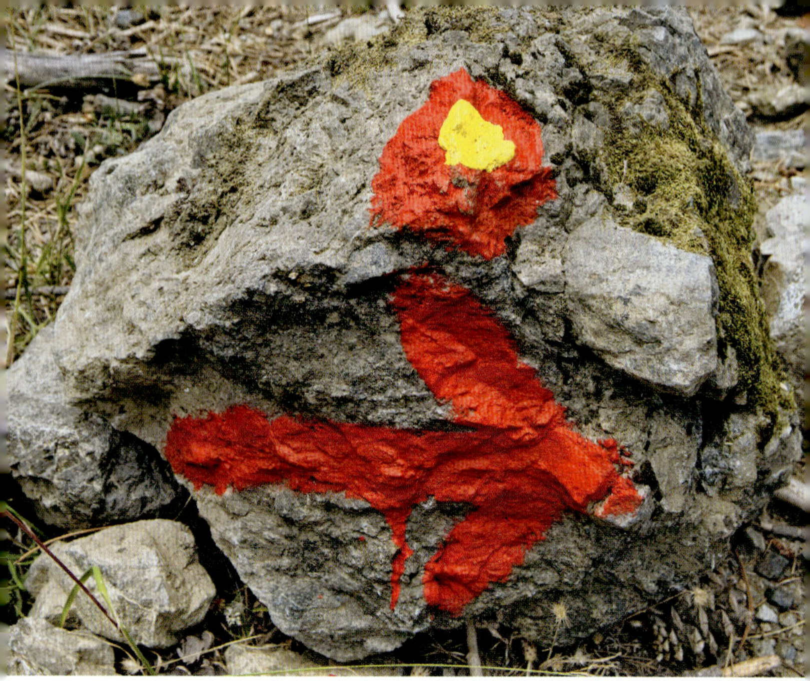

*Manche Wege sind sehr gut markiert.*

## Hütten

Es gibt vier bewirtschaftete Hütten im Pindosgebirge. Die beliebte und gut geführte Astrakahütte im Tymfigebirge, die gemütliche kleine Smolikashütte, die Hütte bei Melissourgoi und das Refuge Vosousa. Die Hütte am Koziakas ist nur auf Nachfrage und an Wochenenden bewirtschaftet.

## Markierung & Ausschilderung

Die Markierungen und Ausschilderungen im Pindosgebirge sind ganz unterschiedlich. Die Beschilderung mit Wegweisern ist eher mittel bis schlecht. Auf der anderen Seite gibt es sehr gut markierte Wanderwege. Das sind vor allem die Wege am Smolikas, um die Astrakahütte, durch die Vikosschlucht und zwischen den Dörfern im südlichen Zagori, sowie ein paar Touren bei Vovousa und Metsovo. Auch in der Region Tzoumerka gibt es inzwischen einige Markierungen. Der südöstliche Teil des Pindos ist dagegen eher schwach markiert. Teilweise handelt es sich auch um alte Markierungen, die nicht mehr gepflegt werden. Einzige Ausnahme ist hier das Koziakas Massiv. Hier gibt es ein gutes Wegenetz mit markierten Wanderwegen.

## Beste Wanderzeit

Die beste Wanderzeit ist von Mitte Mai bis Ende Juni und von Anfang September bis Ende Oktober. Dann ist das Wetter meistens sehr stabil, und der Schnee hat sich von den Bergen zurückgezogen. Mit einzelnen Schneefeldern rechnen Sie aber besser bis in den Juni hinein. Gerade die tiefer gelegenen Wanderungen sind bereits früher im Jahr möglich und auch bei schönem Wetter noch im November. Auch Juli und August sind Wandermonate, allerdings ist es dann auch im Pindosgebirge häufig unerträglich heiß. Der Vorteil dieser beiden Monate ist, dass ein Bad im kühlen Gebirgsbach als sehr angenehm empfunden wird.

## Ausrüstung

Für die Touren benötigen Sie normale Bergwanderausrüstung. Dazu gehören natürlich stabile Wanderstiefel. Für die Touren zwischen den Zagori-Dörfern oder entlang des Voidomatis genügen auch feste Halbschuhe. Im Sommer ist es meistens sehr heiß und trocken. Im Frühjahr und Herbst kann es dagegen manchmal auch kühl sein und auch einen Tag regnen. Daher gehören Regenkleidung und auch eine Mütze und Handschuhe gerade in diesen Jahreszeiten in den Rucksack. Das Pindosgebirge ist reich an Wasser und Quellen, sodass immer wieder die Möglichkeit besteht, seine Wasserflasche aufzufüllen.

## Karten

Für das Pindosgebirge gibt es folgende im Anavasi Verlag erschienene Wanderkarten im Maßstab 1:50.000: 3.1 Zagori, 3.2/4.2 South Pindos, 6.4 Valia Kalda – Vasilitsa, sowie im Maßstab 1:40.000 3.3 Gramos – Smolikas, Voio – Vasilitsa. Für Meteora gibt es, ebenfalls vom Anavasi Verlag herausgegeben, eine Wanderkarte im Maßstab 1:10.000 4.2.1 Meteora.

## GPS-TRACKS UND KOORDINATEN DER AUSGANGSPUNKTE

Auf **gps.rother.de** stehen zu diesem Wanderführer GPS-Tracks und die Koordinaten der Ausgangspunkte zum kostenlosen Download bereit. Dieser QR-Code führt direkt zum Download.

**2. Auflage**, Passwort: **456102znk**

Die GPS-Tracks können in die **Rother App** importiert werden. In der App kann man unterwegs stets sehen, wo man gerade ist und wo es langgeht. **Anleitungen dazu: rother.de/gps**

Trotz sorgfältiger Prüfung können wir Fehler und zwischenzeitliche Veränderungen nicht ausschließen. Verlassen Sie sich für die Orientierung niemals einzig und allein auf die GPS-Daten, sondern beurteilen Sie die Verhältnisse vor Ort.

Insgesamt sind die Karten mit Vorsicht zu genießen. Nicht immer sind die eingezeichneten Routen tatsächlich ein markierter Wanderweg oder überhaupt ein Weg. Wir empfehlen die Mitnahme eines GPS-Gerätes.

## Mehrtagestouren

Die Region ist eigentlich bekannt für ihre Tagestouren. Es gibt mit dem Epirustrail und dem Pindustrail Bestrebungen, Mehrtagestouren zu etablieren. Dabei handelt es sich um zwei große, ambitionierte Projekte. Die Zukunft wird zeigen, ob sie realisiert werden können. Von Samarina über Distrato verläuft eine wunderschöne Durchquerung von zwei Tagen auf sehr gut markierten Wegen. Eine weitere Möglichkeit, mehrere Touren zu kombinieren, ist der sogenannte Zagori Trek. Von Mikro Papingo wandern wir zur Astrakahütte und am nächsten Tag weiter nach Tsepelovo. Über Kapesovo geht es nach Vitsa. Am Folgetag durchqueren wir die Vikosschlucht bis nach Mikro Papingo (siehe Tour 15).

## Müll

Es versteht sich von selbst, dass jeder in der unberührten Natur seinen Müll wieder vom Berg mit ins Tal nimmt. Wir möchten doch, dass die Natur noch lange in der jetzigen Schönheit erhalten bleibt.

*Bei der Überschreitung des Koziakas.*

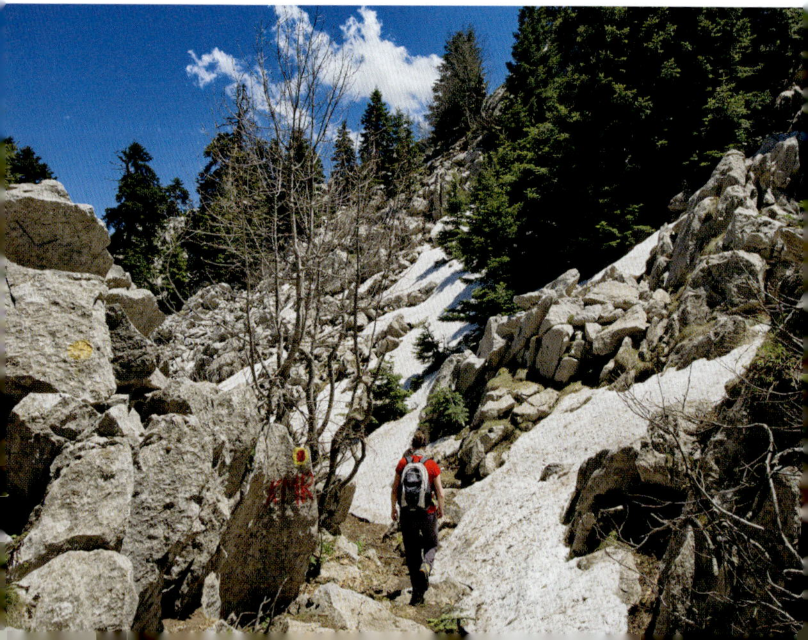

# Der Umwelt zuliebe ...

Auch beim Wandern hinterlassen wir einen ökologischen Fußabdruck, aber im Einklang mit der Natur unterwegs zu sein, ist gar nicht so schwer!

### VORBEREITUNG UND ANFAHRT

- Sich vorab informieren, worauf in Bezug auf Natur und Umwelt in der jeweiligen Wanderregion besonders zu achten ist.
- Soweit möglich mit Bahn und Bus anreisen, Wander- und Rufbusse nutzen.
- Ist eine Anfahrt mit dem Auto nötig, Fahrgemeinschaften bilden.
- Bei weiten Anfahrten Mehrtagestouren planen oder von einem Quartier vor Ort aus mehrere Touren absolvieren.
- Flugreisen möglichst reduzieren und durch Beiträge zu Klimaschutzprojekten kompensieren.

### KLEIDUNG UND AUSRÜSTUNG

- Beim Kauf von Outdoor-Kleidung auf umweltfreundliche und faire Herstellung achten und Kleidungsstücke möglichst viele Jahre nutzen.
- Ausrüstung kann man eventuell auch gebraucht kaufen oder ausleihen.
- Reparieren statt neu kaufen.

### VERPFLEGUNG

- Beim Einkauf Bio-Ware, regionale und saisonale Erzeugnisse bevorzugen.
- Hütten und Gasthäuser auswählen, die regionale Produkte verwenden.
- Auf Einwegflaschen und Plastikverpackungen verzichten, stattdessen wiederverwendbare Trinkflaschen und Brotzeitboxen benutzen.

### ÜBERNACHTUNG

- Bei lokalen Anbietern buchen, damit Menschen vor Ort profitieren.
- Auf Hütten und in anderen Unterkünften Strom und Wasser sparen.

### UNTERWEGS

- Wege benutzen und Abkürzer vermeiden.
- Sperrungen von Wegen und Schutzgebieten respektieren.
- Keine Blumen pflücken und keine Pflanzen entnehmen.
- Waldbrandgefahr beachten.
- Müll wieder mit nach Hause nehmen und dort entsorgen.
- Toilettengänge in freier Natur möglichst vermeiden.
- Lärm vermeiden.
- Hunde an die Leine nehmen.

ROTHER
BERGVERLAG

# TOP-TOUREN

Bei den Top-Touren konnten wir eine auf eine große Bandbreite von verschiedenen Tourencharakteren zurückgreifen. Es geht in die wilde Vikosschlucht, auf beeindruckende Berggipfel wie den Astraka, Smolikas oder den Koziakas, zu romantischen Bergseen wie den Drakolimni oder dem Verliga See. Mit dem Valia Kalda kommt noch ein ursprüngliches Tal hinzu und auch eine Wanderung zu romantischen Dörfern (Kalarrytes und Syrrako) darf nicht fehlen. Das ist unsere persönliche Auswahl an Favoriten. Wir sind uns sicher, dass Sie am Ende Ihres Urlaubes Ihre eigenen Top-Touren zusammenstellen werden.

**Vikosschlucht**
Einen ganzen Tag benötigen wir zum Durchwandern dieser beeindruckenden Schlucht, die sogar einen Eintrag im Guinness-Buch der Rekorde hat *(Tour 2, 6 h).*

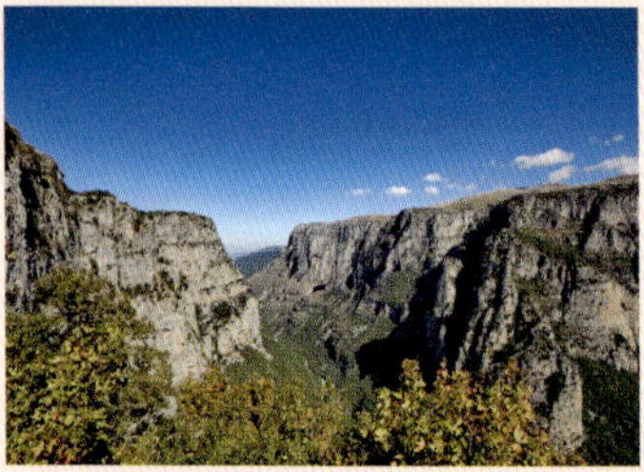

**Beloi-Aussichtspunkt**
Die Stufen von Vradeto sind eine fantastische Weganlage in der Region Zagori. Oberhalb des Ortes wandern wir auf einfachem Weg zum Beloi-Aussichtspunkt mit einem grandiosen Tiefblick in die Vikosschlucht *(Tour 6, 4 h).*

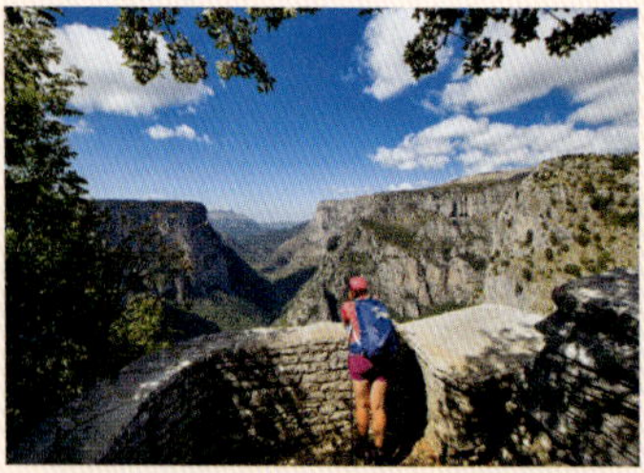

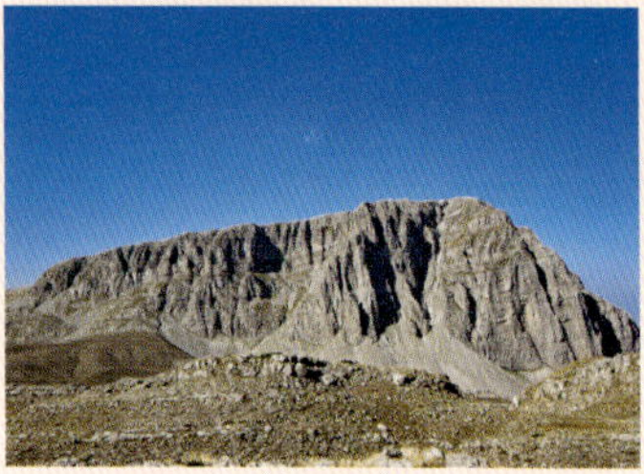

**Rund um den Astraka**
Die Touren um die Astrakahütte sind allesamt großartig. Gerade mit seinem Tal auf der Südseite des Astraka fanden wir diese Runde als die Top-Tour in der Region – auch wenn der Drakolimni und die Gamila auch eine Erwähnung verdient hätten *(Tour 14, 5 h).*

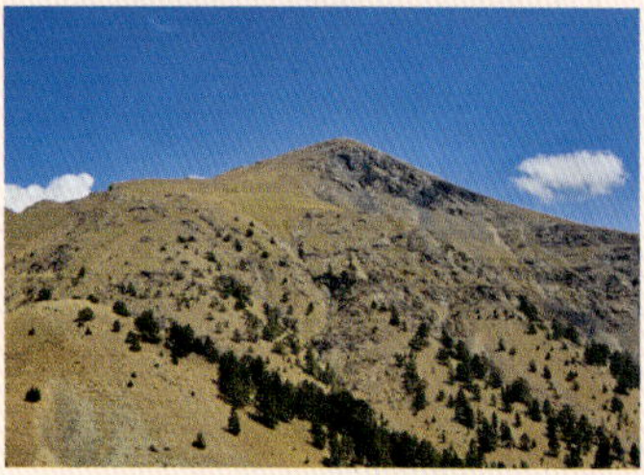

**Drakolimni am Smolikas**
Auch am Smolikas gibt es einen Drachensee. Der Anstieg von Pades zum See, der sich unterhalb des Gipfels befindet, ist ungemein abwechslungsreich *(Tour 21, 7.15 h).*

**Von Samarina zum Smolikas**
Was für eine Bergtour. Lang, anstrengend, abwechslungsreich. Der Weg von Samarina ist die großartigste Tour in diesem Buch, wenn der Aspirant den Anforderungen gewachsen ist *(Tour 23, 9.30 h).*

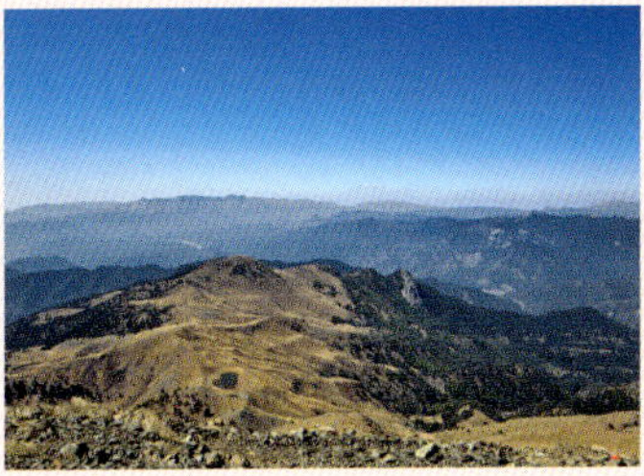

**Ins Valia Kalda**
Das Valia Kalda im Herzen des Nationalparks ist ein wildes Tal. Auf einem abwechslungsreichen, gut markierten Weg wandern wir entlang des Baches taleinwärts bis zu einer schönen Stelle mit Bademöglichkeit *(Tour 29, 5.30 h).*

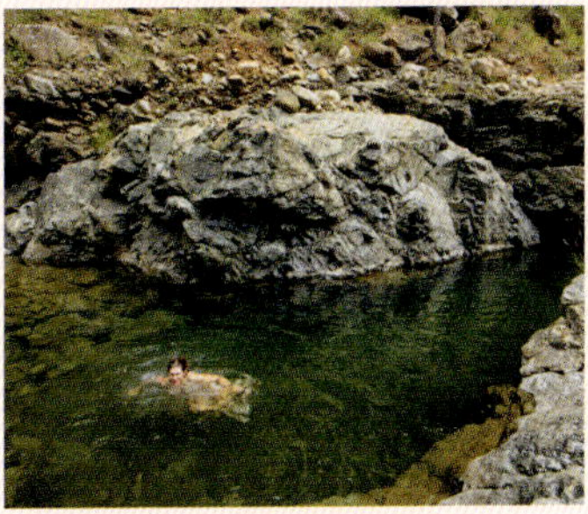

**Verliga-See**
Der See ist ein tolles landschaftliches Kleinod im Peristerigebirge. Gerade im Frühjahr, wenn um den See die Blumen blühen, ist die Gegend ein Traum. Oberhalb des Sees steht der Tsoukarela, der höchste Gipfel des Gebirges *(Tour 33, 7 h).*

**Strogoula**
Dieser beeindruckende Gipfel im Tzoumerkagebirge ist das Wahrzeichen von Pramanta. Steil ist der Aufstieg, großartig die Aussicht. Wem der Gipfelanstieg zu steil ist, der kann auch die Runde zum Wasserfall unternehmen *(Tour 35, 6 h).*

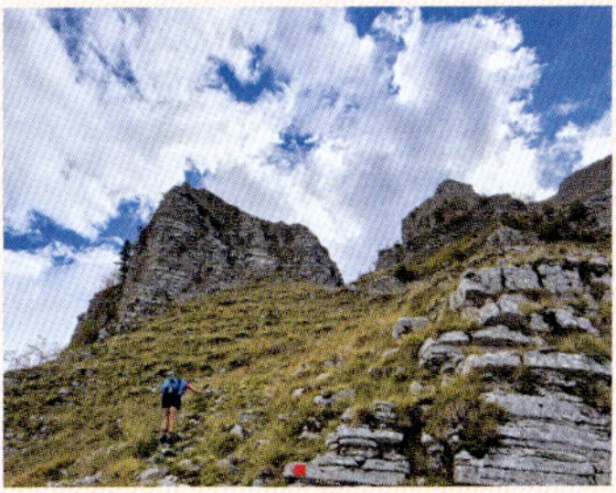

**Kalarrytes und Syrrako**
Zwei märchenhafte Bergdörfer mit schmalen Gassen und eine beeindruckende Schlucht – das sind die Höhepunkte dieser beliebten Rundwanderung. Unweit des Ausgangspunktes befindet sich das sehenswerte Kloster Kipina *(Tour 40, 4.30 h).*

**Koziakas Überschreitung**
Die Region um Elati bietet viele Bergtouren. Das Koziakas Massiv ist gut erschlossen mit markierten Wegen. Die großartigste Runde ist die Überschreitung des Koziakas von Nord nach Süd *(Tour 50, 6.45 h).*

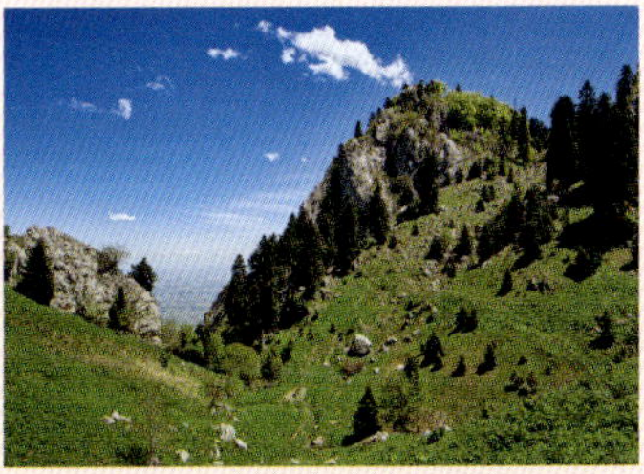

# REISEINFORMATIONEN

## Anreise

Für die Einreise nach Griechenland reicht ein gültiger Reisepass oder Personalausweis. Die Anreise kann entweder mit dem Flugzeug oder der Fähre erfolgen.

■ **Mit dem Flugzeug**

Von vielen deutschen Städten gibt es Direktflüge nach Thessaloniki, das östlich des Pindosgebirges liegt. Die Autobahn Egnatia Odos verbindet Thessaloniki mit Igoumenitsa und führt quer durch das Gebirge. Sie ist somit eine gute und schnelle Zubringerstraße.

Im Sommer wird auch häufig der Flughafen von Preveza südwestlich des Gebirges angeflogen. Gerade für den westlichen Teil des Pindosgebirges ist das eine gute und schnelle Alternative. Eine gut ausgebaute Verbindung führt nach Norden nach Ioannina an der Egnatia Odos. Vor Ort mieten wir uns dann ein Auto. Die Straßen in die Dörfer im Pindosgebirge sind meistens gut, teilweise aber auch ganz schön kurvig. Dafür benötigen wir kein besonderes Auto. Für manche Schotterstraßen ist ein Allradfahrzeug allerdings angenehm. Wir geben dies bei der jeweiligen Tour an. Daher sollten Sie vor der Mietwagenbuchung eine Tourenauswahl vornehmen.

■ **Mit der Fähre**

Von den italienischen Häfen Venedig, Ancona und Bari gibt es Fähren zum griechischen Hafen Igoumenitsa auf der Westseite des Pindosgebirges. Über die Autobahn ist schnell Ioannina am Westrand des Gebirges erreicht.

## Auskunft

Griechische Zentrale für Fremdenverkehr, Direktion für Deutschland, Holzgraben 31, 60313 Frankfurt am Main. +49 69 257827-0, visitgreece.com.de.

## Geld

In Griechenland ist der Euro die Währung. In vielen Restaurants, Geschäften und Hotels können wir mit Kredit- bzw. Debitkarte bezahlen. Bargeld wird allerdings auch sehr gerne genommen, das wir uns in größeren Orten an den aufgestellten Geldautomaten holen können (ATM).

## Klima, Wetter

Im Mai, wenn sich der Schnee zurückzieht, kann es noch Regentage geben, aber meistens finden wir schon gutes Wanderwetter. Im Juli und August wird es dagegen sehr heiß. Hier sollten wir für die Wanderungen in die höheren Regionen gehen, dann sind die Temperaturen meistens ganz angenehm. Ab September wird es wieder kühler, aber der Herbst ist oft noch sehr beständig. Auch im Oktober und sogar im November können wir noch schöne Wanderungen in der Region unternehmen. Im Winter hat es dagegen häufig viel Schnee.

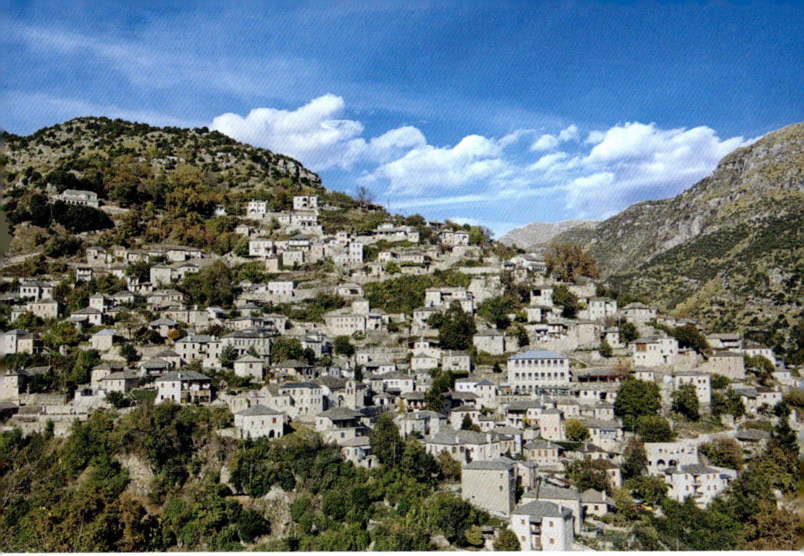

*Das Dorf Syrrako.*

## Unterkunft

Viele Orte bieten einfache, aber gemütliche Unterkunftsmöglichkeiten. Dabei handelt es sich um Gästehäuser mit einer überschaubaren Anzahl von Betten. In den größeren Orten Metsovo, Konitsa und Elati gibt es eine gute Auswahl an Hotels. Die Unterkünfte haben ein gutes Niveau und ein sehr gutes Preis-Leistungs-Verhältnis. Gerade in der Zagori-Region finden wir auch einige hochwertige Hotels mit Wellnessbereich. Viele Übernachtungsmöglichkeiten sind schnell und einfach über booking.com zu buchen.

## Einkaufsmöglichkeiten

In den großen Orten gibt es kleine Lebensmittelläden, in denen wir Verpflegung für den Tag einkaufen können. Die Supermärkte haben am Vormittag und ab dem späten Nachmittag geöffnet. Große Supermärkte gibt es in Thessaloniki und Ioannina. Gerade in den kleineren Orten gibt es eher selten Einkaufsmöglichkeiten. Daher lieber frühzeitig eindecken.

## Essen

Abendessen nehmen wir idealerweise in einer der gemütlichen Tavernen in den Orten ein. Das Preis-Leistungsverhältnis ist sehr gut. Neben den üblichen Fleischgerichten gibt es auch immer eine schöne Auswahl an Vorspeisen, mit denen auch Vegetarier sehr gut zurechtkommen. Manchmal haben wir die Chance auf Briam, ein wirklich leckerer Gemüseeintopf.

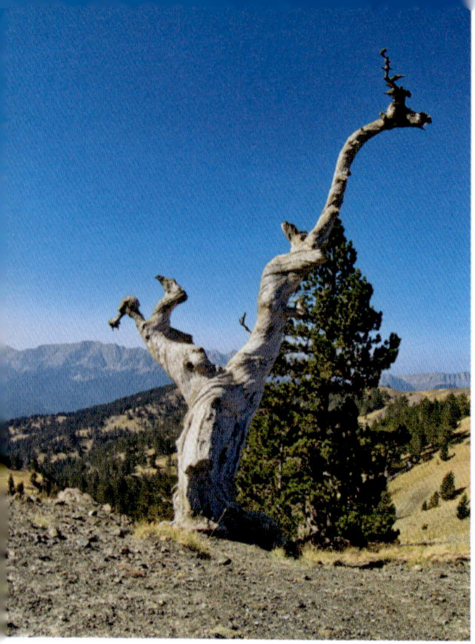

*Beim Gipfelanstieg zum Smolikas.*

### Unterwegs im Pindosgebirge

Für die Fortbewegung im Pindosgebirge benötigen wir unbedingt ein Auto. Busverbindungen gibt es nur wenige, sodass dies keine Option ist. Entweder ist es das eigene Auto, das über die Fähre mitgebracht wurde oder eben ein Mietauto. Wie bereits angekündigt, macht für manche Straßen ein Allradfahrzeug Sinn. Für viele Touren kommen wir mit einem normalen Auto aus. Von Vorteil ist es, wenn es etwas mehr Bodenfreiheit hat. Am Flughafen Thessaloniki gibt es Mietstationen und viele Anbieter, die ihre Station außerhalb haben. Dann warten wir am »Meeting Point« und lassen uns zur Mietwagenstation bringen. Da dies normalerweise etwas dauert, unbedingt den Zeitbedarf bei der Reiseplanung einplanen. Idealerweise wählen wir den optimalen Mietwagen über ein Vergleichsportal aus. Am Flughafen Preveza befinden sich die Autovermieter direkt im Flughafengebäude.

### Telefon

Die Vorwahl nach Griechenland ist +30, Vorwahl von Griechenland nach Deutschland ist +49, nach Österreich +43, in die Schweiz +41. Generell gibt es im Pindosgebirge ein recht gut ausgebautes Handynetz.

### Notruf

Die zentrale Notrufnummer ist 112. Die Polizei erreichen wir unter 100, die Feuerwehr unter 199. In größeren Orten gibt es Ärzte und Apotheken.

### Reiseführer

Als Reiseführer kommt vom Michael-Müller-Verlag der Führer Nord- und Mittelgriechenland in Frage. Allerdings haben wir auch hier in einzelnen Orten Lücken entdeckt. Interessante Sehenswürdigkeiten in der Nähe der Touren erwähnen wir als Tipp.

### Sprache

Mit Englisch kommen wir ganz gut durch einen Wanderaufenthalt im Pindosgebirge. In einzelnen abgelegenen Dörfern müssen wir die Kommunikation gegebenenfalls mit Gesten etwas unterstützen, wenn die Englischkenntnisse der Einheimischen nicht so gut sind. Ansonsten hilft es, über ein paar griechische Grundkenntnisse zu verfügen. Allerdings ist die Sprache relativ schwer. Zudem kommen noch die griechischen Schriftzeichen dazu, die dem deutschen Auge teilweise aus dem Mathematikunterricht geläufig sein dürften. Straßenschilder sind aber meist auch in lateinischer Schrift aufgestellt. Wanderschilder finden wir dagegen häufig nur in griechischer Schrift, was aber meistens ganz gut zu lesen ist.

## KLEINER SPRACHFÜHRER GRIECHISCH

| | |
|---|---|
| Guten Morgen! | Kalimera! |
| Guten Abend! | Kalispera! |
| Gute Nacht! | Kalinichta! |
| Danke | Efcharisto |
| Hallo | Yásas |
| Prost! | Stin iyía mas! |
| Guten Appetit! | Kaliorexi! |
| Wo ist ...? | Pu ine ...? |
| Wie geht es Ihnen? | Ti kánete? |
| Wie geht es dir? | Ti kanis? |
| Entschuldigung | Me Sinxorite / Signómi |
| ja / nein | ne / oxi |
| gut / schlecht | kaló / kakó |
| Wasser | Neró |
| Milch | Gála |
| Bier | Mbíra |
| Wein | Krasí |
| Brot | Psomí |
| Gurke | Angoúri |
| Tomate | Ntomáta |
| Kartoffel | Patata |
| Oliven | Eliés |
| Honig | Méli |
| Fisch | Psarí |
| Fleisch | Kréas |
| Käse / Feta | Tirí / Tirí féta |
| Aubergine | Melitzána |
| Griechischer Kaffee | Ellinikos Kafés |
| mittelsüß / süß | metrios / glykys |
| Deutschland | Germanía |
| Griechenland | Elláda |

| | |
|---|---|
| Berg / Gipfel | Vounó / Koryfí |
| Hügel | Lófos |
| Pass | Diávasi |
| Tal | Koiláda |
| Weg, Steig, Pfad | Monopáti |
| Wald | Dásos |
| Wiese | Livádi |
| Höhle | Spiliá |
| See | Límni |
| Wasserfall | Katarráktis |
| Fluss / Bach | Potámi / Riáki |
| Quelle | Pigí |
| Brucke | Géfyra |
| Kirche | Ekklisía |
| Haus | Spíti |
| Straße | Drómos / Odós (bei Anschrift) |
| Wetter | Kairós |
| Regen | Broxí |
| Schnee | Chióni |
| Sonne | Ílios |
| heiß / warm | kautó / Zestó |
| kalt | kryo |
| Karte | Chártis |
| links / rechts | aristerá / dexiá |
| geradeaus | eftheía |
| Hund | Skylos |
| Schlange | Fídi |
| Bär | Arkoúda |
| Ich spreche ein wenig griechisch. | Miláo líga eliniká. |
| Ich verstehe nicht. | Dhén katalavéno. |

## Zeit

In Griechenland gilt die osteuropäische Zeit (OEZ), die von der Zeit in Mitteleuropa um +1 Stunde abweicht.

## Freizeit und Sport

### Baden

In einigen Gebirgsflüssen können wir im Sommer bei heißen Temperaturen baden. Gerade der Aoos bei Konitsa, das Tal des Valia Kalda mit seinen Gumpen und der Voidomatis bieten sich an. Bei Mikro Papingo gibt es ein künstliches Becken, das Becken am Wasserfall von Iliochori ist sehr schön und auch unterhalb von Kalarrytes gibt es herrliche Badeplätze.

### Canyoning

Es gibt einige Schluchten, in denen Canyoning möglich ist, gerade im Tzoumerkagebirge. Hier vertrauen wir aber auf einen regionalen Guide. Lefteris Fafalis aus Metsovo organisiert Canyoning Touren, goactive-metsovo.gr.

### Radfahren

Eine schöne Möglichkeit zum Fahrradfahren ist der Stausee oberhalb von Metsovo. Wir können den See mit Fahrrädern und E-Bikes umrunden. Auch diese Touren werden von Lefteris Fafalis organisiert, goactive-metsovo.gr.

*Gipfelaussicht vom Astraka nach Westen.*

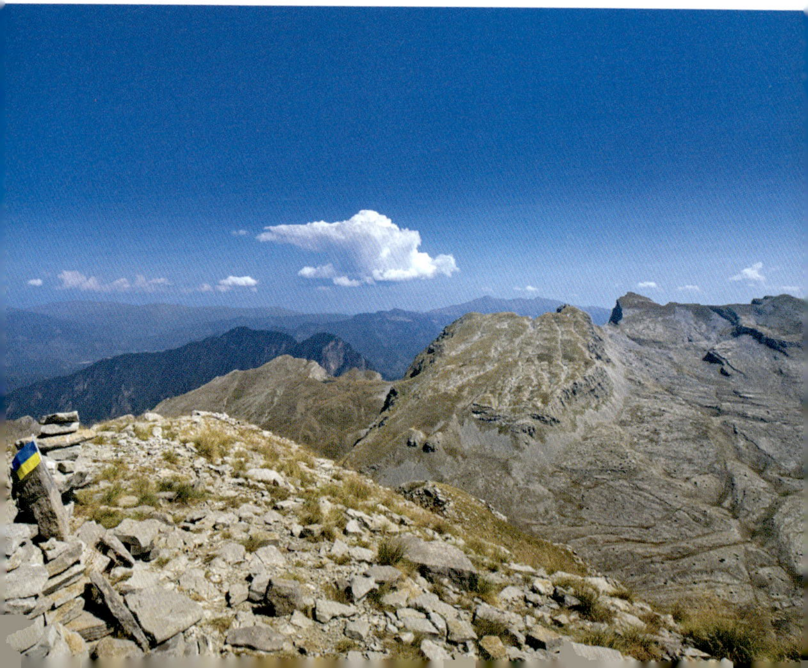

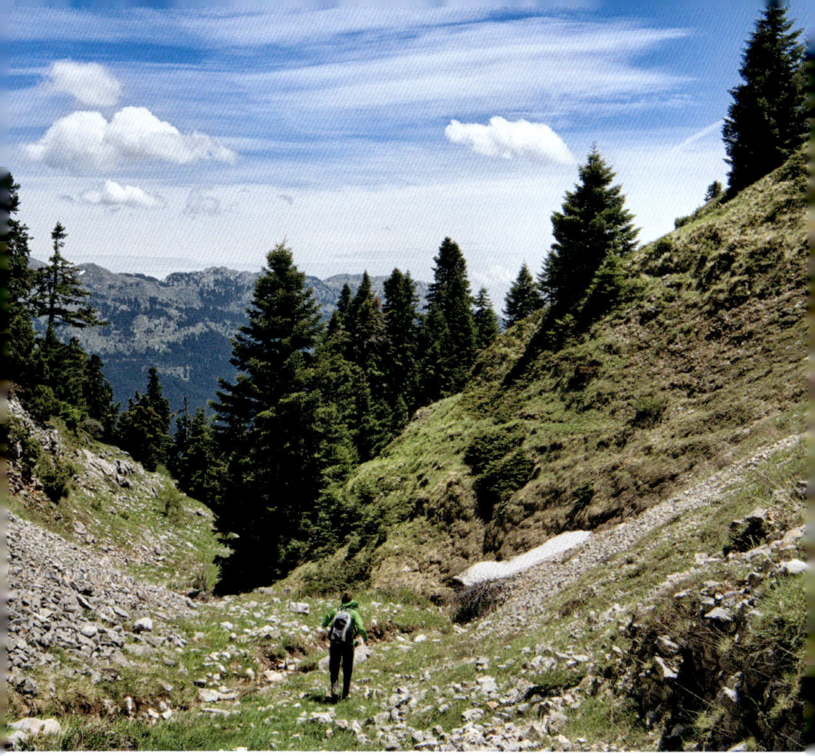

*Abstieg von der Neraida.*

**Rafting**

Der Voidomatis und der Arachthos sind beliebte Flüsse für Rafting. Nach dem Rafting auf dem Fluss bringt einen der Anbieter wieder zurück zum Startpunkt. Lefteris Fafalis organisiert Touren am Arachthos, goactive-metsovo.gr. Stergios Kotsoridis organisiert Touren am Voidomatis, papigotravel@gmail.com.

**Wandern**

Es besteht auch die Möglichkeit, geführte Wanderungen in der Region zu unternehmen.

Im gesamten Pindosgebirge bietet Apostolis Tsimpanakos Touren an, exptrek.gr. Lefteris Fafalis spricht deutsch und ist vorrangig in der Region Metsovo unterwegs, goactive-metsovo.gr. In der Region Tzoumerka bieten Kostas Nikolaou und seine deutsche Frau Patricia ebenfalls Wanderungen an, wandern-natur.com.

# DAS PINDOSGEBIRGE

## Geografie

Griechenland liegt im Südosten Europas am Mittelmeer. Das Land grenzt im Norden an Albanien, Nordmazedonien, Bulgarien, sowie im Osten an die Türkei. Es besteht aus dem griechischen Festland, der Halbinsel Peloponnes, Inseln in der Ägäis, dem Ionischen Meer und dem Libyschen Meer. Das Land hat eine Gesamtfläche von 131.957 km², wovon 106.915 km² auf das Festland entfallen. Griechenland hat einen Gebirgsanteil von über 75 %. Das Pindosgebirge liegt im Norden Griechenlands und verläuft auf einer Länge von 150 Kilometern in nord-südlicher Richtung und trennt Epirus im Westen von Makedonien und Thessalien im Osten.

Im Norden reicht das Gebirge nach Albanien hinein, im Süden geht das Pindos- in das Agrafagebirge über.

Höchster Gipfel des Gebirges ist der Smolikas (2637 m), gleichzeitig zweithöchster Gipfel Griechenlands nach dem Olymp. Das Gebirge teilt sich in einen nördlichen und einen südlichen Pindos. Getrennt wird das Gebirge durch die Autobahn Egnatia Odos, die in Ost-West-Richtung von Grevena über Metsovo nach Ioannina verläuft.

## Fauna

Im Pindosgebirge gibt es eine vielfältige Tierwelt. Neben den Weidetieren Schaf, Ziege, Kuh und Pindos-Pony gibt es viele Wildtiere wie Braunbär, Wolf, Wildschwein, Gämse, Luchs und Rotwild. Wir haben auf unseren Wanderungen allerdings nur Gämsen zu Gesicht bekommen. Die Gämse steht im Pindosgebirge unter Naturschutz.

Einheimische erzählten uns von Kontakten mit Bären, die allerdings sehr scheu sind. Häufig begegnen wir auf den Wanderungen Eidechsen, die sich gerne auf warmen Steinen erwärmen. Nach einem Regen können wir auch manchmal Feuersalamander beobachten. Es gibt auch Schlangen, sowohl giftige als auch ungiftige, die allerdings auch sehr schnell bei Erschütterung im Gebüsch verschwinden.

Schmetterlinge hat es viele, besonders fällt der gelb-rote Russische Heufalter auf mit den Augenflecken am Hinterflügel. Greifvögel können wir häufig beobachten und sogar der heimische Steinadler lässt sich

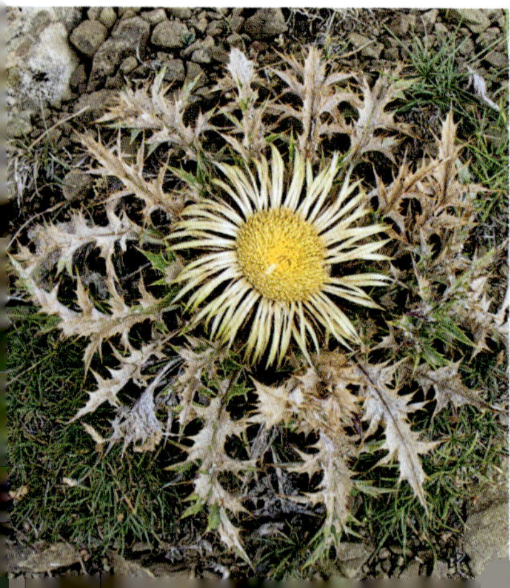

*Silberdistel.*

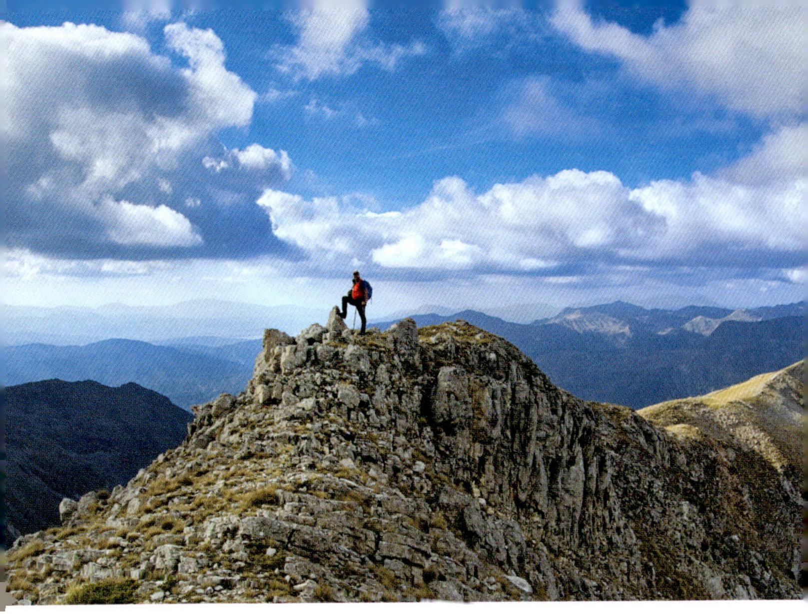

*Auf der Gratüberschreitung am Kakarditsa.*

nicht nur vom Astraka aus bewundern. Vögel gibt es im Pindosgebirge über 100 Arten, davon mindestens 10 sehr seltene.

## Flora

Das gesamte Pindosgebirge zeichnet sich durch seine einzigartige Biodiversität aus. 80 % der Fläche ist baumbestanden. Die großen Wälder bis in eine Höhe von 1600 m bestehen aus Steineichen, ab 1000 m Schwarzkiefer und Rotbuche. Einige dieser Bäume sind über 700 Jahre alt. In größeren Höhen besonders im Valia Kalda und am Smolikas finden wir die oft seltsam geformte Panzerkiefer. Der älteste Baum Europas wurde im Valia Kalda entdeckt. Forscher datierten das Alter der ältesten Panzerkiefer auf 1075 Jahre. Ihr genauer Standort wird allerdings geheim gehalten, sodass der Baum nicht zu Schaden kommt. Einige Pflanzen sind endemische Arten. Bisher wurden 18 verschiedene Orchideenarten entdeckt wie die unterschiedlichsten Knabenkräuter. Hunderte Pilzarten gibt es im Pindosgebirge. Und natürlich hat die jahrhundertelange Weidewirtschaft weitläufige Grasflächen erzeugt, die bis heute durch die traditionelle Haltung der Herden konserviert werden. An manchen Orten finden sich Wacholderheiden, die ebenfalls ein Ergebnis der jahrhundertelangen Beweidung auf nährstoffarmen Böden sind.

# WANDERN IM PINDOSGEBIRGE

Wir konzentrieren uns in diesem Buch auf die Regionen vom Smolikas bis zum südlichen Pindosgebirge. Die etwas nördliche Region des Grammos an der Grenze zu Albanien ist noch nicht sonderlich gut erschlossen und ziemlich abseits, deshalb haben wir sie in dieses Buch nicht aufgenommen. Im Süden enden wir nördlich vom Agrafagebirge, das oft als Tor zum Pindosgebirge bezeichnet wird.

## Region Tymfigebirge

Das Tymfigebirge ist ein felsiges Karstgebirge in der Region Zagori. Es ist touristisch gut erschlossen und bei Wanderern verhältnismäßig beliebt. Grund hierfür sind die Vikosschlucht, die eine der bedeutendsten Sehenswürdigkeiten des gesamten Gebirges darstellt, sowie die bewirtschaftete Astrakahütte. Durch die Schlucht führt eine beeindruckende Wanderung. Die Astrakahütte ist ein toller Stützpunkt für Touren im zentralen Tymfigebirge.

Im Süden des Gebirges gibt es viele romantische Dörfer, die auf alten Wegen miteinander verbunden sind. Gerade die historischen Steinbrücken in der Region sind eine besondere Sehenswürdigkeit. Von Kapesovo können wir ebenfalls hinunter in die Vikosschlucht steigen und auf einer anspruchsvollen Runde noch die Vikakischlucht erkunden. Großartig sind auch die Steintreppen von Vradeto, die hinauf in den einsamen Ort führen. Im Norden des Gebirges liegt Konitsa, das Ausgangspunkt für den etwas

*Blick zu den Nordabstürzen der Gamila.*

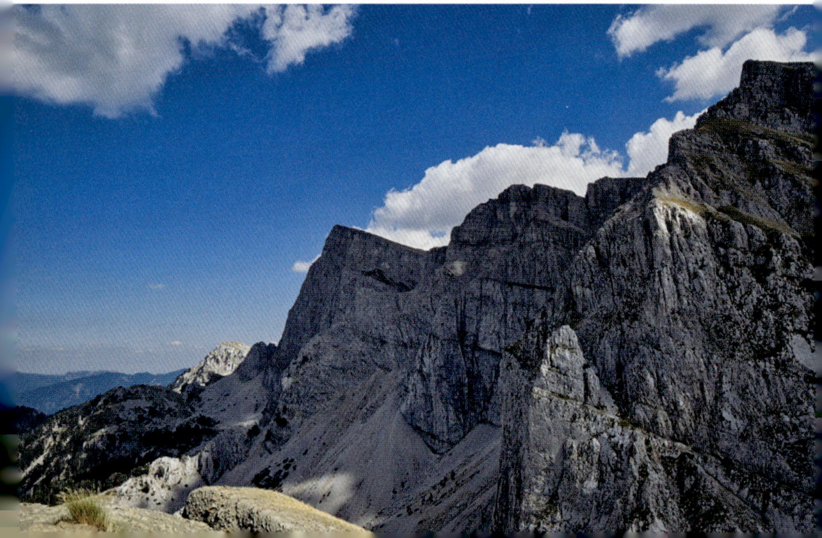

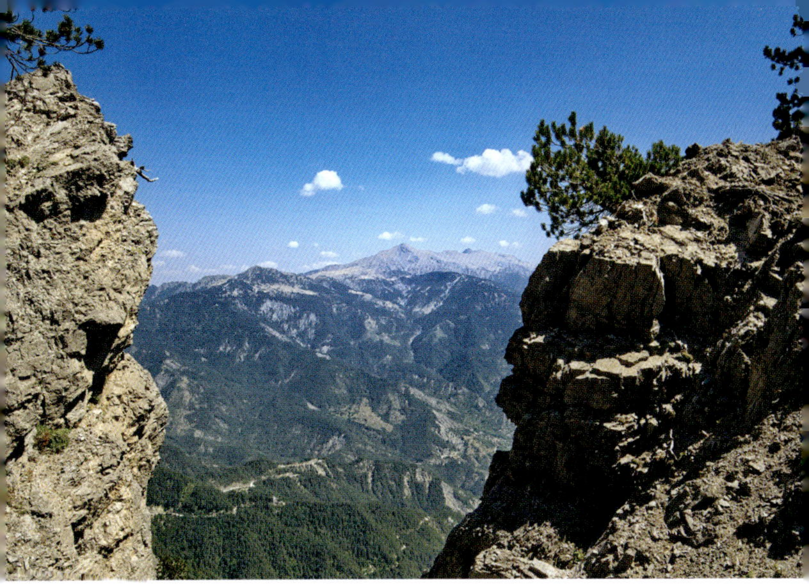

*Blick vom Trapezitsa zum Smolikas.*

vorgelagerten Trapezitsa ist. Auch die Wanderung entlang des Aoos zum Kloster Stomio beginnt in Konitsa. Beliebt ist noch die Wanderung durch die Schlucht des Voidomatis. Gerade am Aoos und Voidomatis gibt es im Sommer schöne Bademöglichkeiten. Auch die beiden Brücken bei Kleidona und Konitsa sind sehr sehenswert. Eine traumhafte Bademöglichkeit sind die Wasserfälle von Iliochori.

**■ Anreise**

Auf der Autobahn bis Ioannina fahren. Von dort ist es nah zur Südseite des Gebirges mit den Bergdörfern Kipi, Monodendri, Vitsa und Koukouli. Etwas oberhalb liegen Kapesovo und Tsepelovo, zu denen eine gute Straße hinaufführt. Diese zieht dann weiter nach Iliochori.

Für die Region um Papingo und Konitsa fahren wir von Konitsa an der Westseite des Gebirges vorbei. Die Straße nach Papingo bringt den Besucher zuerst nach Aristi. Weiter verläuft die Straße hinunter zum Fluss Voidomatis. Danach geht es auf kurvenreicher Straße hinauf nach Papingo. Für Konitsa bleiben wir auf der Hauptstraße. Den quirligen Ort erreichen wir relativ schnell auf der Straße.

**■ Unterkünfte**

In allen Orten gibt es schöne Unterkünfte. Diese reichen vom einfachen Guesthouse bis zum Wellnesshotel, in dem problemlos auch einmal Regentage verbracht werden können.

Wir können folgende Unterkünfte empfehlen: Astraka Guesthouse in Megalo Papingo, papigoastraka.gr, Pantheon in Megalo Papingo, Papigo Towers in Mikro Papingo, papigotowers.gr/en, Archontiko 1787 in Tsepelovo, archontiko1787.gr, Mount Grace Suites and Spa in Monodendri, mountgrace.gr und natürlich die Astrakahütte.

**Vom Smolikas nach Metsovo**

Der Smolikas ist der zweithöchste Berg Griechenlands. Trotzdem herrscht eigentlich nur am Normalweg Betrieb, was aber immer noch sehr ruhig ist. Es gibt vier Wege zum Berg, wobei die Anstiege von Agia Paraskevi und Pades meistens am Drakolimni enden, da sonst schon ordentlich Höhenmeter und Strecke zustande kommen. Der Normalweg führt von der Smolikashütte herauf und ist gut an einem Tag von der Hütte möglich. Eine beeindruckende Bergtour ist der Anstieg von Samarina.

Eine großartige Durchquerung gibt es von Samarina nach Vovousa. In zwei Tagesetappen durchqueren wir den nördlichen Teil des Pindosgebirges. Diese Etappen sollen Teil des »Pindosways« werden, einer mehrtägigen Durchquerung des gesamten Gebirges von Nord nach Süd.

Vovousa selbst ist ein grandioser Ausgangspunkt für mehrere Wanderungen. Durch den Ursa Ultratrail, der in der Region stattfindet, sind einige Touren sehr gut markiert. Zudem befindet sich hier der Valia Kalda Nationalpark, dessen ursprüngliches Herz auf einer Wanderung besucht werden kann. Den Abschluss des Tales bildet der Flega mit seinen schönen, kleinen Seen. Begrenzt wird dieser Abschnitt im Süden von Metsovo, einem zentralen Ort im Pindos. Hier gibt es inzwischen schöne zertifizierte Rundwanderwege.

*Auf dem Wege zum Flega.*

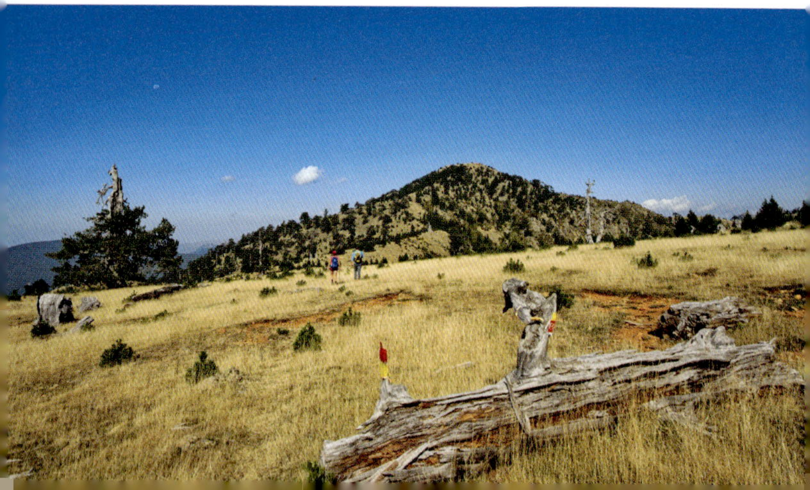

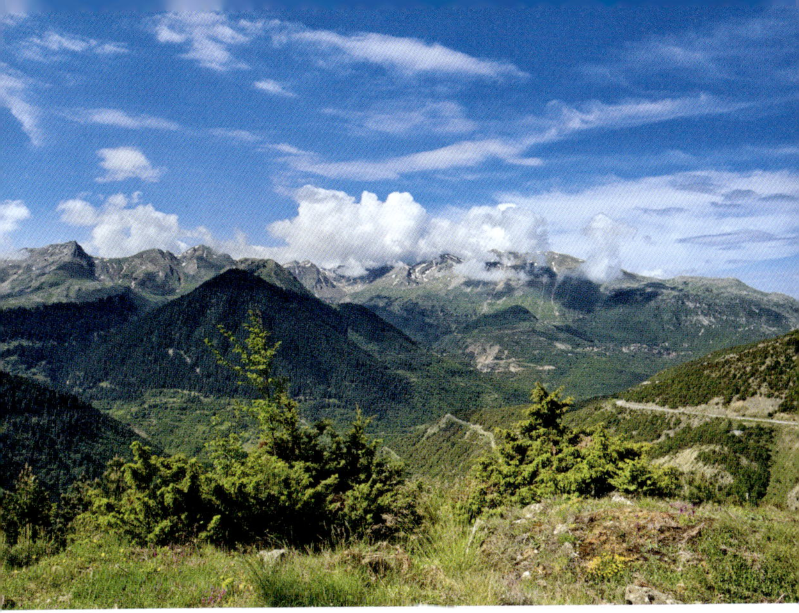

*Blick zum Peristeri vom Ursa Trail bei Metsovo.*

**Anfahrt**

Auf der Egnatia Odos bis Grevena fahren und den Wegweisern Valia Kalda auf teilweise sehr kurviger Straße nach Vovousa folgen. Auch Samarina wird direkt von Grevena angefahren. Die Straße führt nach Samarina noch weiter bis Agia Paraskevi. Die westlichen Orte Palioseli und Pades werden idealerweise von Konitsa angefahren. Auch diese Straße ist sehr kurvig. Metsovo liegt direkt an der Autobahn und ist dementsprechend schnell erreicht.

**Unterkünfte**

In Vovousa empfiehlt sich das Kerasies Guesthouse, kerasies.gr für einen längeren Aufenthalt. Samarina verfügt über mehrere Unterkünfte, die allerdings im Sommer 2019 kaum zu buchen waren, da viel geschlossen war. Wir haben im Hotos Guesthouse übernachtet, xenonashotos.gr. In Metsovo gibt es mehrere Hotels in verschiedenen Preisklassen.

## Peristeri und Tzoumerka

Das Peristerimassiv ist ein weitgestrecktes Massiv südlich von Metsovo. Es wird stark als Weideland genutzt. Als Wanderung bietet sich der höchste Gipfel, der Tsoukarela, mit dem darunterliegenden Verliga See an. Südlich davon schließt sich die Region Tzoumerka an. Hier besuchen wir idyllische

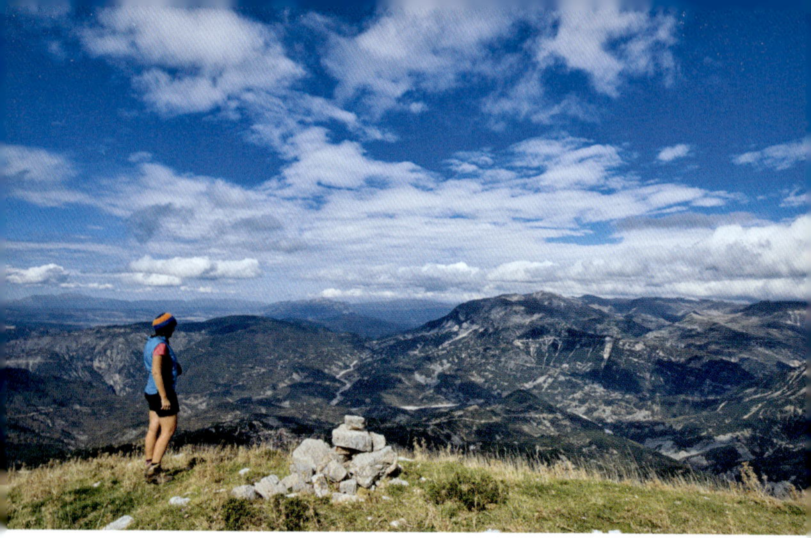

*Tolle Aussicht am Weg zur Strogoula.*

Bergdörfer wie Kalarrytes und Syrrako, bewundern ein schönes Kloster bei Matsouki, aber unternehmen auch großartige Bergtouren. Neben dem beeindruckenden Strogoula und dem Katafidi lockt vor allem der Kakarditsa, ein eigenständiges mächtiges Bergmassiv, das wir bei entsprechender Erfahrung überschreiten können. Daneben gibt es noch einfachere Wanderungen zum Afti und zum Wasserfall oberhalb von Melissourgoi.

**■ Anfahrt**

Die Wanderungen zum Verliga See und Tzoukarela beginnen bei Chaliki, das von Metsovo auf einer Bergstraße erreicht wird. Die anderen Wanderungen werden von der Südseite angegangen. Pramanta ist hier ein toller Ausgangspunkt. Zum Ort müssen wir von Ioannina auf einer gut ausgebauten, aber kurvigen Bergstraße fahren.

**■ Unterkünfte**

In Pramanta können wir das Hotel Anavasi Mountain Resort, anavasihotel.gr sehr empfehlen. Auch sehr gut ist das Hotel Lakmos in Prosilio.

## Südöstlicher Pindos

Östlich von Kakarditsa und Tzoumerka dominieren vor allem einzelne Berge, die allesamt interessante Gipfelziele darstellen. Darunter sind einfachere Gipfel wie Trigia oder Karadziouni, aber auch anspruchsvolle Touren wie der Avgo oder Loupata. Beeindruckend ist noch der Bergkamm des Koziakas, der schöne Einzelanstiege, aber auch eine großartige Überschreitung bietet.

Eine Besonderheit stellt Meteora dar. Die Konglomeratfelsen mit den Klöstern sind weltberühmt, gehören aber eigentlich nicht zum Pindosgebirge. Einen Besuch unternehmen wir unbedingt und spazieren auf einer einfachen Wanderung zwischen den Felsen hindurch. Von hier sind auch Morava und Trigia gut zu erreichen. Für die südlichen Berge ist Elati ein idealer Ausgangspunkt.

**Anreise**

Meteora und die Ausgangspunkte für Trigia und Morava werden von Norden erreicht. Hierfür auf der Autobahn bis nach Grevena fahren und der Ausschilderung in Richtung Meteora folgen. Für die südliche Region bietet sich Elati als Stützpunkt an. Zum Ort fahren wir idealerweise von Thessaloniki über Larissa.

**Übernachtung**

In Kastraki bei Meteora können wir das Guesthouse Vavitsas, meteora-vavitsas.com, empfehlen. Es ist auch ein toller Ausgangspunkt für Trigia und Morava.

Das Hotel Kroupi in Elati, kroupi.gr, bietet schöne Zimmer und eine hervorragende Beratung für Wanderer. In Stournareika gibt es noch das Hotel Panorama, das sich direkt am Ausgangspunkt der Wanderung zum Karadziouni befindet.

*Unten: Eindrucksvoll: Die Klöster von Meteora.*
*S. 32–33: Ausblick vom Tsioki ins Agrafagebirge*

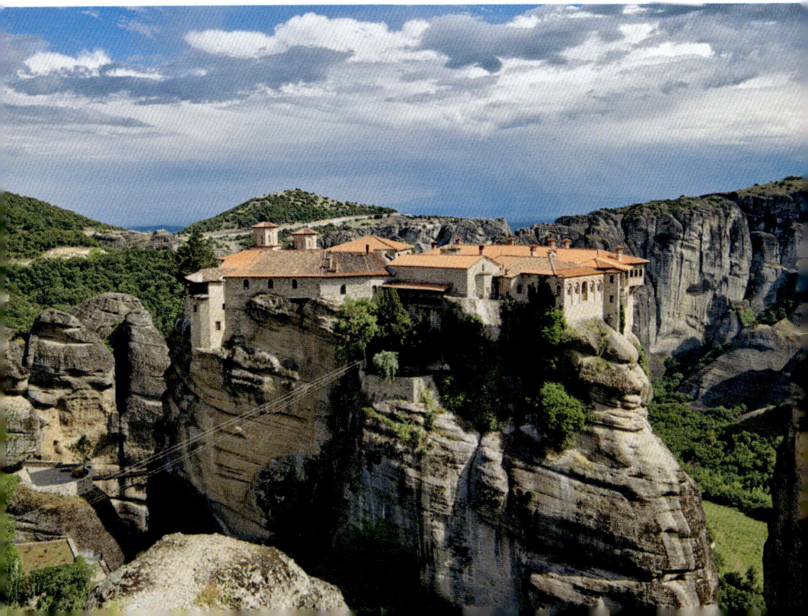

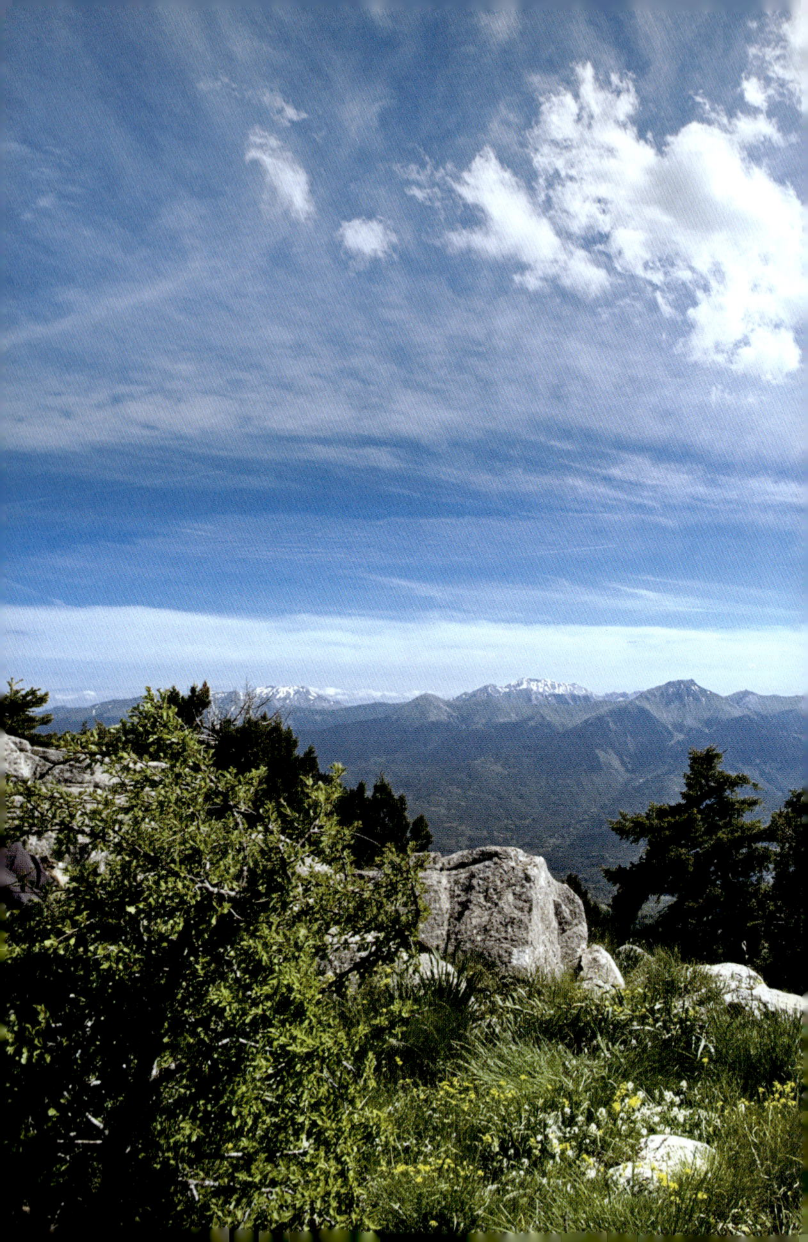

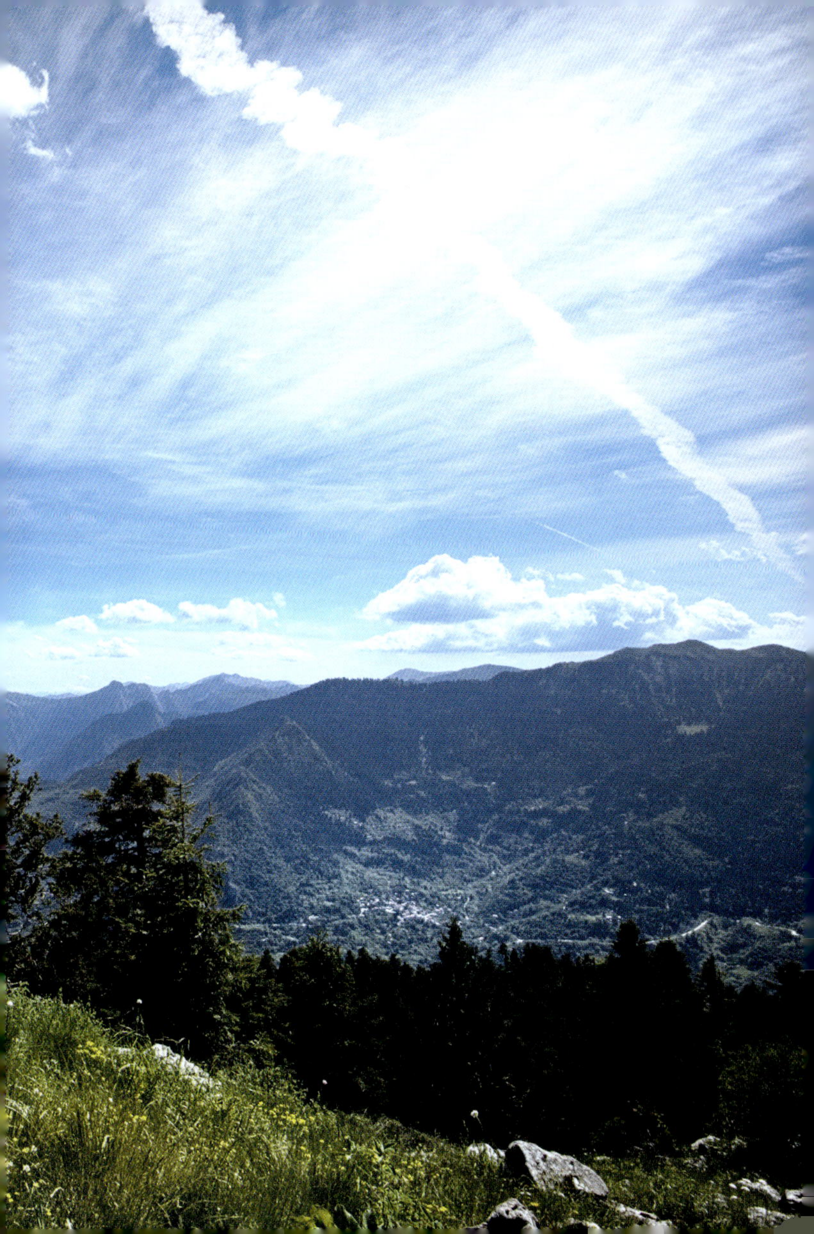

↗ 270 m | ↘ 270 m | 7.5 km

# 1 Von Monodendri zum Oxia-Aussichtspunkt

**2.30 h**

## Kurze Wanderung zum Adlerhorst über der Vikosschlucht

*Monodendri ist der Ausgangspunkt für die berühmte Durchquerung der sensationellen Vikosschlucht. Wirklich grandios und deutlich weniger anstrengend ist es, von oben hinunter zu schauen. Der Oxia-Aussichtspunkt bietet einen schaurig tollen Blick in die Schlucht. Natürlich können wir hierher auch mit dem Auto fahren, viel schöner ist aber die Wanderung aus dem Dorf.*

**Ausgangspunkt:** Ortsmitte von Monodendri (1067 m) N039°52.924' E020°44.928'.
**Anforderungen:** Einfacher Wanderweg, der mit verschiedenen Farben (rot, gelbrot und blau) markiert ist. Trotzdem müssen wir bei einigen Abzweigungen etwas achtsam sein, da es viele kleine Steige gibt, die vom Hauptweg abzweigen. Steinmännchen geben eine sehr verlässliche Orientierung.
**Einkehr:** In der Dorfmitte gibt es mehrere Tavernen. Sehr zu empfehlen ist die Taverne »The Pies of Frosso«, die sich auf verschiedene Pies spezialisiert hat.
**Karte:** Anavasi Wanderkarte 1:50.000, Blatt 3.1 Zagori.
**Tipp:** Etwas außerhalb des Ortes Monodendri befindet sich das Kloster Agia Paraskevi, das direkt oberhalb der Vikosschlucht gebaut wurde. Das Kloster ist auf einem gepflasterten Weg in 15 Minuten von der Ortsmitte zu erreichen.
**Hinweis:** Der Weg verläuft teilweise über Weidegelände. Abschnitt »Begegnung mit Tieren« S. 9 beachten.

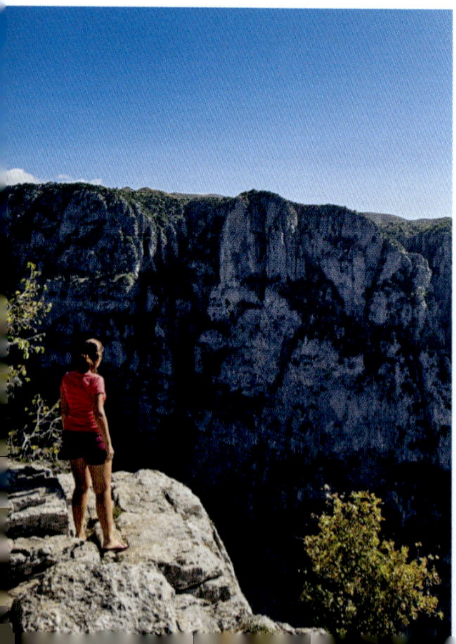

Von der **Ortsmitte von Monodendri** ❶ folgen wir der Beschilderung in Richtung Busparkplatz. Dabei nehmen wir den rechten Weg, der zwischen den Häusern hindurchführt. Gegen Ende des Ortes sehen wir rechts ein gelbes Schild »Oxia«. Hier befindet sich die **Abzweigung** ❷ des Wanderweges zum Oxia Aussichtspunkt. Wir gehen nach rechts zum Schild und biegen gleich wieder nach links ab. Der Weg nimmt uns mit zwischen ein paar Mauern hindurch. Gleich darauf wendet sich der Weg wieder nach rechts und führt an ein paar Einzäunungen vorbei. Markierun-

*Hoch über der Vikosschlucht: Am Oxia-Aussichtspunkt.*

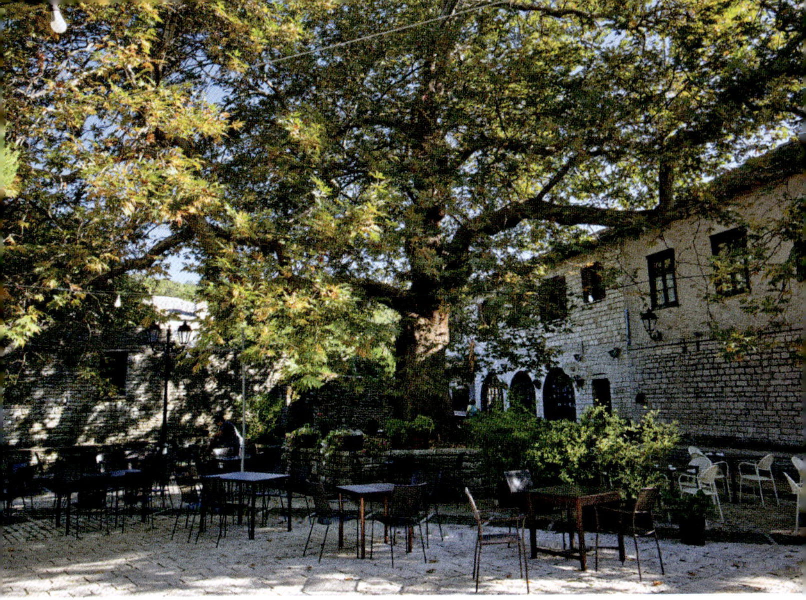

*Der Dorfplatz von Monodendri.*

gen und Steinmännchen weisen uns den Weg, und wir tauchen zusammen in den Wald ein. Der Steig bringt uns nun hinauf bis kurz vor eine Wiese. Hier gehen wir an einer Steinmauer nach rechts und wandern auf dem Weg weiter durch den Wald. Dabei passieren wir ein paar schön geschichtete Felsen. Schließlich erreichen wir die **Straße** 3, in die wir nach rechts einbiegen und ein Stück weiter wandern. Bei einer Linkskurve erreichen wir einen **»Steinwald«** 4. Beeindruckende Felstürme stehen hier am Wegesrand, die wir staunend bewundern.

Kurz nach dem Steinwald schickt uns ein blauer Pfeil nach rechts, ein paar Steinmännchen begleiten unseren Weg. Wir genießen einen herrlichen Blick auf die Südhänge des Tymfigebirges. Der Steig führt nun auf- und absteigend weiter, bis wir die Straße wieder vor uns sehen. Wir gehen hinunter zu einer großen **Weide** 5.

Nun wendet sich der Weg nach rechts, und wir folgen den blauen Markierungen. Der einfache, aber gut zu erkennende Pfad führt parallel zur Straße, die aber nicht einsehbar ist. Wir kommen zu einem steilen Abbruch mit Bäumen. Hier

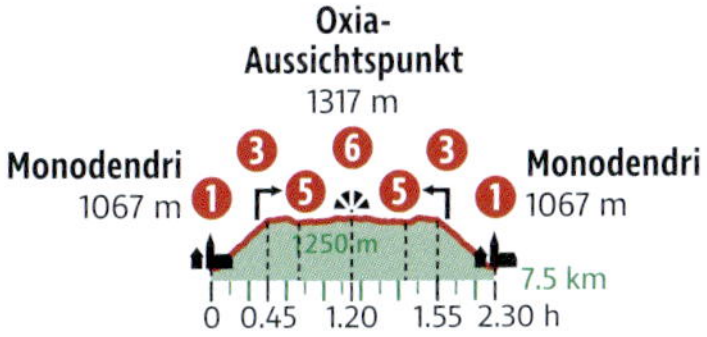

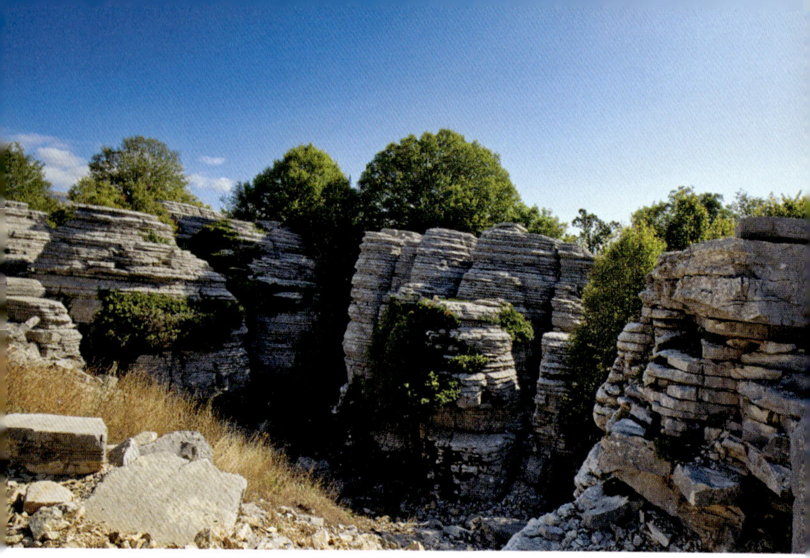

*Am Steinwald führt die Route vorbei.*

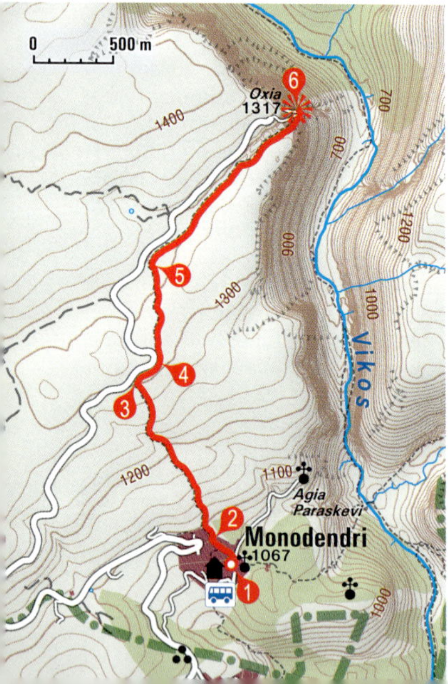


biegt der Pfad nach links ab und steigt steil hinauf zum betonierten Weg, der von einem Parkplatz herüberkommt. Wir spazieren noch ein paar Meter nach rechts und stehen direkt am Oxia-**Aussichtspunkt** 6. Die Aussicht hinunter in die Vikosschlucht ist wirklich beeindruckend. Wir sind froh, dass vor dem Abgrund eine Steinmauer steht. Es geht direkt mehrere hundert Meter in die Tiefe. Gegenüber blicken wir in die Megalos Schlucht und and die geschichteten Steilwände der Vikosschlucht.

Der Rückweg nach **Monodendri** 1 erfolgt am Anstiegsweg. Nach der Wanderung kehren wir unbedingt am Dorfplatz noch in einer der Tavernen ein und genießen ein kühles Getränk im Schatten des großen Baums.

↗ 650 m | ↘ 960 m | 11.9 km

TOP

# 6.00 h Von Monodendri durch die Vikosschlucht 2

## Die eindrucksvollste Schlucht in Griechenland

*Die Vikosschlucht hat einen Eintrag im Guinnessbuch der Rekorde als tiefste Schlucht der Welt. Hier wurde das Kriterium Breite zu Tiefe herangezogen. Die Schlucht ist zwischen 600 und 1000 Metern tief und an der engsten Stelle 1100 Meter breit. Das Wandern durch die Schlucht ist ein beeindruckendes Erlebnis und sollte auf keinen Fall unterschätzt werden. Das Wetter sollte stabil sein, denn gerade im Frühjahr bei Regen kann der Fluss ganz schön anschwellen. Bei trockenem Wetter und guter Kondition steht dieser großartigen Unternehmung aber nichts im Wege.*

**Ausgangspunkt:** Ortsmitte von Monodendri (1067 m) N039°52.924' E020°44.928'.
**Anforderungen:** Guter Wanderweg, bei trockenen Verhältnissen ohne Probleme. Bei Nässe teilweise rutschig und dann nicht ungefährlich.
**Einkehr:** Unterwegs keine Einkehr. Am Endpunkt in Vikos gibt es eine Einkehrmöglichkeit, Monodendri s. Tour 1.
**Karte:** Anavasi Wanderkarte 1:50.000, Blatt 3.1 Zagori.
**Tipp:** Idealerweise stellen wir ein Auto am Endpunkt in Vikos ab und lassen uns nach Monodendri bringen.
**Hinweis:** Streckenwanderung. Nach längeren Regentagen im Frühjahr kann eine Stelle unpassierbar sein. Steiler Auf- und Abstieg in und aus der Schlucht. Im Herbst ist die Schlucht meist trocken. Nur bei sicherem Wetter. Es gibt keine Fluchtmöglichkeit aus der Schlucht.

*Im letzten Drittel der Vikosschlucht, bei viel Wasser.*

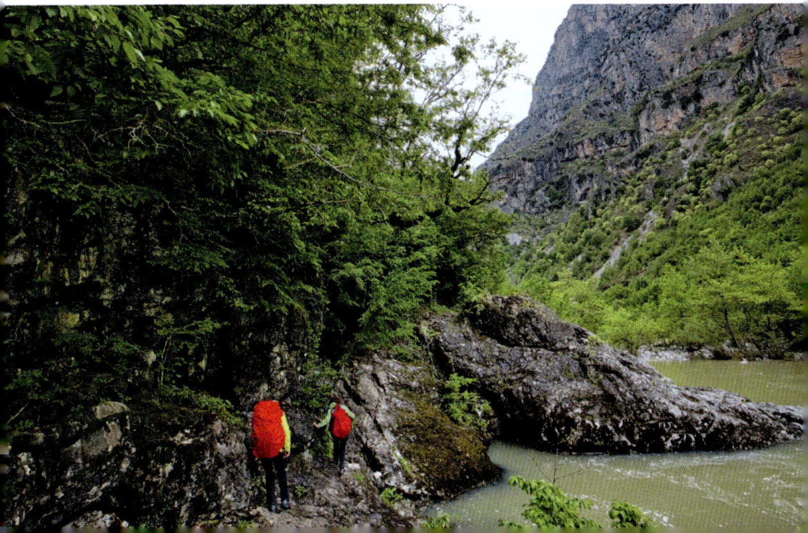

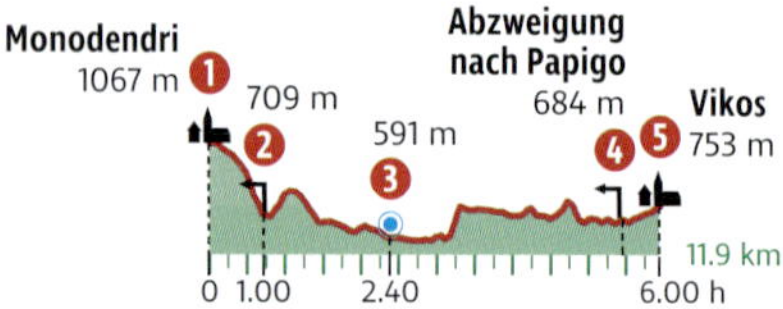


Von der **Ortsmitte in Monodendri** ❶ folgen wir den Wegweisern in Richtung Vikosschlucht. Der Weg ist zu Beginn gepflastert und führt leicht bergauf. Bald schon bekommen wir erste Ausblicke auf die großartige Schlucht.
Der gut angelegte Weg schlängelt sich bald schon in vielen Serpentinen in die Schlucht hinunter. Der Steig ist teilweise sehr steil und erfordert etwas Vorsicht, gerade bei Nässe.
An einer **Wegverzweigung** ❷ gehen wir nach links. Der Weg verläuft zuerst oberhalb des Flusses, bringt uns dann aber bald zu ihm hinunter. Wir wandern ganz links an den Felsen entlang. Der Weg ist hier nur passierbar, wenn der Fluss nur wenig Wasser führt. Sonst ist er teilweise überspült, und es gibt kein Weiterkommen. Bei trockenen Verhältnissen ist es aber kein Problem, diese Passage zu bewältigen.
Über leichte Felsen und eine Steintreppe entsteigen wir dem Flussbett. Nun wandern wir für lange Zeit am Fluss entlang. Immer wieder blicken wir hinunter zum rauschenden Wasser. Verzaubert sind wir aber auch von der

*Idyllisch: In der Vikosschlucht.*

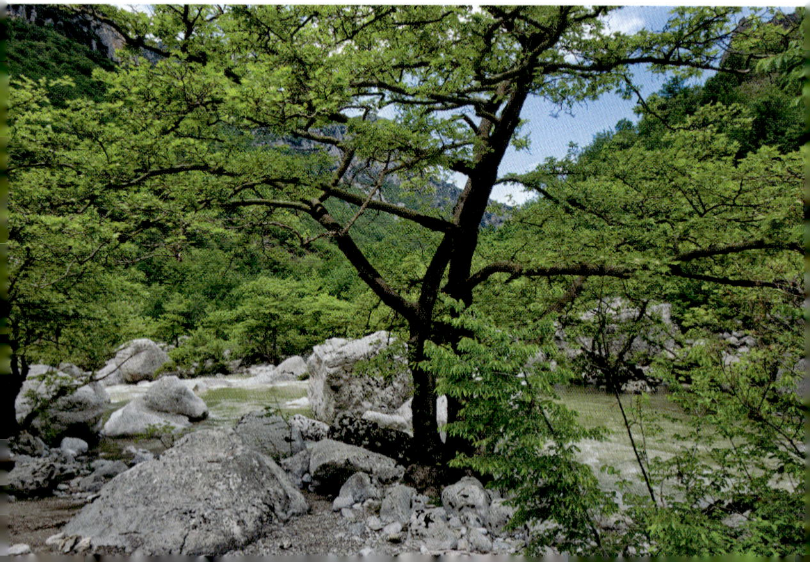

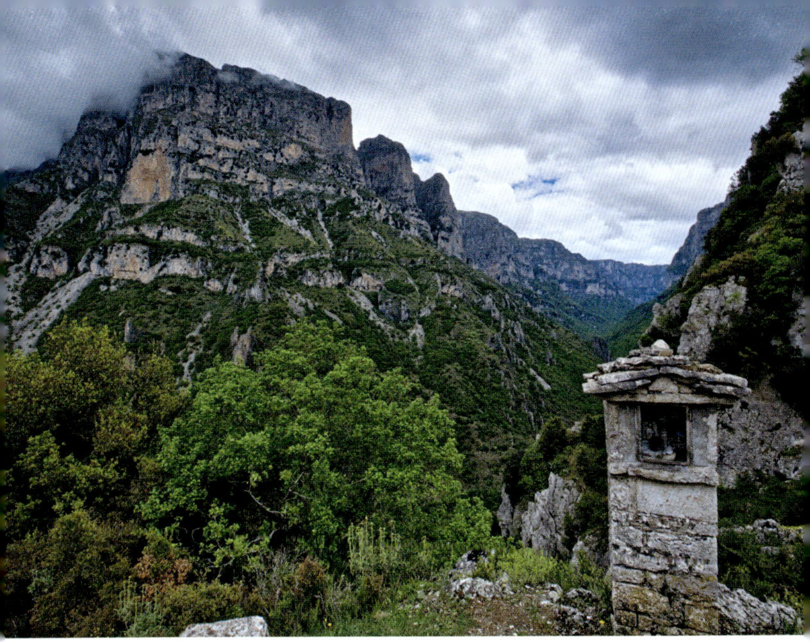

*Am Ende der Tour in Vikos.*

üppigen Vegetation in unserem Wald, durch den wir hindurchwandern. Immer wieder sind die Bäume und Felsen von hübschen Flechten überzogen. Der Weg zieht schließlich wieder in Richtung Fluss, kurz vorher geht es aber nach links über eine seilversicherte, felsige Stelle.
Anschließend wandern wir am gut begehbaren Wanderweg weiter und kommen zu einer **Quelle** ❸. Hier treffen wir auch auf einen Wegweiser. Wir folgen unserem Weg immer am Fluss entlang in Richtung Nordwesten. Dabei müssen wir noch einmal sehr nah an das Flussbett heran. Über leichte Felsen gehen wir am linken Rand entlang und gelangen nach einem weiteren Waldabschnitt zu einer schönen Wiese. Hier lässt es sich wunderbar rasten, und wir legen eine gemütliche Pause ein.
Anschließend verläuft der schöne Weg und nun gemütlich bis zur **Abzweigung** nach **Papigo** ❹. Wir gehen nach links und wandern zuerst noch sanft ansteigend in Richtung Vikos. Der Weg wird bald immer steiler und windet sich in vielen Kehren hinauf zum Ortsrand. Wer nach der Wanderung in **Vikos** ❺ noch einkehren möchte, findet direkt rechts neben dem Parkplatz eine schöne Möglichkeit.

*Nächste Seite: Beeindruckende Szenerie in der Vikosschlucht.*

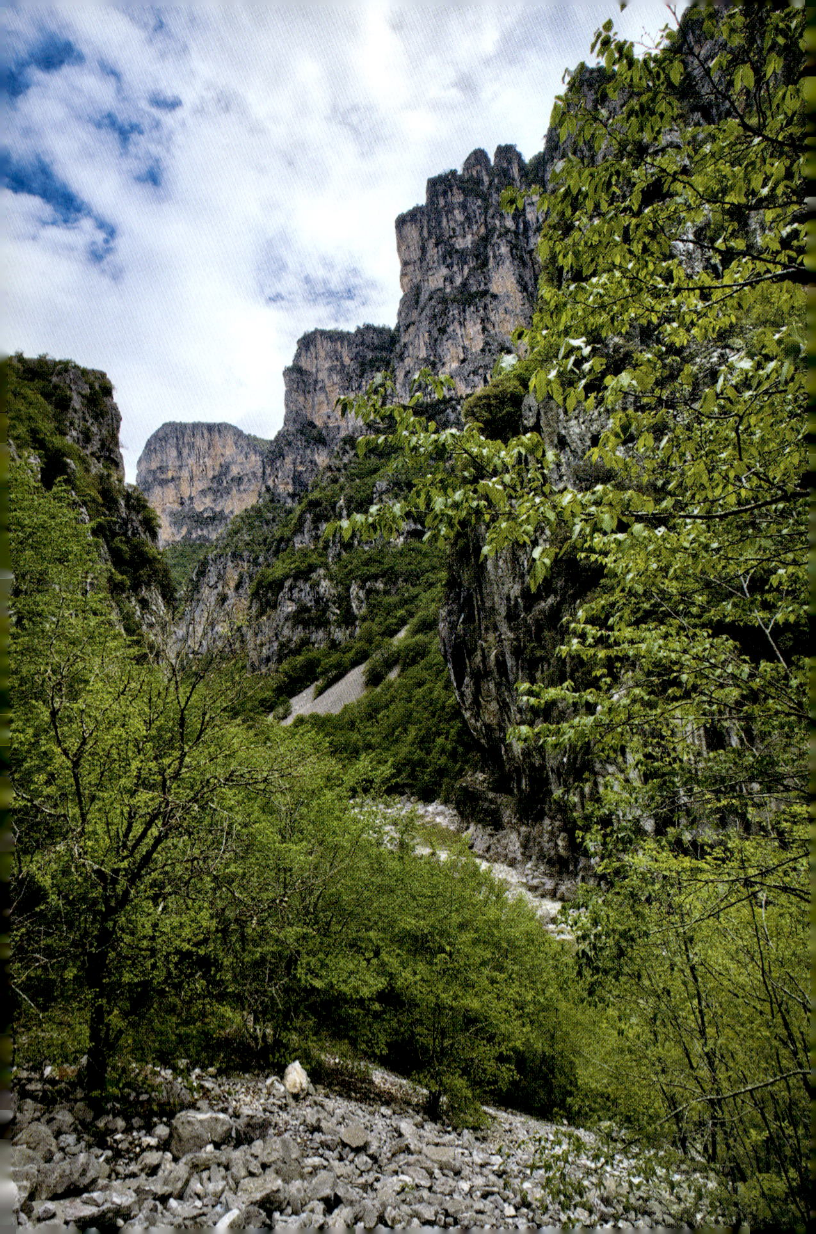

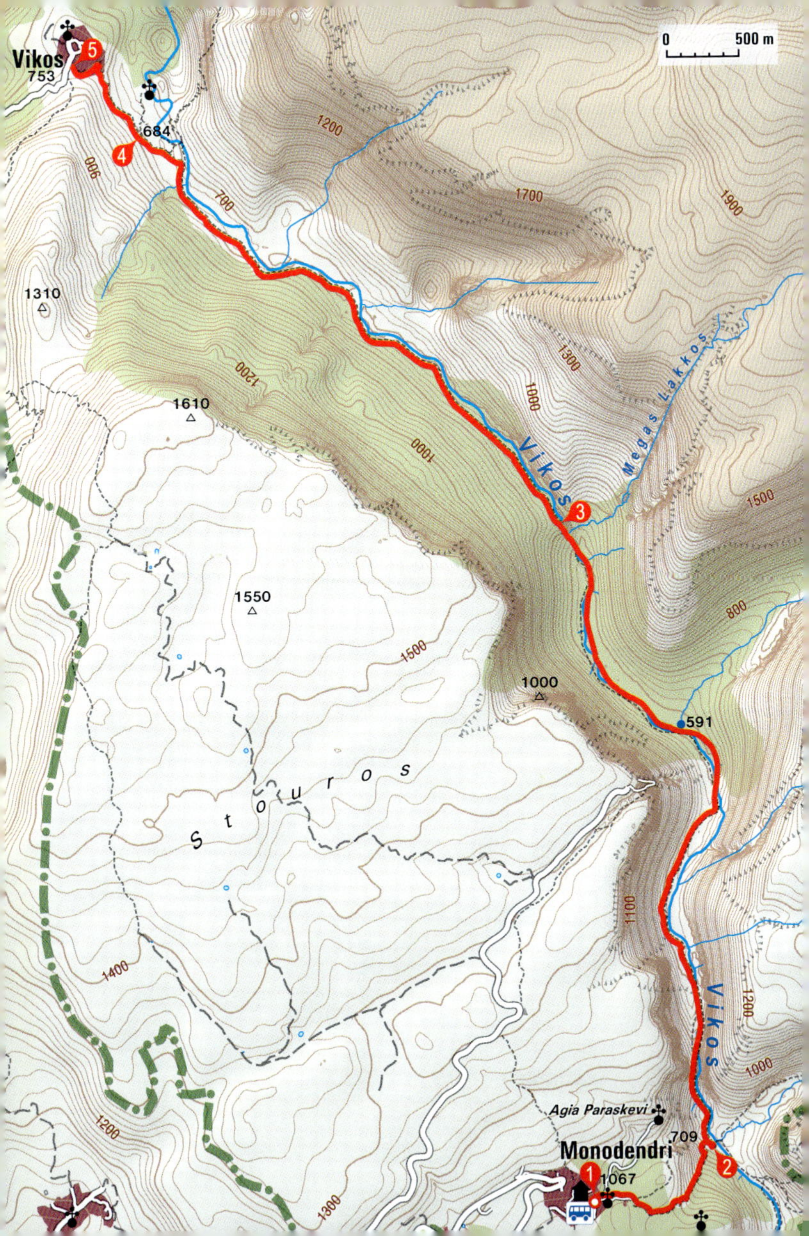

Vikos
753
0
500 m
684
1200
700
1700
1900
900
1310
1200
1610
1300
1000
Megas Lakkos
Vikos
1000
1500
1550
800
1500
1000
591
Stouros
1100
1400
Vikos
1200
1000
Agia Paraskevi
1200
709
Monodendri
1067
1300

↗ 480 m | ↘ 480 m | 10.5 km

# 3 Brücken zwischen Vitsa und Dilofo

4.30 h

## Vikosschlucht, Brücken, Treppen und ein liebliches Dorf

*Vom am Hang gelegenen Örtchen Vitsa steigen wir über Steintreppen hinunter zum Beginn dieser schönen Rundtour. Wir besuchen herrliche alte Brücken in der Region Zagori, bewundern die tief eingeschnittene Vikosschlucht, zu deren Eingang wir wandern, und durchwandern das liebliche Dorf Dilofo.*

**Ausgangspunkt:** Ortseingang von Vitsa (943 m) N039°52.422' E020°45.031'.
**Anforderungen:** Einfache Wanderwege ohne Schwierigkeiten. Ein Abschnitt kann bei viel Wasser in der Vikosschlucht zum Ausweichen zwingen.
**Einkehr:** Einkehrmöglichkeiten in Dilofo und Vitsa.
**Karte:** Anavasi Wanderkarte 1:50.000, Blatt 3.1 Zagori (Pindos, Epirus).
**Hinweis:** Die Wanderung kann auch gut mit Tour 4 kombiniert werden. Dafür hoch nach Koukouli steigen und dann weiter nach Kipi gehen, also entgegen der beschriebenen Wegerichtung von Tour 4. Nach der Kokoros Brücke geht es dann wieder auf den hier beschriebenen Weg.

Vom Ortseingang von **Vitsa** ❶ spazieren wir zur Ortsmitte und weiter zu einer Wegteilung. Wir wandern geradeaus in Richtung »Vitsa Steps«. Unterwegs zweigt ein Weg nach links zur Ayios Nikolaos Kapelle ab. Den Abstecher können wir gerne unternehmen, denn hinter der Kapelle bietet sich

*Die Brücke von Kapetan Arkoudas.*

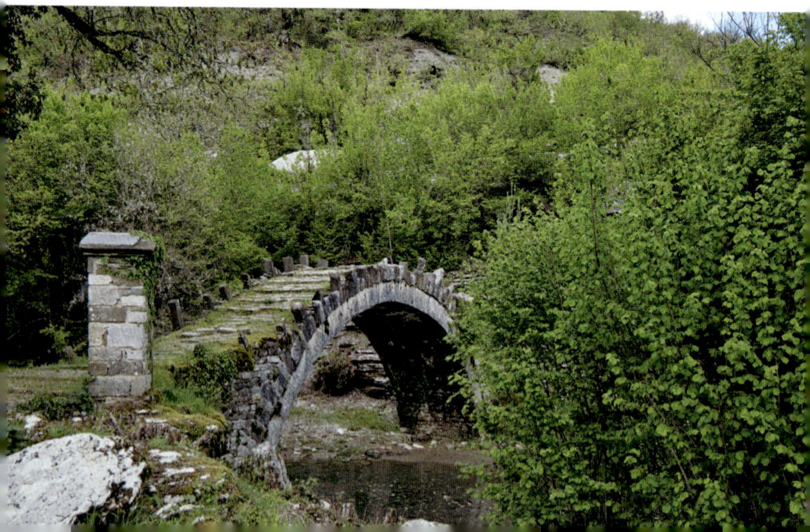

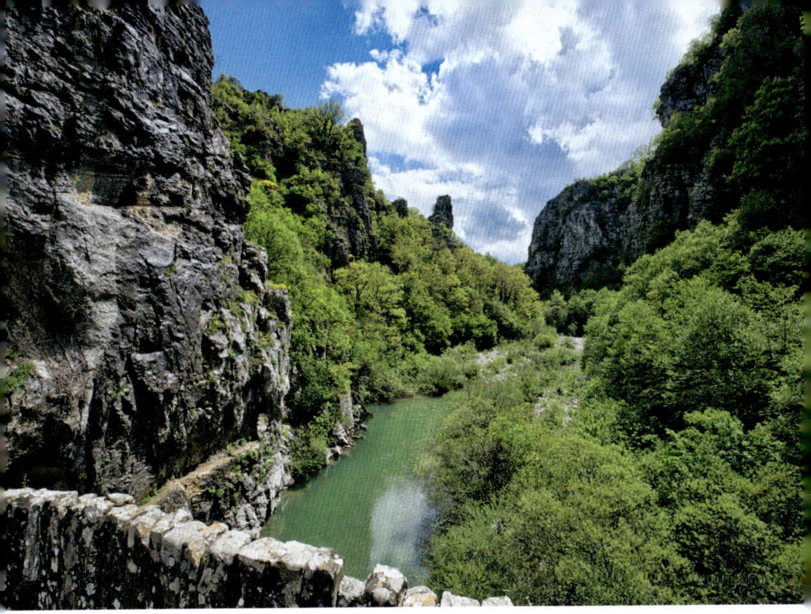

*Blick von der Brücke Kokoros in die Vikakischlucht.*

ein grandioser Tiefblick in die Vikosschlucht. Danach wandern wir geradeaus am Hauptweg weiter und steigen über die Stufen hinunter zum Querweg, der von Dilofo herüberkommt. Wir wenden uns nach links zur nahen **Missosbrücke** ❷, die wir überqueren.

Nach der Brücke wandern wir entlang des Flusses zu einer Wegteilung. Wir ignorieren diese und die folgenden Abzweige nach Koukouli und gehen geradeaus weiter. Nach der zweiten Wegteilung spazieren wir über schön geschichtete Felsplatten. Wenig später erreichen wir eine Wiese, die uns zur **Brücke Kokoros** ❸ bringt.

Wir gehen über die Brücke und wandern anschließend auf der Straße nach Süden bis zur **Brücke von Kapetan Arkoudas** ❹. Kurz vorher gibt es auch ein kleines Denkmal. Wir überqueren die alte Brücke. Am Weg steigen wir steil über Schuttgelände bergauf und tauchen in den Wald ein. Gerade im Frühjahr blühen hier viele schöne Orchideen. Der gute Steig führt dann durch dichten Wald und über schöne Wiesen zu einem kleinen Bach, den wir überqueren. Wir gehen weiter bis zu einer Schotterstraße. Wegmarkierungen leiten uns nach links zu einer Quelle. Hier wandern wir geradeaus weiter und erreichen die Häuser von **Dilofo** ❺. Durch die schmalen Gassen spazieren wir bis zu einem wunderschönen Platz im Ort mit einem Restaurant.

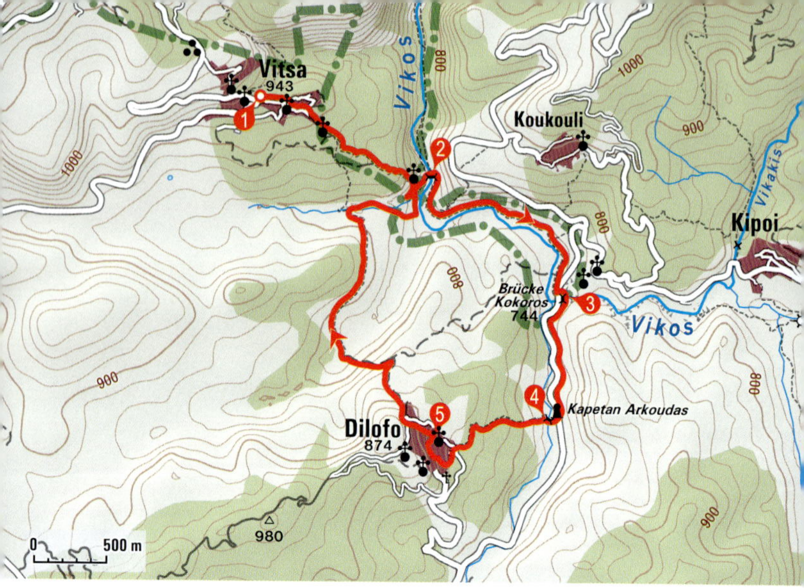


Nach einer kurzen Pause gehen wir nach schräg links weiter durch die Gassen. Nach den letzten Häusern kommen wir an eine Schotterstraße. Auf dieser wandern wir bergauf zu einer Linkskurve. Hier biegen wir nach rechts ab und stehen bald an einem schönen Aussichtspunkt. Wir genießen einen wirklich wunderbaren Blick auf die Vikosschlucht.
Wir folgen nun dem breiten Weg in Richtung Vitsa. Steil steigen wir bergab zu einer weiten Ebene. Unsere Markierungen bringen uns nach rechts über die schöne Fläche – hier ist ein wunderbarer Platz für eine Pause. Über märchenhafte Wiesen und Waldstücke erreichen wir eine Wegteilung. Links geht es direkt zurück nach Vitsa, wir gehen aber nach rechts in Richtung Vikosschlucht weiter. Der Weg führt steil bergab zum Fluss. Die Markierungen leiten uns direkt in das Bachbett hinein. Bei fehlendem Wasser im Herbst ist das kein Problem, bei viel Wasser müssen wir uns links vom Fluss durch wegloses Gelände schlagen, was ganz gut geht, bis wir wieder auf einen Weg treffen.

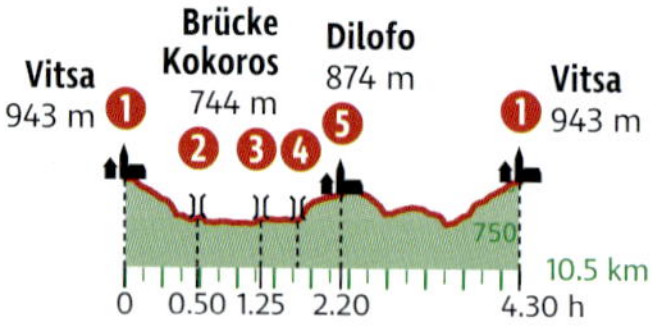


Wir wandern jetzt geradeaus in Richtung der Missosbrücke. Vorher sehen wir wieder die bereits vom Hinweg bekannte Wegteilung. Hier biegen wir nach links ab und steigen über die Steintreppen hinauf nach **Vitsa** ❶.

↗ 290 m | ↘ 290 m | 6.8 km

3.00 h

# Zu den Brücken zwischen Kipi und Koukouli

4

## Historische Brücken zwischen lieblichen Orten

*Neben der bereits beschriebenen Runde zwischen Vitsa und Dilofo ist die Runde zwischen Kipi und Koukouli eine wunderbare Möglichkeit, die Gegend des südlichen Zagori mit ihren Brücken zu erkunden. Auf dieser Wanderung können wir ein paar dieser historischen Bauwerke bewundern. Der Rundweg führt zudem zu zwei lieblichen Orten mit Einkehrmöglichkeiten und gewährt einen Einblick in zwei beeindruckende Schluchten.*

**Ausgangspunkt:** Parkplatz an der Vikakischlucht kurz vor Kipi (749 m) N039°51.851' E020°47.366'.
**Anforderungen:** Einfache Wanderwege ohne Schwierigkeiten. Nur der letzte Anstieg in Richtung Kipi ist etwas steil.
**Einkehr:** In Kipi gibt es mehrere Einkehrmöglichkeiten, auch in Koukouli befindet sich in der Ortsmitte ein nettes Café.

**Karte:** Anavasi Wanderkarte 1:50.000,, Blatt 3.1 Zagori (Pindos, Epirus).
**Hinweis:** Wer die Runde vergrößern möchte, der kann sie mit der Tour 3 kombinieren. Hierfür der Tour in entgegengesetzter Richtung nach Dilofo folgen, den Abstecher nach Vitsa auslassen. An der Kokorosbrücke mündet die Variante wieder auf die hier vorgestellte Runde.

Wir starten direkt am **Ortseingang vor Kipi** ❶, in der Nähe der Straßenbrücke über die Vikakischlucht. Wir gehen hinüber zur Brücke und wandern rechts am Fluss entlang zur alten **Brücke Kontodimos** ❷ ungefähr aus dem Jahr 1830, die wir überqueren.

*Die Brücke Plakiadas im Frühsommer.*

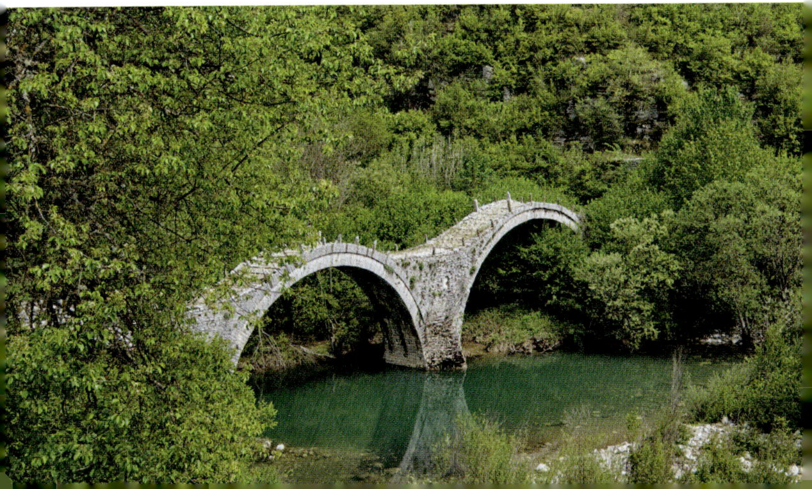

Die Brücken in Zagori sind wunderschöne alte Bauwerke, die von reichen Familien gespendet wurden, um gerade im Winter die kleinen Dörfer erreichen zu können. Sie wurden aus Kalkstein errichtet und tragen normalerweise den Namen ihres Spenders.
Hier setzt ein Steig an, der in den Wald direkt eintaucht. An einer nahen Wegverzweigung gehen wir geradeaus. Im Wald wandern wir leicht bergauf. Der Weg verflacht, und wir laufen auf dem schönen Waldweg ziemlich eben in Richtung Koukouli. Wir erreichen die Zufahrtsstraße, auf der wir bis in den Ort **Koukouli** ❸ gehen. Hier gibt es eine Einkehrmöglichkeit in der Ortsmitte. Gleich nach dem Ortsbeginn führt ein alter, gepflasterter Weg nach links bergab. Der Weg bringt uns durch den Wald hinunter zu einer Teerstraße. Markierungspfeile leiten nach links über die Straße. Hier beginnt ein weiterer Steig, der nach rechts hinunter zum Vikosfluss führt. Am Fluss biegen wir nach links ab. Der Weg verläuft am Fluss entlang und bringt uns über schöne Felsplatten. Über freie Wiesen gehen wir zur Brücke, über die eine Autostraße verläuft. Wir gehen unter der Brücke hindurch und hinauf zur alten **Brücke Kokoros** ❹ und blicken hinein in die herrliche Schlucht.
Die Brücke wurde 1750 erbaut und war gespendet vom Generalskonsul Noutsos Kontodimou aus Vradeto. Nahe der Brücke befindet sich die Daveli-Höhle, die dem Räuber George Davelis im Sommer 1881 Unterschlupf bot.
Die wunderschöne historische Brücke überqueren wir und erreichen kurz danach wieder die Fahrstraße. Nach wenigen Metern auf der Straße leiten schwache Markierungen nach links in den Wald hinauf. Der Steig ist im unteren Bereich sehr rutschig. Mit etwas Vorsicht steigen wir über den ersten Aufschwung hinauf. Der gut angelegte Weg schlängelt sich in vielen Kehren durch den Wald bergauf. Kurz nachdem sich der Weg

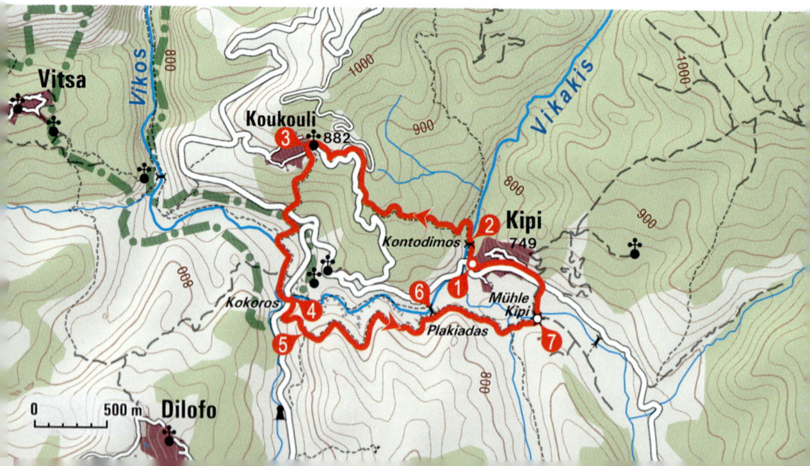

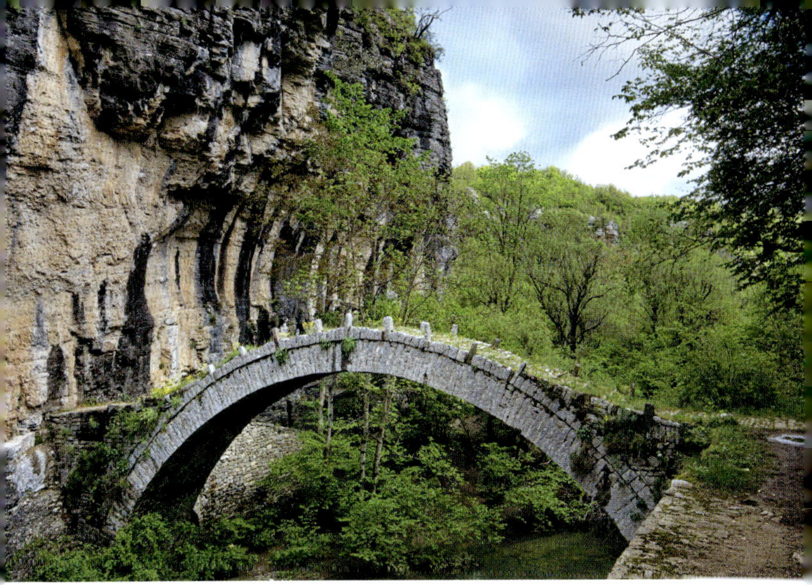

*Die Brücke Kontodimos.*

verflacht hat, kommen wir zu einer **Wegteilung** 5. Der rechte Weg führt in Richtung Dilofo.

Wir gehen nach links weiter in Richtung Kipi. Leicht bergab zieht der Wanderweg. Bald genießen wir einen ersten Blick auf die Häuser von Kipi. Wir überqueren einen Bach und wandern weiter in Richtung des Ortes. Der Weg führt steil hinunter zur **Brücke Plakiadas** 6. Diese doppelte Steinbrücke aus dem Jahr 1814 ist noch einmal ein besonderes Highlight, sodass wir unbedingt hinuntergehen. Kurz vor der Brücke gibt es allerdings eine Wegteilung, die noch einmal eine schöne Schleife nach Kipi mit sich bringt. Wir gehen die paar Meter zurück und folgen dem gut markierten Weg nach links. Er führt zuerst bergauf und bietet schöne Blicke auf die Umgebung. Dann geht es bergab. Wir wandern durch den Wald zu einem Bach, den wir überqueren. Ein schöner Weg zieht entlang des Flusses zur **Mühle** 7 von Kipi. Nach links gehen wir über eine alte Brücke und steigen auf breitem Schotterweg hinauf zur Straße am Ortseingang von Kipi. Wir gehen durch den Ort, gönnen uns vielleicht eine Einkehr und wandern hinunter zum Parkplatz an der Vikakischlucht.

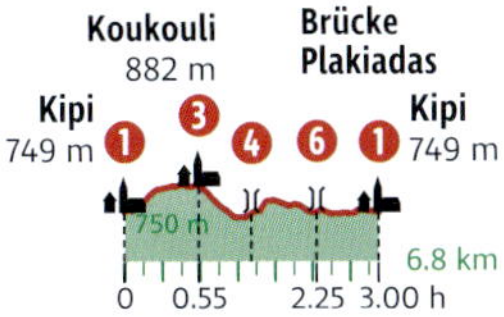

↗ 600 m | ↘ 600 m | 11.8 km

# 5 Von Kapesovo über die Vikosschlucht nach Kipi

**5.00 h**

## Zwei Schluchten, Brücken und Dörfer

*Diese Wanderung bringt uns ebenfalls in die Vikosschlucht. Wir durchwandern den Südteil dieses eindrucksvollen Taleinschnittes. Auch ein Teilstück der Vikakischlucht erforschen wir auf dieser Tour. Daneben besuchen wir die für die Zagoriregion berühmten Brücken und mit Kapesovo und Kipi zwei liebliche Zagoridörfer. Die Tour ist nur im Herbst möglich, wenn die Schluchten trocken sind, da wir teilweise mitten durch das Bachbett wandern.*

**Ausgangspunkt:** Kapesovo, direkt an der Kapelle im oberen Dorf parken. N039°53.304' E020°46.841'.
**Anforderungen:** Gut markierte Wanderwege, die in beiden Schluchten teilweise durchs Flussbett führen. In der Vikakischlucht nicht markiert, Orientierung aber problemlos. Beim Abstieg in die Vikosschlucht eine sehr ausgesetzte, mit Drahtseilen versicherte Stelle, die Schwindelfreiheit und gute Nerven erfordert.
**Einkehr:** Mehrere Einkehrmöglichkeiten in Kipi. Auch in Kapesovo gibt es eine Taverne mit schöner Aussicht, die sich für einen Kaffee anbietet.
**Karte:** Anavasi Wanderkarte 1:50.000,, Blatt 3.1 Zagori (Pindos, Epirus).
**Tipp:** Unweit von Kapesovo auf der Straße nach Tsepelovo befindet sich ein Straßenabzweig nach rechts zum Kloster Rogovou. Eine Besichtigung lohnt. Die Schwester des byzantinischen Herrschers Romanos III ließ das Kloster 1028 als Andenken an Agios Ioannis Prodomos erbauen. Nach seiner Zerstörung wurde es 1749 erneut erbaut.
**Hinweis:** Vom Kloster Rogovou besteht die Möglichkeit, auf einem kurzen, aber steilen Weg hinunter in den oberen Teil der eindrucksvollen Vikakischlucht zu wandern.

*Die Brücke Plakiadas mit dem trockenen Vikaki-Flußbett.*

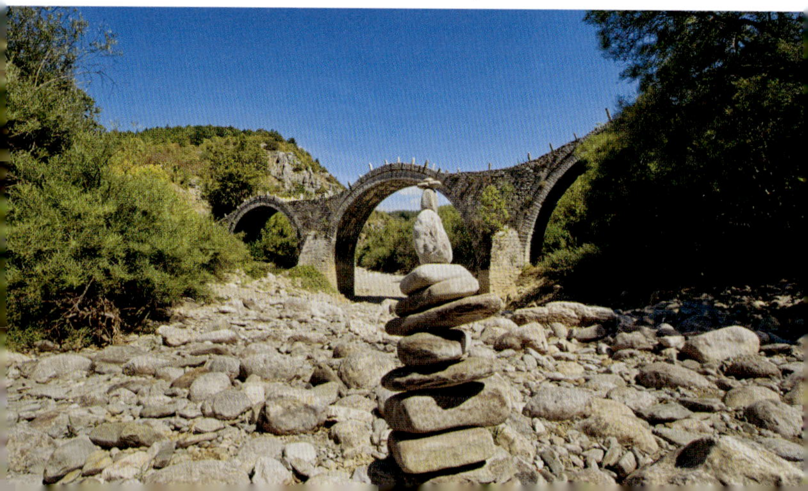

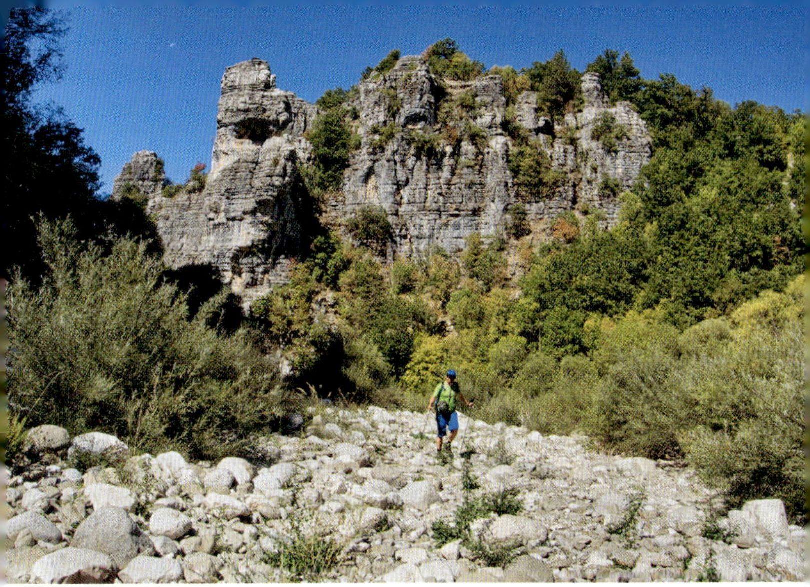

*Wanderung durch die trockene Vikakischlucht im Sommer.*

Von dem Parkplatz am **Friedhof von Kapesovo** ❶ gehen wir durch die engen Gassen zum Dorfplatz mit seinen Tavernen und weiter bergab, bis uns ein Schild nach rechts in Richtung Vikosschlucht schickt. Wir biegen gleich wieder nach links ab und folgen den deutlichen Markierungen bergab. Aus dem Sträßchen wird bald ein Steig, der uns in den Wald bringt. Teilweise ist das Ambiente sehr verwunschen. Moos hängt an den dicht beieinander stehenden Bäumen.

Nach dem Waldabschnitt geben die Bäume plötzlich den Blick frei, und wir genießen einen märchenhaften Blick hinüber auf die Häuser von Monodendri und hinunter in die Vikosschlucht. Ab hier geht es wirklich steil bergab. Teilweise helfen uns Treppenstufen beim Abstieg. Der Weg bringt uns zu einer Felswand mit einem Drahtseil. Jetzt wird es luftig. Ein **Felsband** ❷ führt um einen Absatz herum. Daneben geht es mehrere hundert

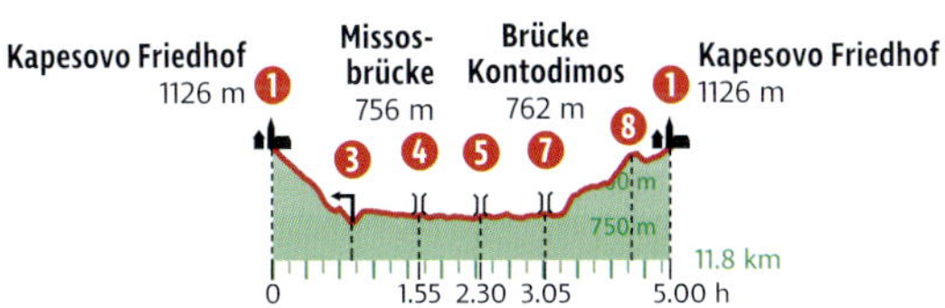

Meter senkrecht in die Tiefe. Daher halten wir uns besser gut am Drahtseil fest. Nach dieser vor allem für die Nerven anspruchsvollen Stelle ist das Gelände nicht mehr so ausgesetzt, es geht aber weiterhin steil hinunter in die Schlucht. Wir treffen auf den Weg, der nach rechts durch die Schlucht bis nach Papingo zieht. Hier an dieser **Abzweigung** ❸ gehen wir in dieser Runde nach links und folgen der Schlucht in Richtung Süden.

Der Weg führt in das Flussbett hinein, das im Herbst im trockenen Zustand gut zu begehen ist. Wir wandern im Flussbett, bis die Markierungen nach rechts hinausführen. Nun geht es ein Stück am rechten Rand entlang. Wir betreten noch zweimal das Flussbett, bis uns der Steig zur **Missosbrücke** ❹ bringt. Über die Brücke gehen wir auf die andere Seite des trockenen Bachbettes. Hier beginnt ein schöner Wanderweg, der entlang des Flusses weiterführt. Wir ignorieren die beiden Abzweige nach Koukouli und erreichen über ein paar Felsplatten eine schöne Wiese. Auf dieser wandern wir zur **Brücke Kokoros** ❺. Nun gehen wir nicht entlang der Markierungen hinauf zur Brücke, sondern unter der Brücke hindurch hinein in die Vikakischlucht. Wir wandern durch den unteren Teil der Vikakischlucht bis zur **Brücke Plakiadas** ❻ vor Kipi. Die Schlucht ist gut zu begehen, hat allerdings keine

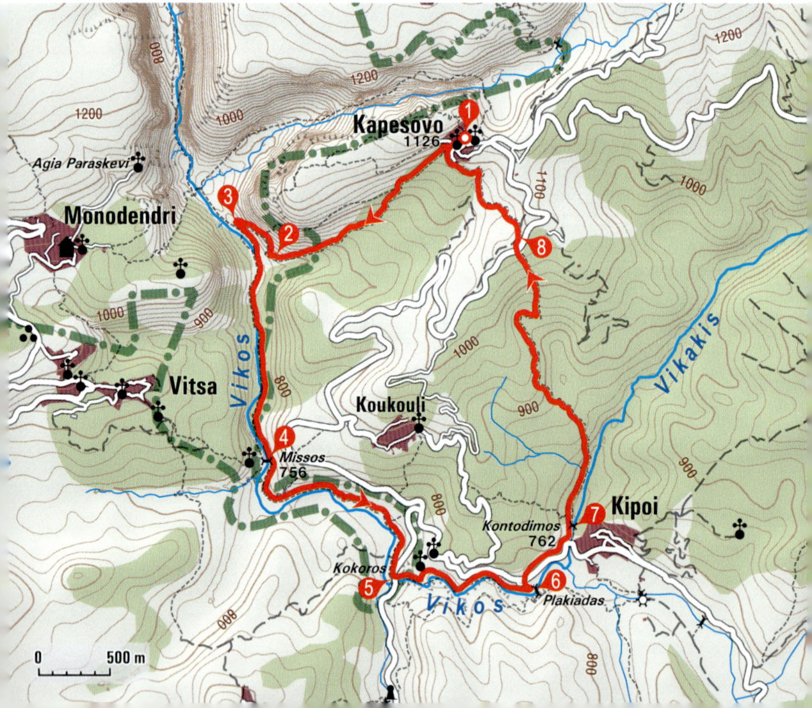

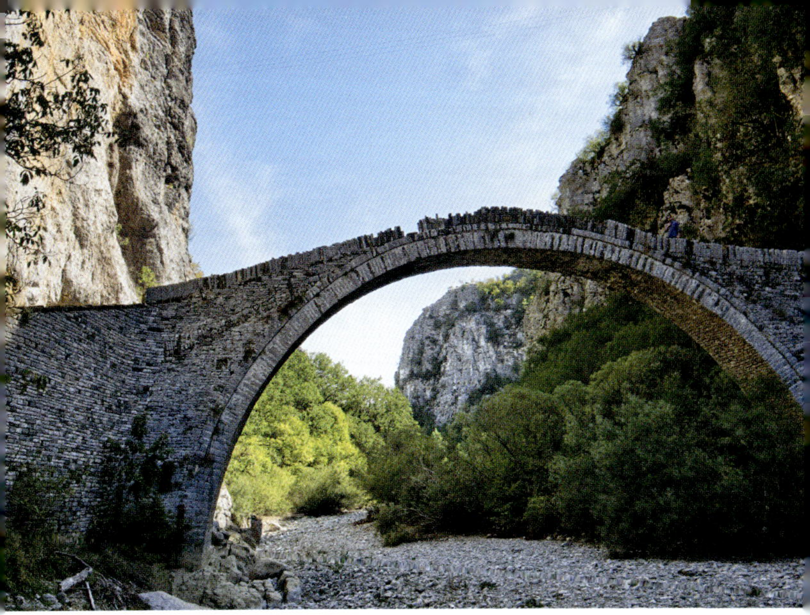

*Die Kokkoros-Brücke.*

Markierungen. Trotzdem ist die Orientierung nicht besonders schwierig. Direkt vor der Brücke verlassen wir das Flussbett nach links und gehen hinauf zur Straße. Wir folgen nun der Straße nach rechts, bis wir wieder an der Vikakischlucht stehen. Direkt hinter der Straßenbrücke beginnt ein Steig, der uns nach links zur **Brücke Kontodimos** 7 bringt. Wir gehen über die Brücke und wandern unterhalb der Felswand nach rechts. Der Weg taucht in den Wald ein, bald schon stehen wir an einer Wegteilung. Hier wenden wir uns nach rechts in Richtung Kapesovo. Schön zieht der Wanderweg durch den Wald, bis sich das Gelände langsam wieder aufsteilt. Nun wandern wir auf einem Steig bergauf. Unterwegs bewundern wir immer wieder herrliche Ausblicke auf die Vikakischlucht. Das Gelände verflacht bald wieder, und immer wieder auf- und absteigend nimmt uns der Weg weiter mit, bis wir einen sonnigen Südhang erreichen. Steil, mit tollen Ausblicken auf die Umgebung, steigen wir bergauf zu einer **Straße** 8, die wir überqueren. Über einen steilen Hang kommen wir zu einem Rücken, von dem wir schon die Häuser von Kapesovo sehen. Leider müssen wir erst wieder etwas absteigen. Danach queren wir hinüber bis unterhalb des Dorfes und gehen hinauf zu den ersten Häusern.
Durch die Gassen schlendern wir zum Dorfplatz mit seinem schön gelegenen Café und weiter zum Parkplatz am oberen Ortsende von **Kapesovo** 1.

TOP

6

↗ 420 m | ↘ 420 m | 9.5 km

# Von Kapesovo zum Beloi-Aussichtspunkt

**4.00 h**

## Über die Stufen von Vradeto

*Die Stufen von Vradeto sind eine beeindruckende Weganlage, die über den steilen Südhang nach Vradeto zieht. Bis in die 70er-Jahre war dies der einzige Zugangsweg zum Dorf. Erst danach wurde die Straße gebaut. Der Beloi-Aussichtspunkt bietet einen grandiosen Tiefblick in die Vikosschlucht. Wer möchte, kann die Runde noch deutlich in Richtung Tsepelovo erweitern.*

**Ausgangspunkt:** An der Straßenabzweigung von Kapesovo nach Vradeto befinden sich bei einem Schild Parkmöglichkeiten. Koordinaten: N039°53.358′ E020°47.174′.
**Anforderungen:** Gute, einfache Wege, die ausreichend markiert sind. Die Treppe ist teilweise ziemlich steil.
**Einkehr:** Gemütliche Taverne und schönes Café in Vradeto.
**Karte:** Anavasi Wanderkarte 1:50.000, Blatt 3.1 Zagori (Pindos, Epirus)

*In kontinuierlicher Steigung geht es über die Treppen bergauf.*

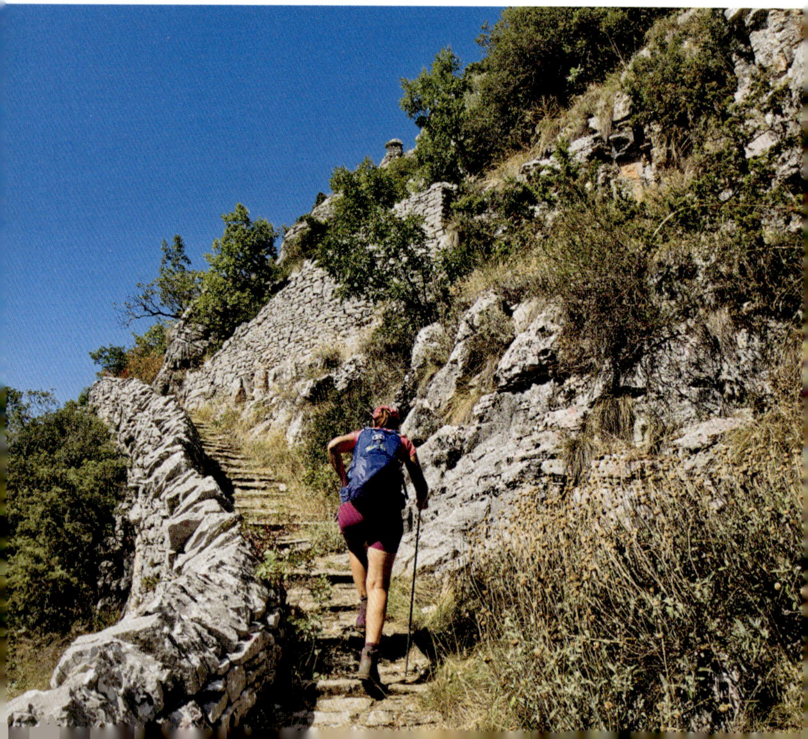

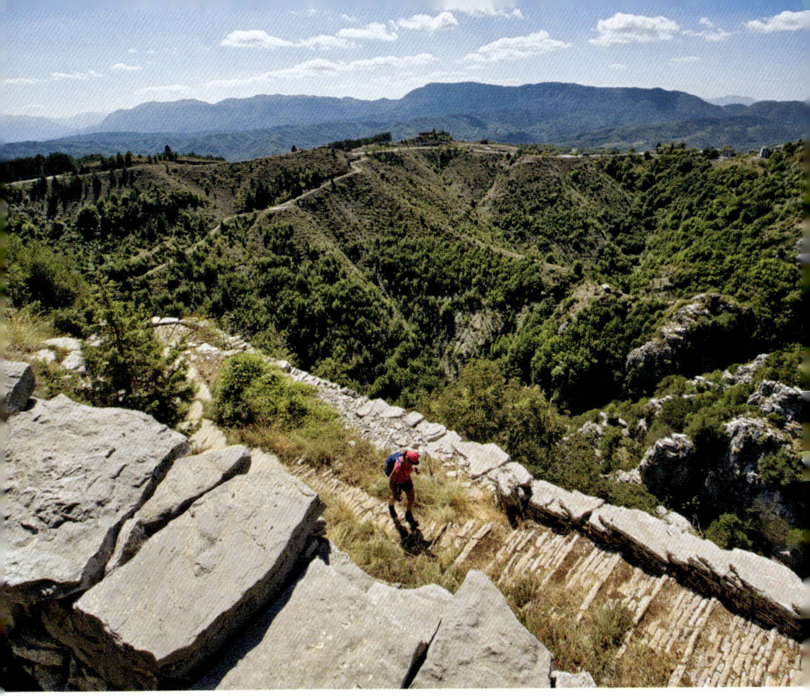

*Die Aussicht wird immer großartiger.*

Vom **Parkplatz an der Straßenverzweigung** ❶ wandern wir auf der hier ansetzenden Schotterstraße leicht bergab in Richtung Schlucht. Der Weg wird bald schmaler und bringt uns hinunter zum tiefsten Punkt. Über zwei **Brücken** ❷ gehen wir über die Schlucht. Nun beginnt die Treppe, eine eindrucksvolle Steiganlage. In vielen Serpentinen schlängelt sie sich Stufe um Stufe den Hang hinauf, bis das Gelände bei einer Kirche endlich etwas flacher wird. Die Aussicht wird mit jedem Meter herrlicher, sodass wir die Anstrengungen des Anstiegs schnell vergessen.

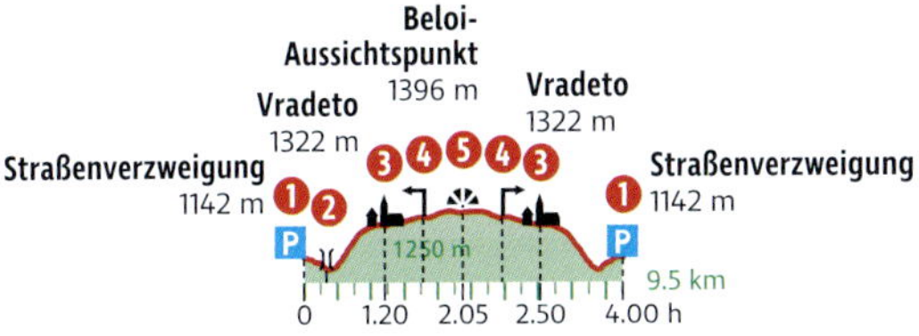

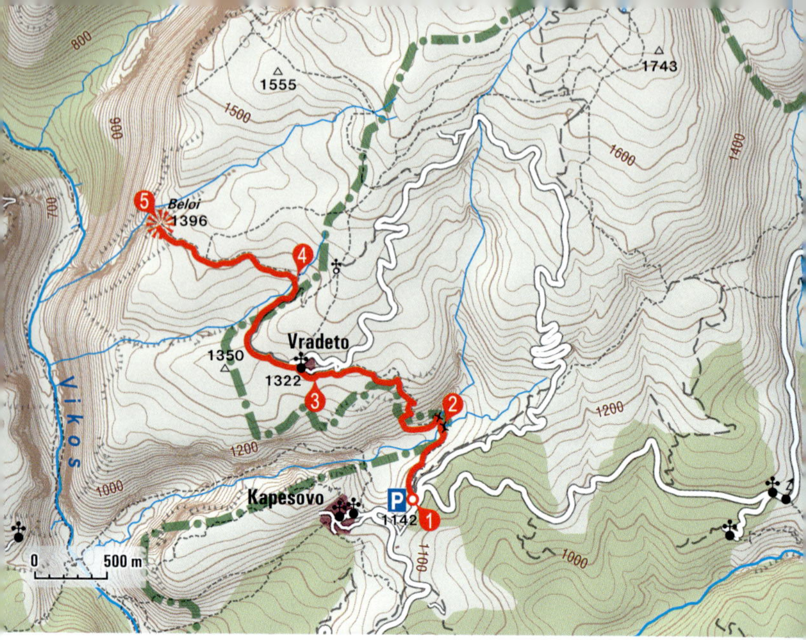


An der Kirche empfängt uns ein Hinweisschild, dass es nur noch fünf Minuten nach Vradeto ❸ sind. Wir gehen hinüber in den Ort und folgen den roten Markierungen durch die engen Gassen. In der Umgebung der Kirche von Vradeto kommen wir an ein paar Einkehrmöglichkeiten vorbei. Hier empfängt uns auch ein Wegweiser zum Beloi-Aussichtspunkt.

Wir gehen an einem Hotel vorbei und folgen der Schotterstraße aus dem Ort heraus. Die Straße biegt nach rechts um und bringt uns in eine wunderschöne Landschaft.

Ein deutliches **Hinweisschild** ❹ schickt uns dann nach links. Mitten durch liebliches Gelände spazieren wir nun auf dem rot markierten Steig bis kurz vor den Aussichtspunkt. Zwei Hinweisschilder zeigen uns, dass wir auf dem richtigen Weg sind und es nicht mehr besonders weit ist (»fünf Minuten«). Zum Schluss führt der Steig durch eine enge Felsengasse, und wir stehen letztendlich am **Beloi-Aussichtspunkt** ❺. Wir befinden uns direkt über der beeindruckenden Vikosschlucht und genießen einen atemberaubenden Tiefblick über ein Mäuerchen hinweg.

Der Rückweg erfolgt am Anstiegsweg. Dabei sollten wir unbedingt in Vradeto in der Taverne oder dem Café einkehren.

*Grandioser Ausblick am Beloi-Aussichtspunkt.*

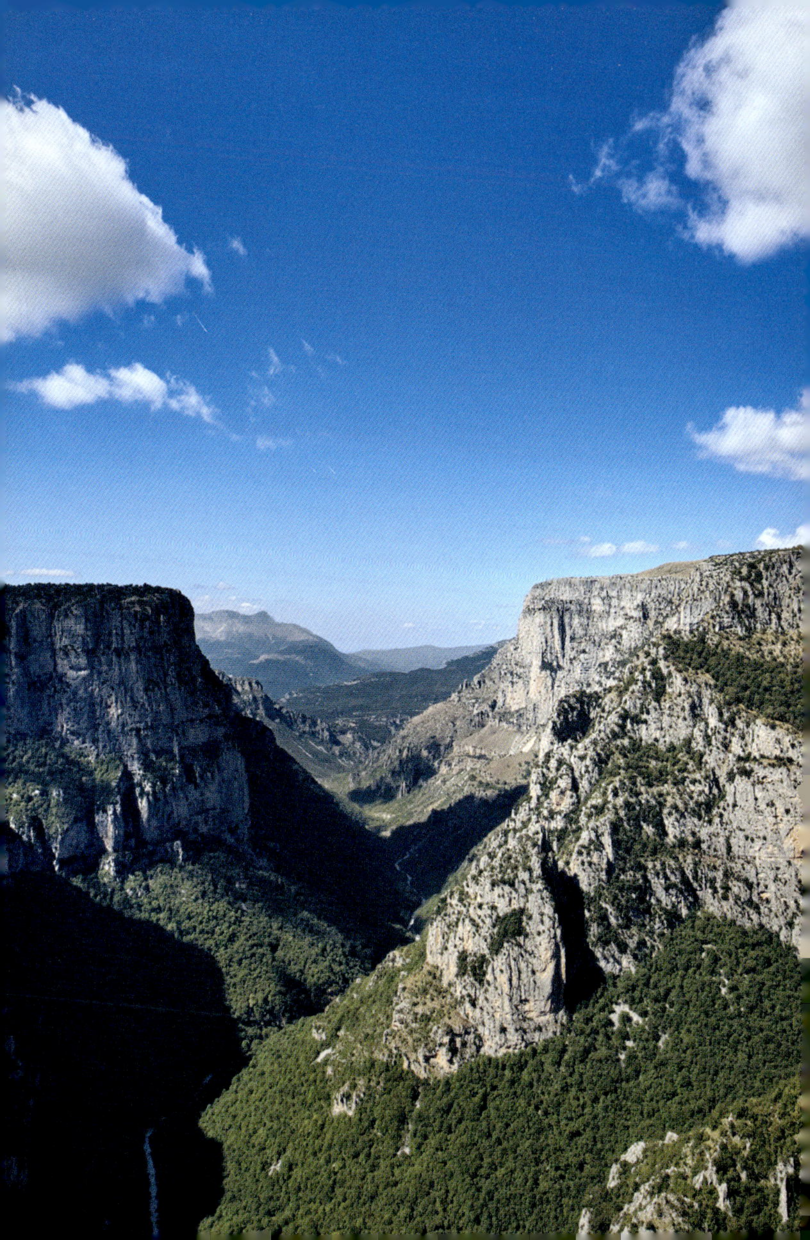

↗ 390 m | ↘ 390 m | 11.3 km

# 7 Von Megalo Papingo nach Ano Kleidona

**4.00 h**

## Gemütliche Wanderung zwischen zwei Dörfern

*Das kleine Dörfchen Ano Kleidona kann auf einer einfachen Wanderung von Megalo Papingo erreicht werden. Der einfache Weg führt mit schönen Ausblicken durch leicht bewaldetes Gelände in das Dorf mit seiner netten Taverne. Gerade im Frühjahr blühen hier viele Blumen am Wegesrand, und der Steig über ein paar kleine Bächlein ist besonders abwechslungsreich.*

**Ausgangspunkt:** Megalo Papingo (935 m), Parkplatz am Ortseingang. N039°58.063′ E020°43.054′.
**Anforderungen:** Schmaler gut zu begehender Steig. Gut markiert.

**Einkehr:** Tavernen in Megalo Papingo und auch am Ziel der Tour in Ano Kleidona.
**Karte:** Anavasi Wanderkarte 1:50.000, Blatt 3.1 Zagori (Pindos, Epirus)

Vom Ortseingang in **Megalo Papingo** ❶ spazieren wir in Richtung der Kirche und biegen dann nach links ab. An einer weiteren Kreuzung wenden wir uns ebenfalls nach links und kommen zur Taverne Astraka. An dieser gehen wir rechts vorbei und wandern durch die enge Gasse zwischen den Häusern hindurch zu einem kleinen **Parkplatz** ❷ mit einer Übersichtskarte. Es besteht auch die Möglichkeit, hier sein Auto abzustellen. Direkt dahinter beginnt ein breiter Schotterweg, der leicht ansteigend hinauf zu einer kleinen Kirche auf der linken Seite des Weges führt. Anschließend wandern wir auf der Straße bergab bis kurz vor einem Bach. Hier gehen wir

*Nach einem verregneten Tag klart es auf.*

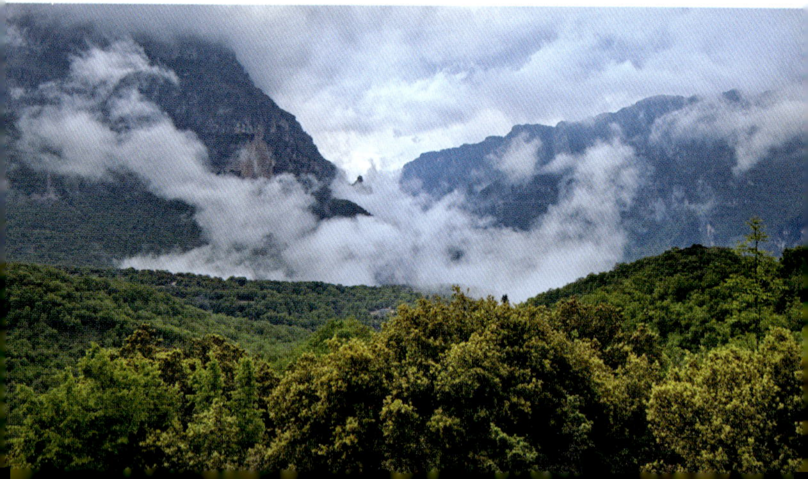

*Kurzer Zwischenstopp im ersten Wegabschnitt.*

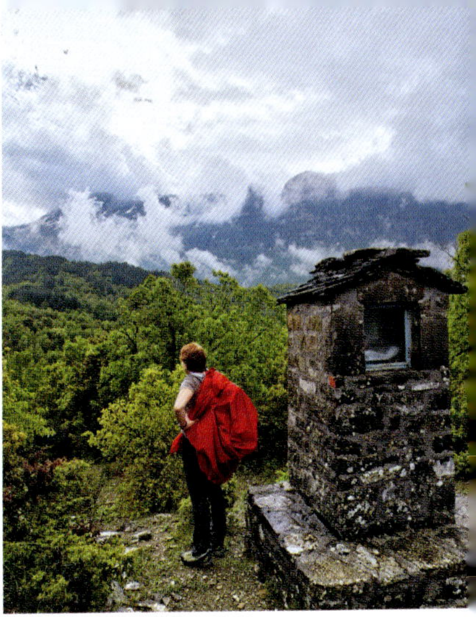

nach links hinunter zum Bach, den wir überqueren. Über steinerne Stufen steigen wir wieder bergauf und erreichen wenig später eine **Weggabelung** ❸. Geradeaus geht es zu einer Kapelle. Wir dagegen gehen nach rechts und steigen hinauf zu einem kleinen Schrein. Erstmals bietet sich uns ein wunderbarer Blick zu den steilen Felsabstürzen der Türme von Papingo.

Hier biegen wir scharf nach rechts ab. Der bisher breite Weg wird jetzt zu einem schmalen Steig. Wir wandern teilweise oberhalb von steilen Hängen entlang. Durch schönen Wald mit üppiger Vegetation zieht unser Weg in Richtung Ano Kleidona. Gerade im Frühjahr können wir uns hier viel Zeit lassen und die Blumen links und rechts des Weges bestaunen. Vor allem viele Orchideenarten gibt es hier. Der Steig führt zweimal hinunter zu einem Bach, den wir ebenfalls überqueren.

Nach einer gewissen Zeit sehen wir einen großen Strommasten. Der Weg bringt uns vorher noch zu einer gemauerten Bank, die ein wirklich schöner Rastplatz ist. Nach der Bank wandern wir über eine Wiese weiter zu dem

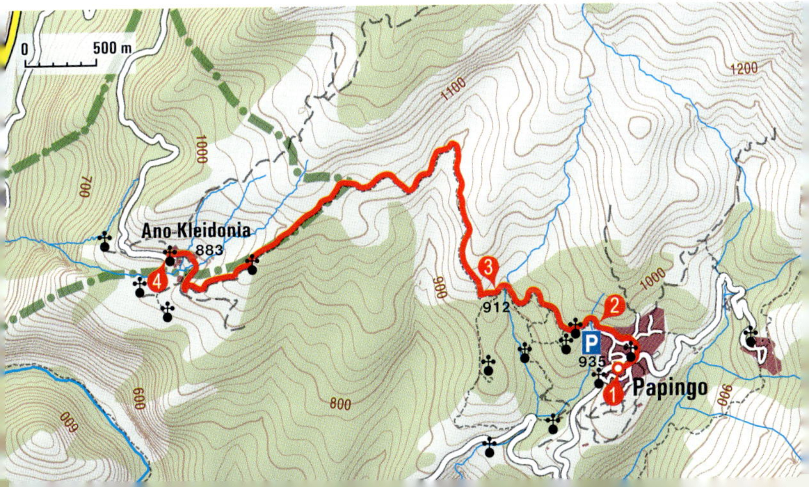

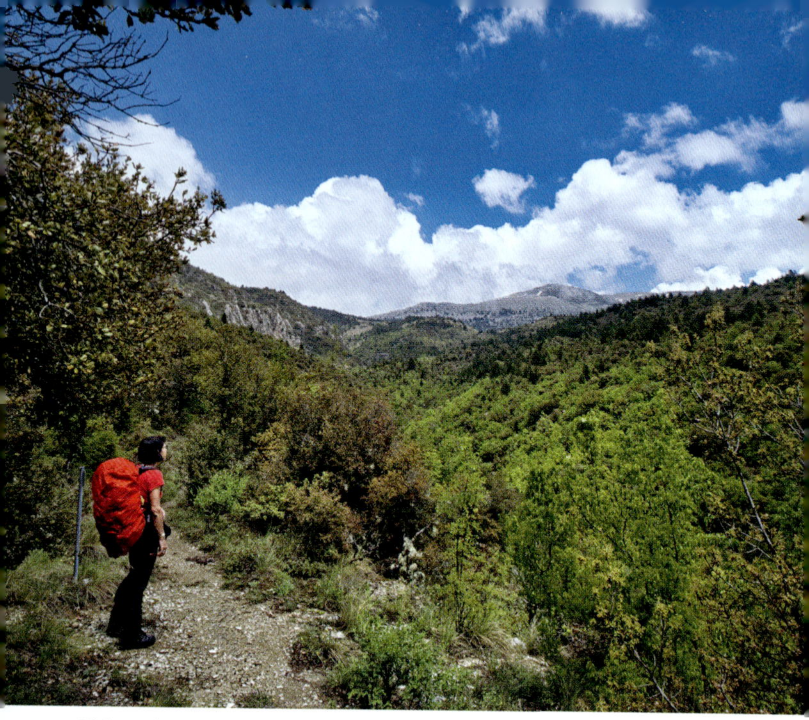

*Nicht spektakulär, aber schön. Der Weg nach Ano Kleidona.*

Strommasten. Vor uns liegt nun das Dörfchen Ano Kleidona. Ab hier befinden wir uns wieder auf einem Schottersträßchen. Der breite Weg windet sich in einer Kehre hinunter zum Bach, und in wenigen Minuten erreichen wir **Ano Kleidona** ❹.

In der örtlichen Taverne Zagori können wir gemütlich einkehren. Gerade im Sommer ist es wunderschön unter dem großen Baum.

Nach der Einkehr und Pause in der Taverne machen wir uns wieder an den Rückweg nach **Megalo Papingo** ❶. Hierfür nehmen wir den vom Hinweg bekannten Weg.

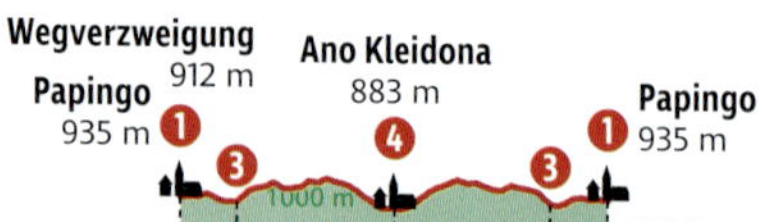

↗ 210 m | ↘ 210 m | 4.3 km

**2.00 h**

# Zwischen Papingo und Mikro Papingo

8

## Gemütliche Runde zwischen den beiden Dörfern

*Papingo und Mikro Papingo sind zwei beliebte Dörfer für einen Aufenthalt im Pindosgebirge. Die Landschaft ist gerade durch die Umgebung mit der Vikosschlucht und den Papingo Türmen sehr beeindruckend. Diese gemütliche Runde führt auf einem herrlichen Weg von Papingo nach Mikro Papingo. Wer möchte, kann noch einen Abstecher zum Lithari-Aussichtspunkt unternehmen, und kurz vor Papingo gibt es dann noch eine tolle Bademöglichkeit.*

**Ausgangspunkt:** Ortsmitte von Papingo N039°58.099′ E020°43.132′.
**Anforderungen:** Guter Wanderweg, bei trockenen Verhältnissen problemlos.
**Einkehr:** Mehrere Einkehrmöglichkeiten in Megalo und Mikro Papingo.
**Variante:** Für die einfache Erweiterung zum Kokkino Lithari Aussichtspunkt zusätzlich 1.30 Std. einplanen.
**Karte:** Anavasi Wanderkarte 1:50.000, Blatt 3.1 Zagori (Pindos, Epirus).
**Tipp:** Badesachen für die Pools mitnehmen.
**Hinweis:** Nach langen Regenfällen kann die Bachüberquerung am Beginn der Wanderung ein Problem sein.

Von der Ortsmitte in **Megalo Papingo** ❶ bei der Kirche gehen wir an der Durchgangsstraße ein Stück nach Westen, bis nach links ein Schotterweg abzweigt. Dieser führt leicht bergab. Nach einer sanften Rechtskurve erreichen wir einen Strommast. Hier beginnt ein schmaler Steig, der nach links steil bergab abfällt. Wir treffen wieder auf eine rote Markierung und ein Schild »03«. Nun folgen wir diesem Weg geradeaus bergab in Richtung Vikosschlucht. Eindrucksvoll sind die Felsen der Papingo-Türme, die sich oberhalb von uns erheben.

An einer Wegteilung wenden wir uns nach links und gehen hinunter zum **Fluss** ❷. Es ist keine Brücke vorhanden. Im Spätsommer ist das normalerweise kein Problem. Im Frühjahr und gerade nach Regenfällen kann das nasse Füße bedeuten.

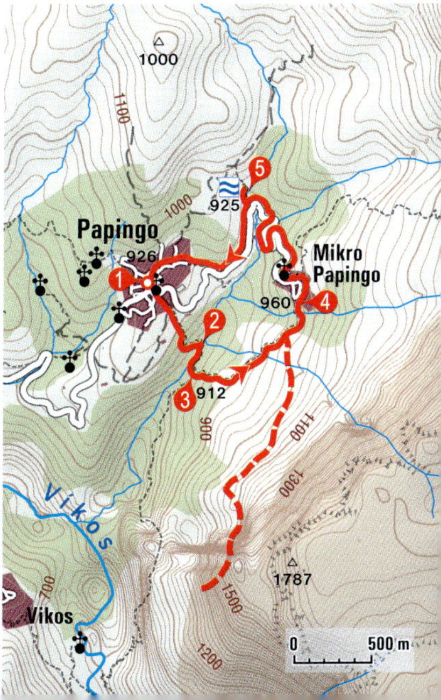

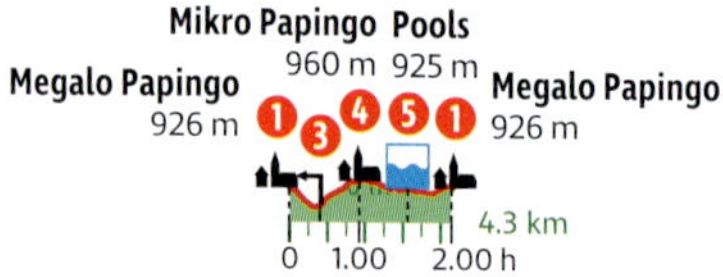


Auf der anderen Seite des Flusses nimmt uns ein schöner Pfad mit durch einen verwunschenen Zauberwald vorbei an bemoosten Bäumen bergauf zu einer **Wegteilung** 3. Geradeaus ginge es in die Schlucht. Wir gehen nach links und steigen auf dem Steig bergauf. Immer wieder gehen wir durch Wald, über schöne Wiesen und blicken hinauf zu den großartigen Felsen. Wir kommen zu einem Schrein und genießen einen wunderbaren Blick auf Megalo Papingo und den Eingang der Vikosschlucht.
Der Steig zieht anschließend noch ein Stück bergauf und bringt uns zu einer Wegteilung. Wir nehmen den linken Weg, der nach **Mikro Papingo** 4 hineinführt. Wir wandern nun durch die schmalen Gassen des Dörfchens und bewundern den grandiosen Ausblick. Nach dem Ort folgen wir der Teerstraße in Richtung Megalo Papingo. Nach einer Rechtskurve ist es möglich, auf einem Steig die Straße abkürzen. Wir empfehlen aber geradeaus weiterzugehen und die **Ovires Rogovou Pools** 5 zu besuchen. Hierfür

*Die Ovires Rogovou Pools sorgen im Sommer für Abkühlung.*

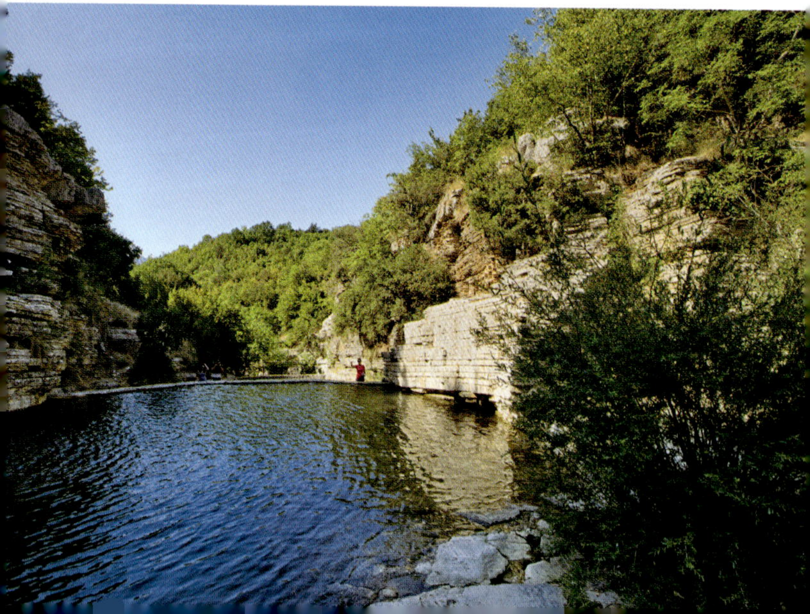

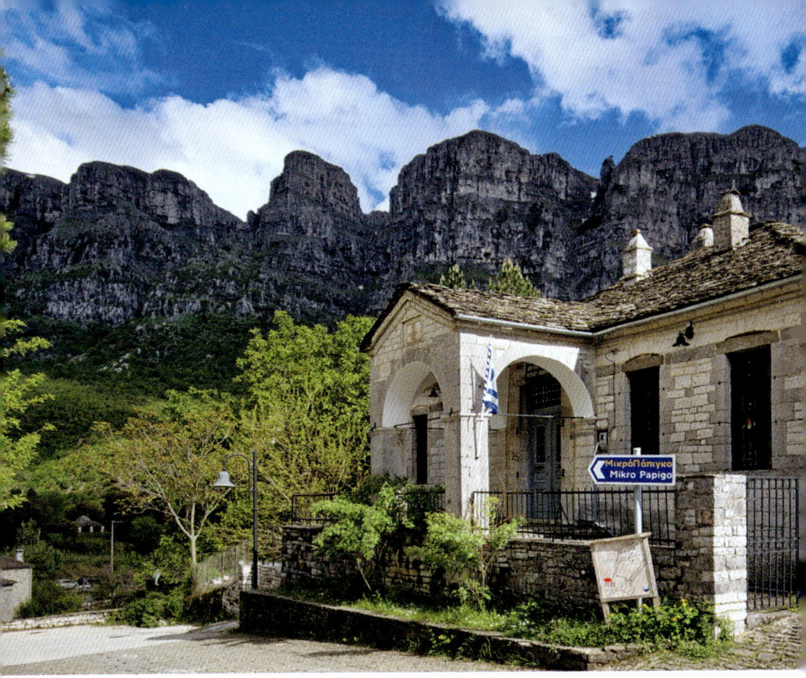


*Megalo Papingo mit den Papingo Towers.*

spazieren wir an der Kurve nach rechts am Bach entlang und gelangen zu den romantischen Gumpen. Gerade im Sommer können wir uns hier wunderbar beim Baden in den Pools abkühlen und die Zeit vergessen. Anschließend folgen wir der Straße ein Stück und treffen an einer Linkskurve auf eine Treppe. Über diese steigen wir bergauf zu einem Bach, den wir überqueren. Anschließend gehen wir wieder über Stufen bergauf zu den Häusern von **Megalo Papingo** ❶. An der ersten Kreuzung gehen wir nach links und erreichen somit wieder die Kirche.

### ■ Variante Kokkino Lithari Aussichtspunkt

Zusätzlich 2.30h, 4,9 km, ↗ 290 m, ↘ 290 m.

Von der Wegteilung vor Mikro Papingo biegen wir nach rechts ab und besuchen auf einem leichten Steig den Kokkino Lithari Aussichtspunkt. Wir überqueren eine Geröllreiße und wandern auf dem Pfad am Hang entlang. Nach einem Schrein kommen wir zur grasigen Aussichtsplattform mit großartigen Ausblicken auf die Vikosschlucht. Der Rückweg erfolgt am Hinweg.

↗ 960 m | ↘ 960 m | 11.4 km

# 9 Von Mikro Papingo zur Astrakahütte

5.30 h

## Ausflugsziel und Stützpunkt in aussichtsreicher Lage

*Die Astrakahütte steht aussichtsreich in einem Sattel unter den mächtigen Nordabstürzen des Astraka. Die gut eingerichtete Hütte ist ein schönes Ausflugsziel oberhalb des kleinen Dörfchens Mikro Papingo. Der gemütliche, allerdings der Sonne ausgesetzte Weg führt in angenehmer Steigung zur Hütte. Neben einem Ausflug bietet sich die Hütte auch als Stützpunkt für Touren im Tymfigebirge an.*

**Ausgangspunkt:** Mikro Papingo (956 m), Parken am Ortseingang. N039°58.131′ E020°43.671′.
**Anforderungen:** Sehr gut markierter Wanderweg, ohne besondere Schwierigkeiten. Im Sommer tagsüber sehr heiß, dann besser früh starten.
**Einkehr/Übernachtung:** Die Astrakahütte ist im Sommer bewirtschaftet. Eine Übernachtung in gut ausgestatteten Mehrbettzimmern ist möglich. Weitere Informationen unter astrakarefuge.com, +30 697 322 3100; Tavernen in Mikro Papingo.
**Karte:** Anavasi Wanderkarte 1:50.000, Blatt 3.1 Zagori (Pindos, Epirus).
**Tipp:** Die Tour ist sowohl als eigenständige Tagestour beliebt, als auch als Zugang zur Hütte für einen mehrtägigen Aufenthalt.

*Sonnenuntergang an der Astrakahütte.*

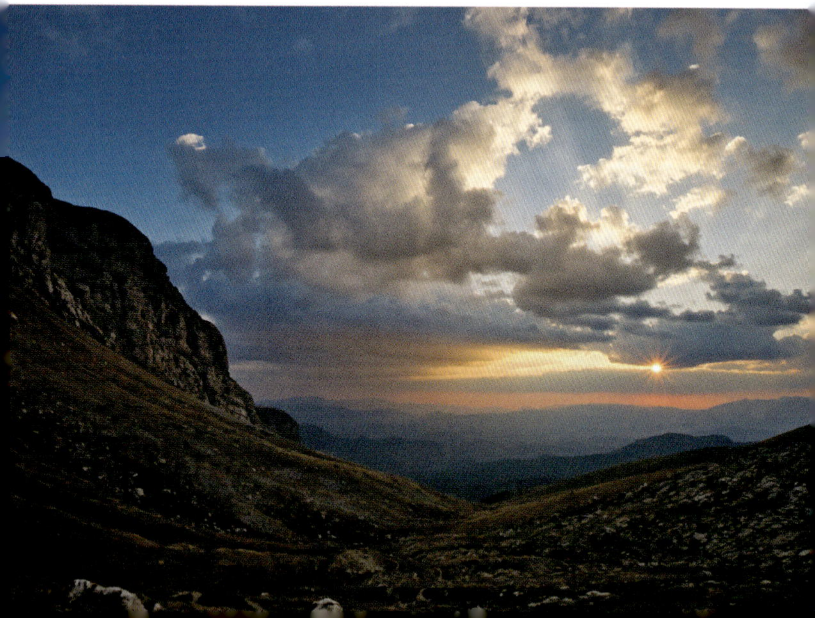

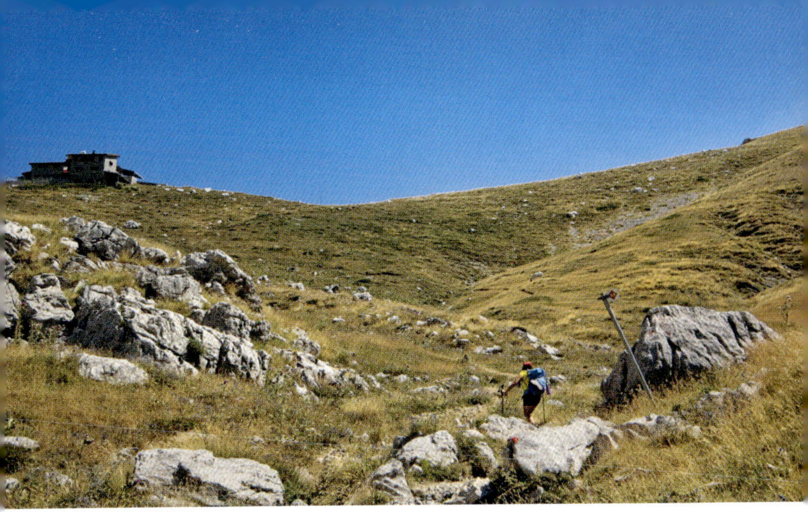

*Bald ist die Hütte erreicht.*

Vom Ortseingang von **Mikro Papingo** ❶ gehen wir links am Hotel Papigo Towers vorbei und geradeaus durch die schmalen Gassen des Ortes. Wir wandern geradeaus weiter bis zu einem Wegweiser, auf dem die Gehzeiten zur Astrakahütte und den Zielen über der Hütte angegeben sind. Hier halten wir uns links und spazieren zwischen den Häusern hindurch zu den Häusern des Spa von Mikro Papingo. Der angenehme Weg führt nach links durch lichten Wald. Zwischendurch genießen wir einen schönen Blick auf Megalo Papingo. Der gute Wanderweg bringt uns zur **Avragoniaquelle** ❷, die noch im Wald liegt. Wir gehen an der Quelle vorbei. Langsam lichtet sich der Wald und das Gelände gibt den Blick zu den Astrakatürmen frei. In Kehren ziehen wir hinauf zur **Adalkiquelle** ❸. An jeder der nun folgenden Quellen steht ein kleiner überdachter Platz mit Bank und Tisch, sodass wir im Schatten eine kleine Pause einlegen können.

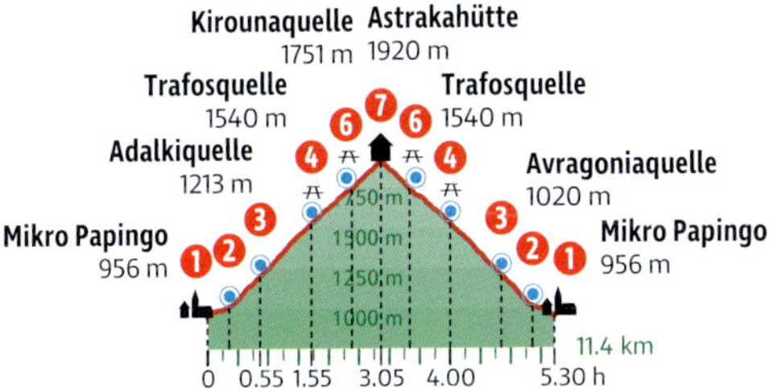

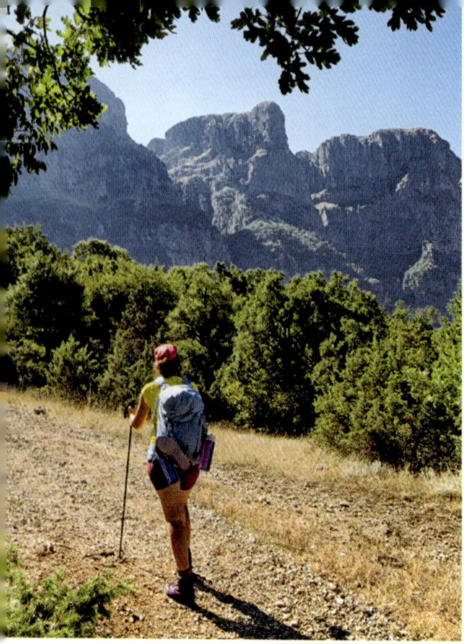

*Der Aufstieg ist teilweise ordentlich der Sonne ausgesetzt.*

Der Bewuchs wird immer schwächer, der Anstieg ist dadurch mehr der Sonne ausgesetzt und somit ziemlich warm und schweißtreibend. Wir passieren die **Trafosquelle** 4 und erreichen eine **Wegverzweigung** 5. Nach rechts geht es zum Gipfel des Astraka. Wir wandern aber geradeaus in Richtung Astrakahütte weiter. Danach nutzen wir an der **Kirounaquelle** 6 noch einmal die Verschnaufmöglichkeit. Bald schon sehen wir die Hütte oberhalb stehen. Wir steigen hinauf in den Sattel rechts des Gebäudes. Von hier bietet sich ein herrlicher Blick auf die andere Seite des Tymfigebirges. Deutlich können wir den Weg zum Drakolimni hinauf ausmachen. Rechts davon sehen wir die Berge vom Ploskos über den Gamila in Richtung Karteros-Pass ziehen. Schwindelerregend ist allerdings der Blick direkt nach Süden. Steil erheben sich die Felsen des Astraka. Wir wenden uns nach links und stehen bald auf der großen Terrasse der **Astrakahütte** 7. Nach einer Einkehr wandern wir entweder am bekannten Weg zurück nach Mikro Papingo oder richten uns für eine Übernachtung ein. Die Hütte ist gemütlich und wird gut geführt. Sie bietet sich somit wunderbar als Stützpunkt für die Erkundung des Tymfigebirges an.

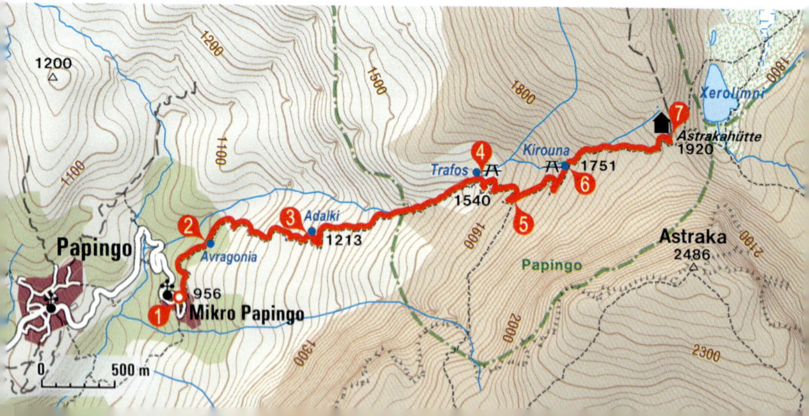

↗ 460 m | ↘ 460 m | 6.1 km

2.30 h

# Von der Astrakahütte zum Drakolimni

10

## Beliebtestes Ausflugsziel von der Astrakahütte

*Der Drakolimni – der Drachensee im Tymfigebirge ist das beliebteste Wanderziel von der Astrakahütte. Oft wird die Tour auch als Tagestour von Mikro Papingo begangen, dann wird der Wandertag aber schon ganz schön lange. Deutlich entspannter ist es, nach der Wanderung zum See noch eine Nacht in der gemütlichen Hütte zu verbringen und am nächsten Morgen in aller Ruhe abzusteigen.*

**Ausgangspunkt:** Astrakahütte (1920 m), Zugang über Tour 9. N039°58.729′ E020°46.132′.
**Talort:** Mikro Papingo.
**Anforderungen:** Kurzer steiler Abstieg nach der Hütte. Dann guter Wanderweg zum See, ohne besondere Schwierigkeiten. Achtung Weidegelände.
**Einkehr/Unterkunft:** Die Astrakahütte ist bewirtschaftet und bietet sich für eine Übernachtung an. Kontaktdaten unter Tour 9.
**Karte:** Anavasi Wanderkarte 1:50.000, Blatt 3.1 Zagori (Pindos, Epirus).
**Hinweis:** Im Spätsommer verlandet der Drachensee immer mehr. Daher ist die Wanderung gerade im Frühsommer am schönsten.

*Ausblick über den Drakolimni zum Astraka.*

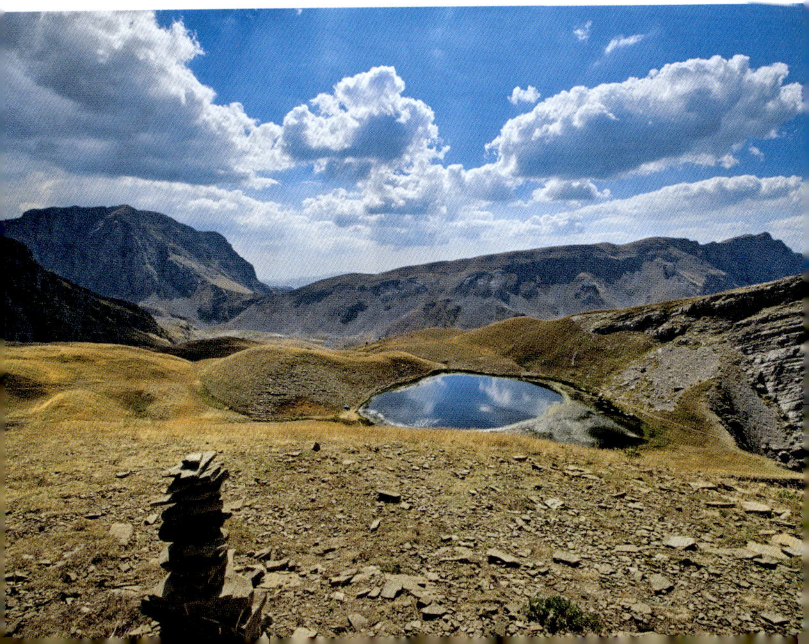

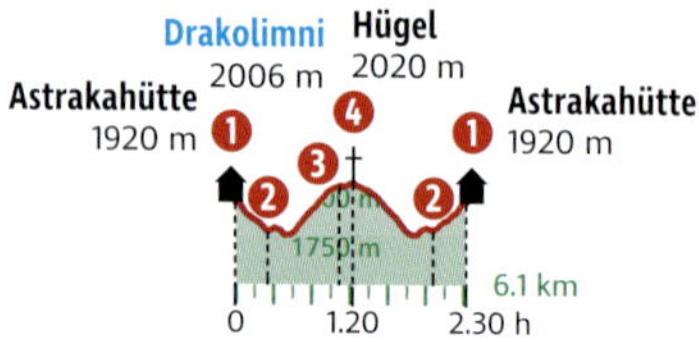


Von der **Astrakahütte** ❶ gehen wir zurück in den Sattel unterhalb der Hütte. Hier biegen wir nach links ab. Am steilen Pfad steigen wir hinunter zu einer Wegteilung. Der rechte Weg führt nach Tsepelovo, wir nehmen dagegen den linken Steig (Wegweiser Drakolimni). Der Weg zieht am Hang entlang, den wir leicht abfallend queren. Es geht hinunter in die weite Senke mit dem **Xerolimni** ❷. Dabei handelt es sich um einen »trockenen« See. Im Frühjahr sammelt sich hier das Schmelzwasser der Berge, im Laufe des Jahres vertrocknet das Wasser, sodass der See aus dem Frühjahr nur noch erahnt werden kann. Wir folgen den Markierungen aufmerksam über die Senke zu den grasigen Westhängen. In der Senke weiden häufig Kühe und Pferde. Gerade wenn die Tiere Nachwuchs haben, sollten wir besonders vorsichtig sein und genug Abstand halten. Am Gegenhang sehen wir bereits einen deutlichen Steig, der die Höhe erklimmt. Über diesen Weg steigen wir steil bergauf in Richtung des Drachensees. Der Weg ist nicht besonders schwierig und bietet großartige Ausblicke zum Astraka und dem Bergrücken, der von der Hütte nach Norden zieht. Schnell gewinnen wir an Höhe und passieren einen Stein mit der Aufschrift »5 Min.«. Über letzte Wiesenhänge wandern wir hinauf zum wunderschön gelegenen **Drako-**

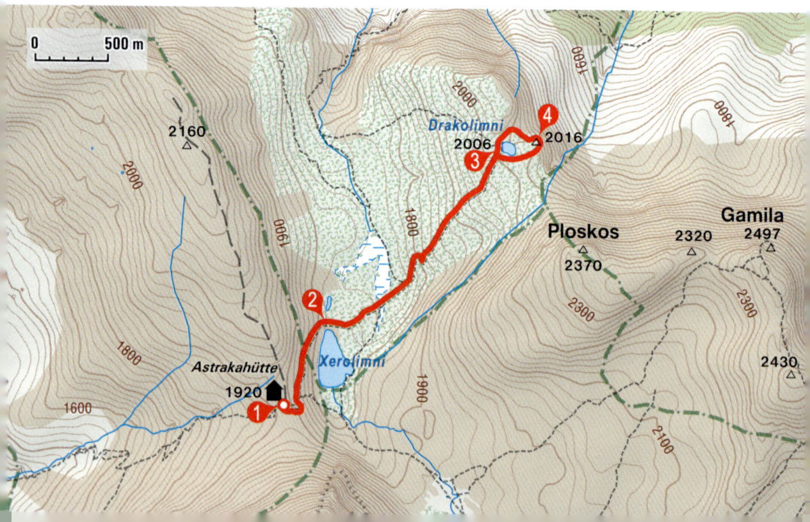

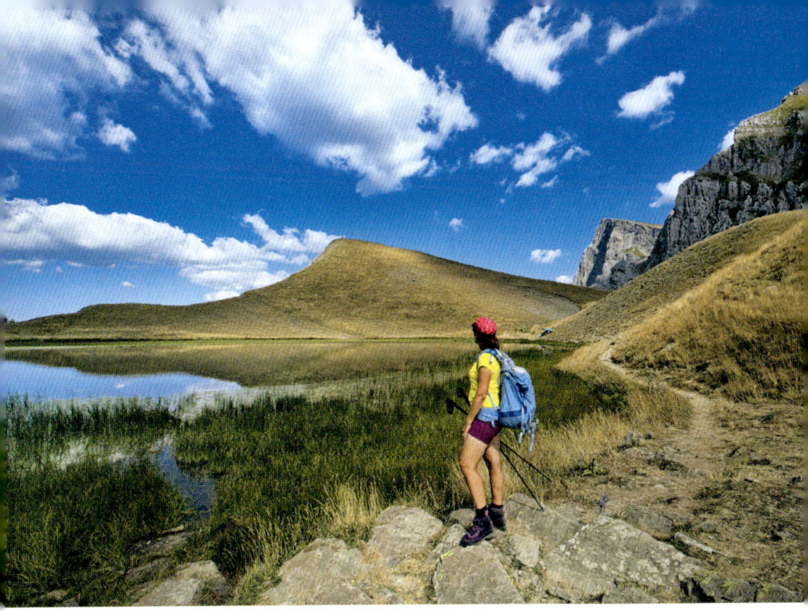

*Tolle Landschaft: Am Drakolimni.*

**limni** ❸. Am Seeufer setzen wir uns ins Gras und bewundern die herrliche Landschaft. Besonders beeindruckend präsentiert sich der Gamila mit seinen steilen Felsabstürzen. Baden sollte man in dem Gewässer nicht, da es sich um ein empfindliches Ökosystem handelt.

Gemäß einer Sage lebte früher ein Drache im See, der sich mit dem Drachen vom Drakolimni am Smolikas bekämpfte. In einem Kampf warf er Bäume zum Smolikas, während der andere Drache Steine herüber warf. Deshalb gibt es am Smolikas viele Bäume und im Tymfigebirge nur Felsen.

Wer noch Lust auf eine andere Aussicht hat, kann noch auf einen mit einem Steinmann geschmückten **Hügel** ❹ oberhalb des Sees hinauf gehen. Hierfür umrunden wir den See links herum und steigen über den linken Grat bergauf. Der Steig quert nach rechts in den Gipfelhang. Steil schnaufen wir hinauf zum höchsten Punkt und genießen einen tollen Ausblick auf den Drachensee und den mächtigen Gamila. Auf der anderen Seite des Aoostales erhebt sich der Smolikas, immerhin Griechenlands zweithöchster Berg.

Nach der Gipfelpause gehen wir direkt hinunter zum See und wandern weiter bergab zum Xerolimni. Nun folgt der etwas lästige Gegenanstieg zur **Astrakahütte** ❶. Je nach Lust und Laune – oder Kondition – übernachten wir nun in der Hütte oder steigen direkt hinunter nach Mikro Papingo.

↗ 420 m | ↘ 420 m | 6.7 km

# 11 Von der Astrakahütte zum Tsouka

**3.00 h**

## Hüttengipfel über der Hütte

*Auf der Fahrt von Megalo Papingo nach Mikro Papingo, entdecken wir links von der Astrakahütte einen freien Bergkamm, der auch beim Aufstieg zur Hütte immer wieder unsere Blicke auf sich zieht. Dabei handelt es sich um einen Kamm, der mit dem Gipfel des Tsouka seinen Höhepunkt erfährt. Die Wanderung ist eine wirklich nette Spritztour, die trotz der nicht vorhandenen Markierungen nicht besonders schwierig, aber dafür sehr aussichtsreich und lohnend ist.*

**Ausgangspunkt:** Astrakahütte (1920 m), Zugang über Tour 9. N039°58.729′ E020°46.132′.
**Talort:** Mikro Papingo.
**Anforderungen:** Wegloser Anstieg über breiten Kamm bzw. Grat ohne besondere Schwierigkeiten. Markierungen sind nicht vorhanden, es gibt nur einzelne Steinmänner.
**Einkehr/Unterkunft:** Die Astrakahütte ist bewirtschaftet und bietet sich für eine Übernachtung an. Kontaktdaten unter Tour 9.
**Variante:** Der Abstieg kann auf einer Variante begangen werden, die im ersten Teil komplett weglos (schwierig) ist. Dann folgt ein schmaler Steig mit schwachen Markierungen.
**Karte:** Anavasi Wanderkarte 1:50.000, Blatt 3.1 Zagori (Pindos, Epirus)

*Abendstimmung am Weg zum Tsouka mit Blick auf Astraka und Astrakahütte.*

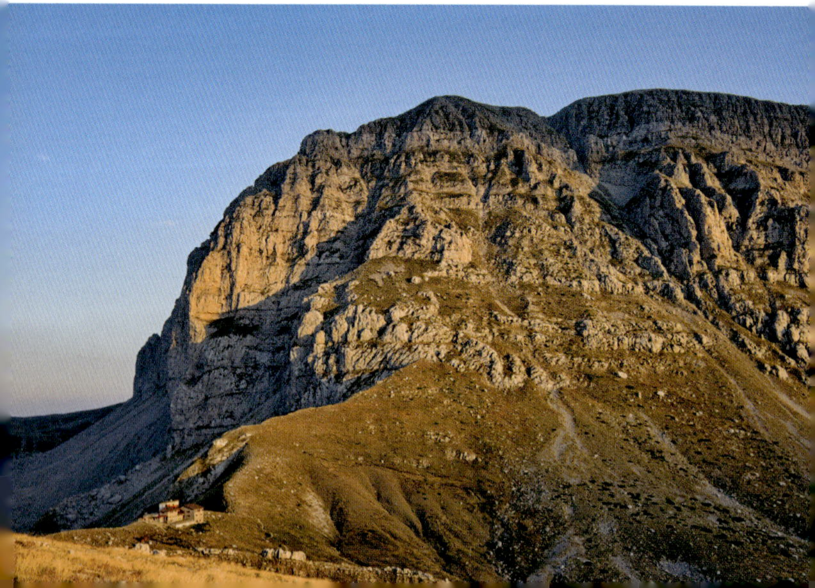

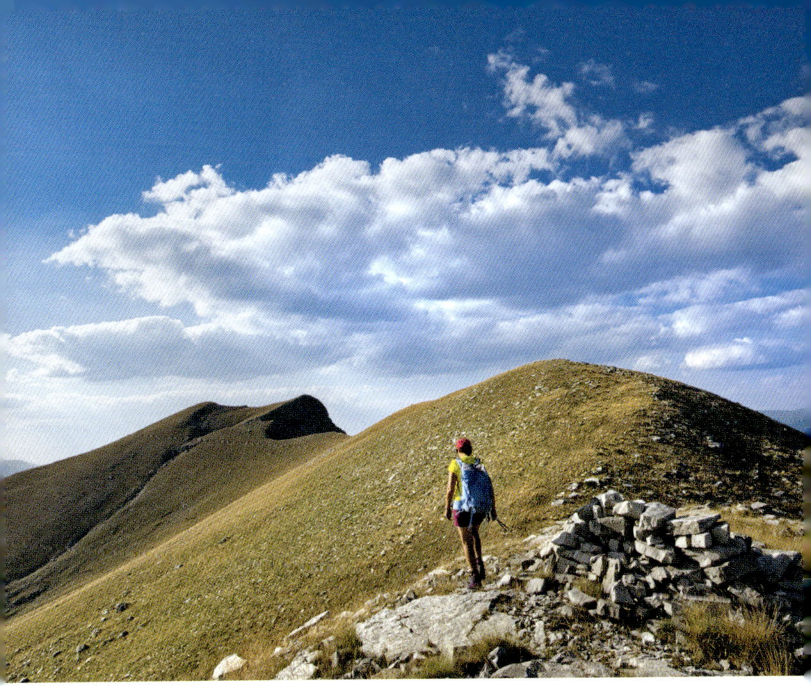

*Ein schöner unschwieriger Gratanstieg führt uns zum Tsouka.*

Von der Terrasse der **Astrakahütte** ❶ gehen wir über Steigspuren in nördlicher Richtung bis zur Wasserversorgung. Danach folgen wir weglos dem breiten Rücken des Koutsomitros bergauf. Von unterwegs bewundern wir einen herrlichen Blick zum Drakolimni.

Einen ersten Einschnitt umgehen wir links, dann wandern wir immer weiter am Kamm bis unterhalb des Punktes 2160. Hier umgehen wir einen weiteren Einschnitt auf der linken Seite und steigen hinauf zum kleinen **Gipfel** ❷. Über den gutmütigen Grat geht es auf den nächsten Grathöcker. Hier können wir aber auch den Hang nach links unterhalb des Grathöckers queren zu einem großen Steinmann.

Nun leiten uns wieder deutliche Spuren in Richtung des Gipfels. Unter dem Vorgipfel gehen wir hindurch und steigen dann steil hinauf zum höchsten Punkt des **Tsouka** ❸. Die Aussicht ist wirklich grandios. Unter uns liegen Konitsa und die Aoos-Schlucht, weit im Hintergrund sehen wir das Gramos-Massiv. Und natürlich ist auch der Blick zurück zum Astraka und den Papingo-Türmen wunderschön.

Der Abstieg erfolgt am einfachsten auf dem Anstiegsweg.

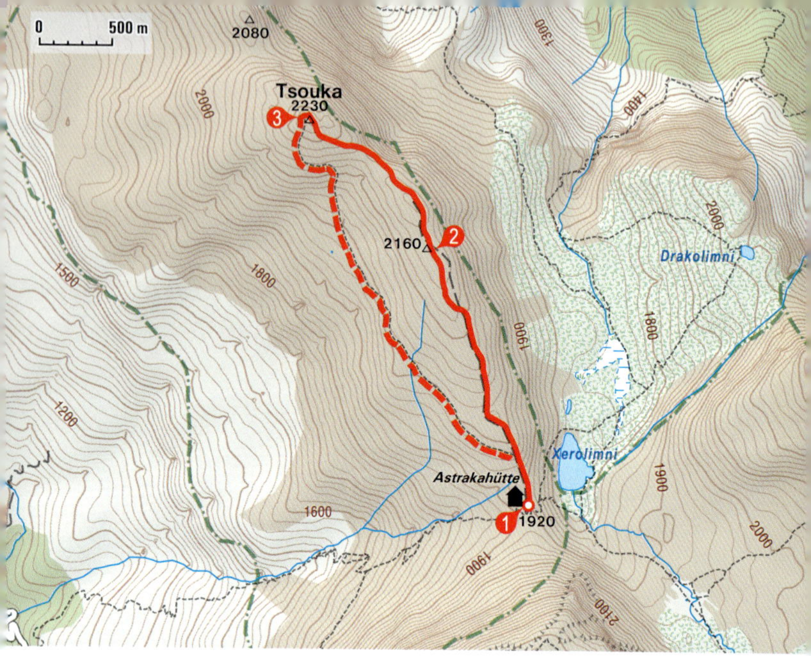


*Gipfelblick zur Gamila.*

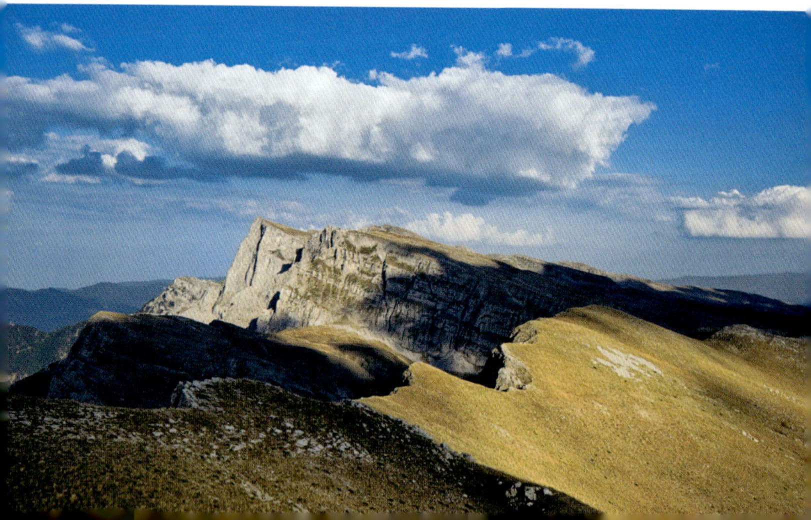

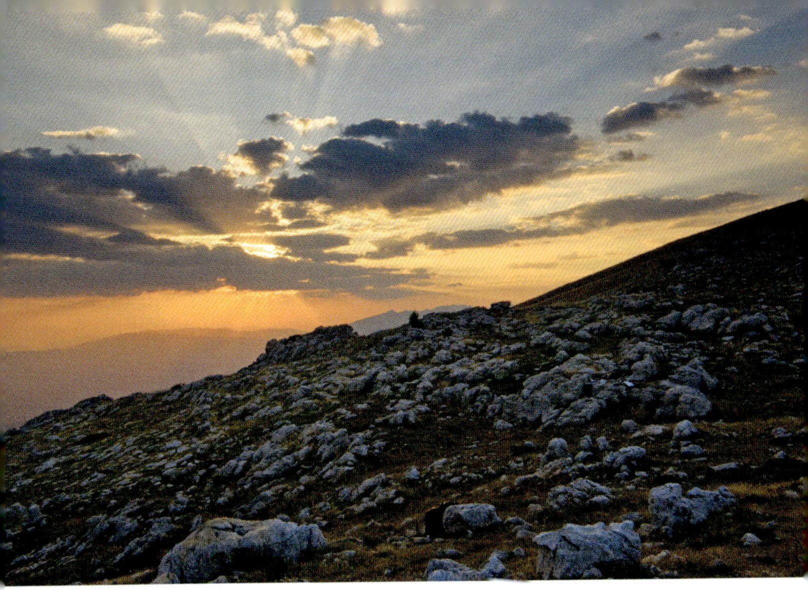

*Abendstimmung an der Astrakahütte.*

## ■ Abstiegsvariante

1.30 h, 3,4 km, ↗ 50 m, ↘ 370 m.

Für trittsichere Wanderer mit Orientierungsvermögen bietet sich noch ein Rückweg über wegloses Gelände und alte Hirtensteige an. Diesen Hirtensteig, der am Südhang entlang zur Hütte führt, sehen wir bereits vom Gipfel, wenn wir in südwestliche Richtung blicken.

Wir steigen direkt über den Gipfelhang hinunter, queren dann auf einer Höhe von 2130 m nach links zu einem Rücken. Über diesen Rücken halten wir auf das Gebäude unterhalb des Rückens zu. Sobald das Gelände flacher wird, ziehen wir nach links und durchqueren einen trockenen Graben. Dahinter erreichen wir Steigspuren. Bei einem gemauerten Becken finden wir schließlich blaue und grüne Markierungen auf den Steinen. Wir folgen dem gut sichtbaren Pfad am Hang entlang. Der Weg bringt uns in eine kleine Einschartung und passiert ein altes gemauertes Gebäude. Nun lassen wir uns von dem schwach markierten Steig zur Wasserversorgung der Astrakahütte bringen. In wenigen Minuten sind wir dann wieder zurück an der Hütte.

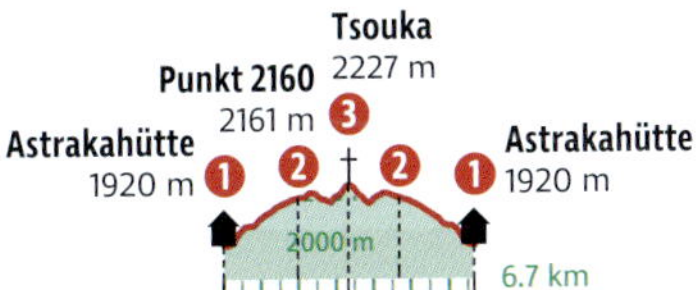

↗ 890 m | ↘ 890 m | 9.9 km

# 12 Von der Astrakahütte zum Gamila

**4.50 h**

## Auf den höchsten Gipfel des Tymfigebirges

*Der Gamila ist der höchste Gipfel des Tymfigebirges und somit ein sehr lohnendes Ziel von der Hütte. Auch wenn die Tour theoretisch an einem Tag von Mikro Papingo möglich ist, so empfehlen wir eine Übernachtung in der Hütte. Dadurch lässt sich die Tour auf gemütliche zwei Tage verteilen. Für trittsichere Bergsteiger besteht die Möglichkeit, vom Gipfel eine Gratüberschreitung über den Gipfel Gamila II bis kurz vor den Kateros-Pass zu unternehmen.*

**Ausgangspunkt:** Astrakahütte (1920 m), Zugang über Tour 9. N039°58.729′ E020°46.132′.
**Talort:** Mikro Papingo.
**Anforderungen:** Aufstieg zum Gamila auf deutlichem Steig mit guten Markierungen. Im oberen Bereich steil, aber keine ausgesetzten Stellen. Trotzdem nur bei guter Sicht unternehmen.
**Einkehr/Unterkunft:** Die Astrakahütte ist bewirtschaftet und bietet sich für eine Übernachtung an. Kontaktdaten unter Tour 9.
**Variante:** Überschreitungsvariante anspruchsvoll. Nur noch vereinzelt Steinmänner als Markierung, sowie weglos. Auch der Rückweg ist, obwohl markiert, recht anspruchsvoll. Dauer vom Gipfel zur Hütte 4 Std.
**Karte:** Anavasi Wanderkarte 1:50.000, Blatt 3.1 Zagori (Pindos, Epirus).
**Hinweis:** Der Robozisee, der beim Rückweg im Rahmen der Überschreitung erreicht wird, ist gerade im Frühsommer, wenn er noch nicht verlandet ist, ein lohnendes Einzelziel von der Astrakahütte. Wir gehen am Abzweig zum Gamila einfach auf dem markierten Weg geradeaus weiter in Richtung Tsepelovo. Nach der Durchquerung eines Grabens erreichen wir bald den See mit seiner kleinen Staumauer. Für den einfachen Hin- und Rückweg 2.30 Std. veranschlagen.

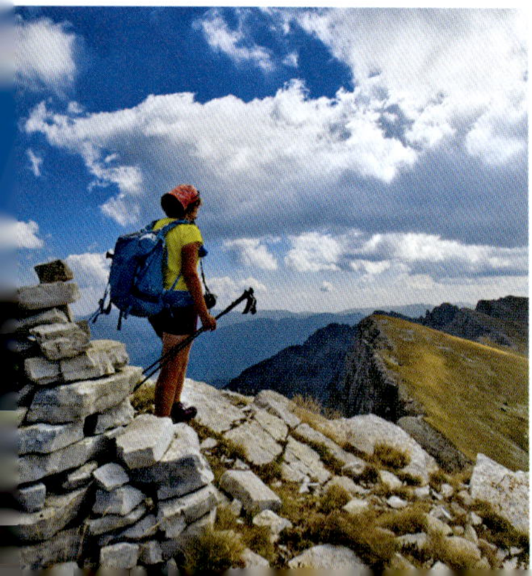

*Bei der Gratüberschreitung zum Kateros-Pass.*

Von der **Astrakahütte** ❶ gehen wir zurück in den Sattel und folgen dem Steig nach links bis zur Wegteilung. Nun nehmen wir den rechten Weg in Richtung Tsepelovo. Wir steigen hinunter in die Senke und lassen uns von den Markierungen nach rechts aufwärts leiten. Der gut markierte Steig führt durch steiniges Gelände sanft aufwärts. Wir erreichen eine Art Plateau auf 1900 Meter Höhe. Hier sehen wir links des Weges einen

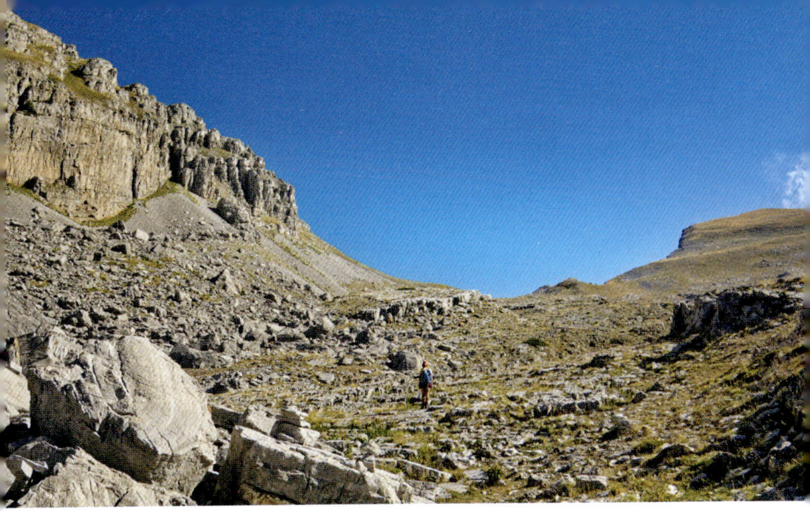

*Durch dieses Tal geht es zur Gamila.*

deutlichen Steinmann. Daneben befindet sich auch eine rote Markierung. An dieser **Wegverzweigung** ❷ gehen wir links und folgen diesen Markierungen. Die Steigspuren sind ziemlich deutlich und die Markierungen gut sichtbar. Sanft ansteigend wandern wir durch das weite Tal in Richtung Gamila. Den Gipfel sehen wir dabei die ganze Zeit vor uns stehen. Links wird das Tal von eindrucksvollen Felswänden begrenzt.
Nach einem kurzen Zwischenabstieg geht es steiler am linken Berghang aufwärts. Der Steig führt in Richtung der Einschartung, die sich links vom Gamilagipfel befindet. Kurz vorher zieht der Weg nach rechts und quert den gesamten Gipfelhang bis zur **Scharte** ❸ rechts unterhalb des Gipfels. Hier wenden wir uns nach links und steigen über den Wiesenhang steil hinauf in Richtung Gipfel. Die Steigspuren sind etwas undeutlich, es gibt aber immer noch Markierungen, sodass uns die Orientierung keine besonderen Schwierigkeiten bereitet. Oben auf dem Gipfel des **Gamila** ❹, 2497 m,

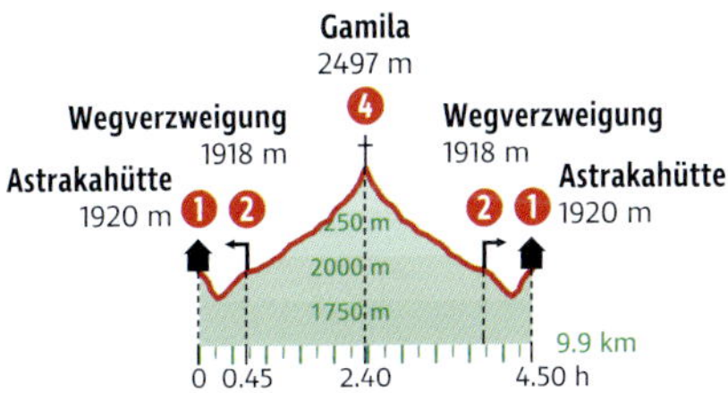

bietet sich uns dann ein grandioses Panorama. Vor allem beeindruckt der mächtige Stock des Astraka. Nach Norden bricht der Gipfel steil ab in Richtung Aoostal. Wir blicken über das Tal hinweg zum Smolikas, dem zweithöchsten griechischen Berg. Der Abstieg erfolgt am Anstiegsweg zurück zur **Astrakahütte 1**.

### ■ Überschreitung des Gamila

Abstieg zur Hütte 4 h, 7,3 km, ↗ 420 m, ↘ 890 m.
Wer über ausreichende Kondition und Trittsicherheit verfügt, kann noch eine Überschreitung zum Kateros-Pass unternehmen. Diese Variante sollte nicht unterschätzt werden!
Von der Einschartung unterhalb des Gipfels gehen wir nach links und folgen den Steigspuren und kleinen Steinmännchen entlang des Grates. Dieser ist teilweise etwas schmal, aber nicht besonders ausgesetzt. Nach einem schmaleren Abschnitt steigen wir kurz nach links bergauf, wandern dann aber gleich auf den Steigspuren weiter nach rechts. Anschließend steigen wir über den steilen Grashang hinauf zu einem Steinmann auf einem Nebengipfel des Gamila.
Von diesem Gipfel gehen wir ein Stück über den Rücken bergab und wandern dann an geeigneter Stelle nach links abwärts. Weiter geht es zum nächsten Grathöcker. Dann sehen wir im Hang links unterhalb von uns einen Steinmann. Hier geht es steil bergab in eine kleine Scharte. Dies ist die unangenehmste Stelle der gesamten Überschreitung. Über den Grat wan-

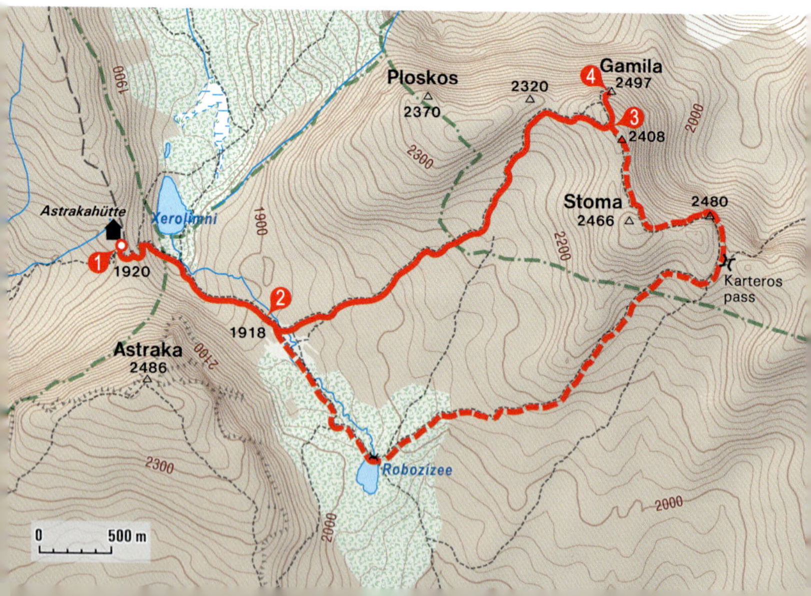

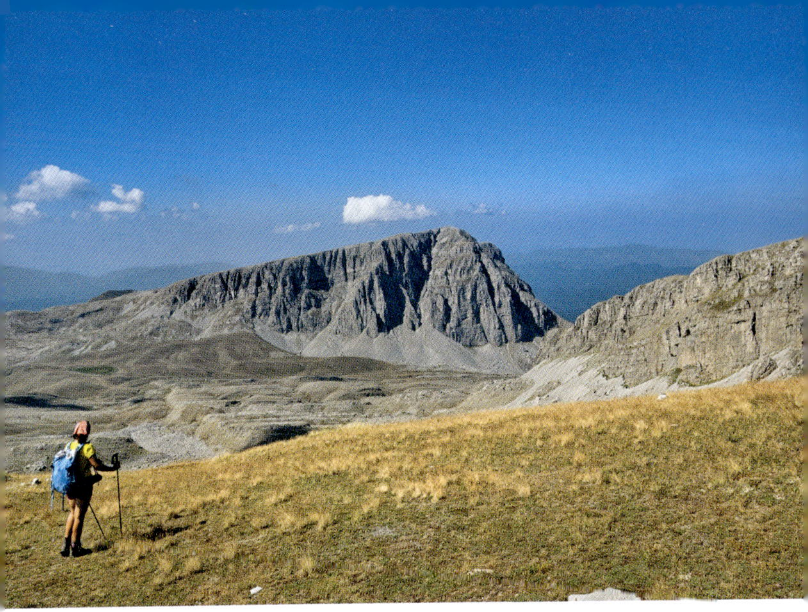

*Großartiger Weitblick vom Gipfeldach.*

dern wir hinauf zum Steinmann auf unserem letzten Gipfel, dem Gamila II. Nun folgen wir dem breiten Gipfelrücken abwärts in südwestlicher Richtung. Ein Steinmann links unterhalb soll uns nicht irritieren. Dieser markiert den Weg hinunter in den Kateros-Pass. Wir dagegen gehen am Rücken weiter abwärts und treffen bald auf rote Wegmarkierungen. Trotz dieser Markierungen ist die Orientierung nicht immer ganz leicht. Wir halten uns eher rechts und erreichen ein Kar. Der Weg führt weiter abwärts. Dabei halten wir uns immer noch eher rechts. Nach einem großen Felsblock kommen wir in eine kleine Scharte. Wenig später steigen wir noch einmal ein Stück aufwärts. Danach lassen wir uns von den Markierungen und Steinmännern mitnehmen, bis wir oberhalb vor weiten Weideflächen stehen. In etwas Entfernung sehen wir einen deutlichen Wanderweg quer über die Flächen verlaufen. Diesen Weg peilen wir an. Sobald wir den Steig erreichen, gehen wir nach rechts und wandern leicht absteigend hinunter zum Robozisee. Hier halten wir uns an der Staumauer rechts und bleiben auf dem Steig, der einen Bachgraben ausgeht. Danach bringen uns die guten Markierungen zurück zum Plateau, wo der Anstiegsweg zum Gamila abgezweigt ist. Nun gehen wir weiter hinunter in die Senke unterhalb der Hütte. Von hier müssen wir den noch etwas mühsamen Gegenanstieg hinauf zur Astrakahütte überwinden, bevor wir uns auf der Terrasse niederlassen können.

↗ 910 m | ↘ 910 m | 11.7 km

# 13 Überschreitung des Astraka

**5.30 h**

## Traumgipfel über der Astrakahütte

*Der Astraka ist der markanteste Gipfel im Umfeld der Astrakahütte. Eindrucksvoll erheben sich die Felsen südlich über der Hütte. Kaum zu glauben, dass der Gipfel relativ einfach zu besteigen ist. Dafür müssen wir allerdings einen Umweg in Kauf nehmen und zuerst ein Stück in Richtung Mikro Papingo absteigen. Danach folgt ein genussreicher Gang über aussichtsreiches Gelände, bis wir vom Gipfelsteinmann einen beeindruckenden Tiefblick zur Hütte bewundern können. Der Abstieg führt über die Südabdachung zum Robozisee und zurück zur Hütte.*

**Ausgangspunkt:** Astrakahütte (1920 m), Zugang über Tour 9. N039°58.729′ E020°46.132′.
**Talort:** Mikro Papingo.
**Anforderungen:** Guter Steig, ohne besondere Schwierigkeiten im Aufstieg. Abstiegsweg dagegen etwas undeutlicher. Aber gut mit Steinmännern und verblassten gelb-roten Markierungen gekennzeichnet.
**Einkehr/Unterkunft:** Die Astrakahütte ist bewirtschaftet und bietet sich für eine Übernachtung an. Kontaktdaten unter Tour 9.
**Karte:** Anavasi Wanderkarte 1:50.000, Blatt 3.1 Zagori (Pindos, Epirus).
**Hinweis:** Die Tour kann auch in umgekehrter Richtung durchgeführt werden, idealerweise am letzten Tag eines Hüttenaufenthalts. Dann statt zur Hütte zurück, direkt nach Mikro Papingo absteigen.

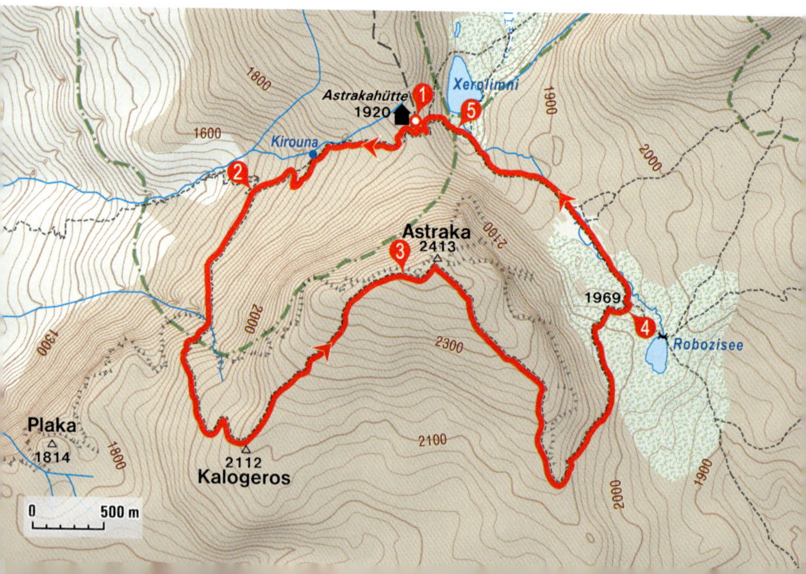

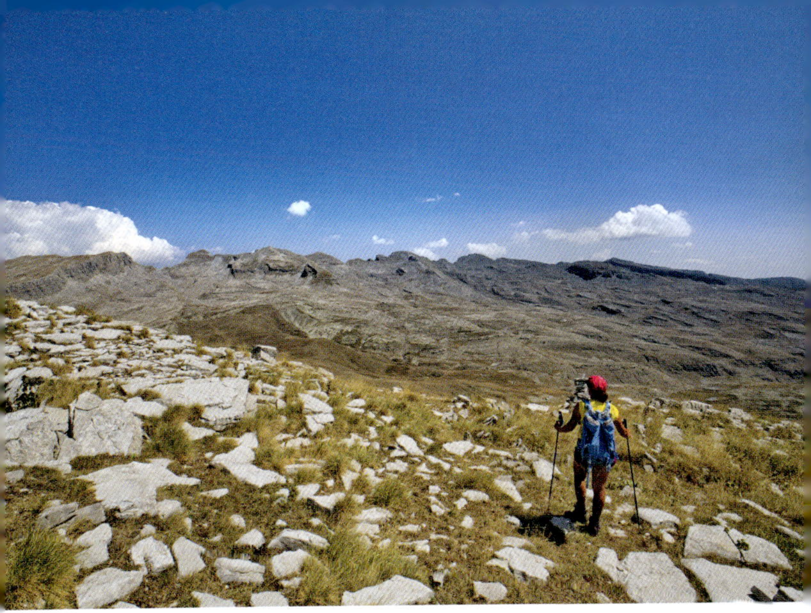

*Ausblick vom Gipfelrücken des Astraka in Richtung Gamila.*

Nach einer Nacht in der gemütlichen **Astrakahütte** ❶ steigen wir am Hüttenweg in Richtung Mikro Papingo ab. Wir passieren die oberste Quelle und erreichen wenig später den **Abzweig** ❷ in Richtung Astraka. Hier gehen wir nach links und folgen dem Steig zwischen großen Blöcken hindurch. Wir wandern noch ein Stück flach entlang der steilen Hänge des Astraka und steigen dann steiler nach rechts bergauf. In vielen Kehren windet sich der Pfad in die Höhe. Geschickt nutzt er das Gelände aus, und wir kommen so zügig aufwärts. Auf Bändern queren wir um einen Rücken herum und gelangen an den Abzweig des Gipfelanstiegs zum Astraka. Steil geht es auch von hier in die Höhe. Wir erreichen einen Rücken und gehen auf diesem aufwärts, bis der Steig nach links führt. Wir queren hinüber zu einem weiteren Rücken. Über diesen steigen wir nach rechts aufwärts, bis kurz vor einem ausgeprägten Grathöcker. Diesen umgehen wir und wandern nun flach über mit Steinplatten durchsetztes Gelände zum weiten Gipfelhang. Nun folgen wir den Steinmännern in gemächlicher Steilheit bergauf. Einmal queren wir etwas nach rechts, um dann gleich wieder weiter nach oben in Richtung Gipfel zu ziehen. Der Steig bringt uns hinauf zum Gipfelgrat. Über diesen wandern wir nach rechts hinauf zum betonierten Gipfelzeichen des **Astraka** ❸. Über den Grat und eine kleine Senke geht es zum zweiten Gipfel, der mit einem Steinmann geschmückt ist. Beeindruckend

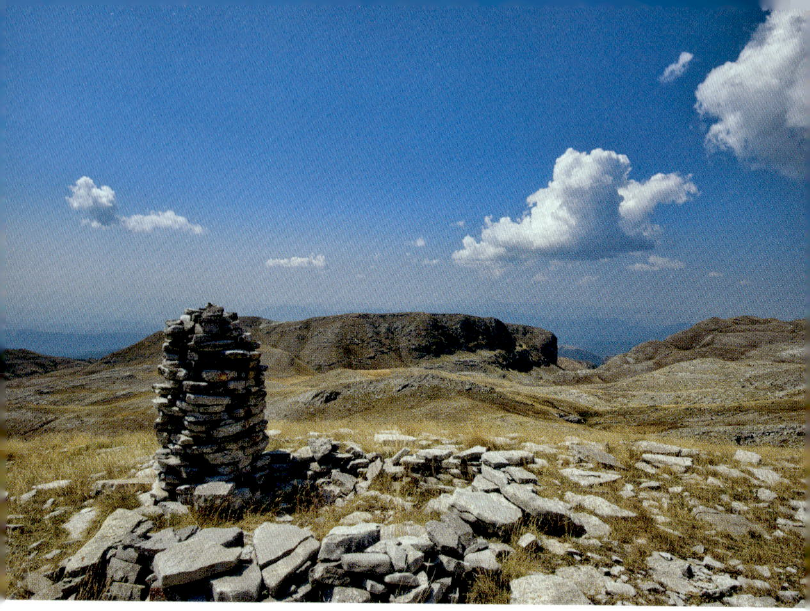

*Am zweiten Gipfel des Astraka.*

ist der Blick hinunter zur Astrakahütte. Aber auch die Ausblicke zum mächtigen Gamila und dem weiter links liegenden Drakolimni sind sehr schön. Nach der Gipfelpause machen wir uns an den Abstieg. Wir folgen dem mit Steinmännern markierten Abstiegsweg. Dabei halten wir uns die ganze Zeit eher etwas links. Bei einem großen Steinmann sehen wir schon unser nächstes Ziel, einen ebenfalls sehr großen Steinmann, der direkt unterhalb von uns auf einem langen Rücken steht. Von diesem biegt der Weg nach links ab und bringt uns über die weiten Hänge hinunter in die Nähe des **Robozisees** 4, der im Herbst immer mehr verlandet. Wie bei Tour 12 beschrieben folgen wir dem markierten Weg hinunter in die Senke des **Xerolimni** 5. Von hier müssen wir den Gegenanstieg hinauf zur **Astrakahütte** 1 absolvieren.

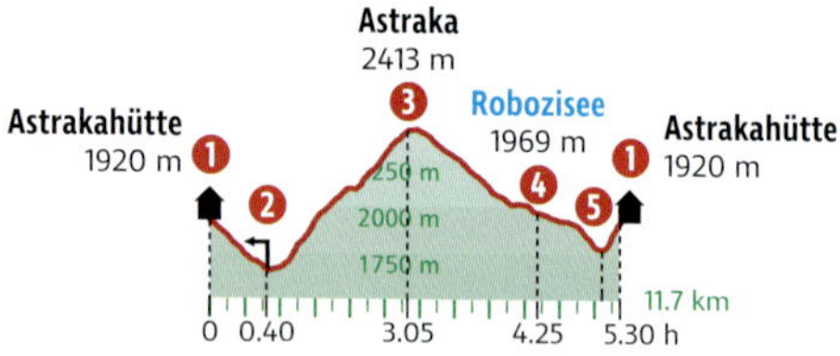

↗ 790 m | ↘ 790 m

5.00 h

TOP

# 14 Die Umrundung des Astraka

## Landschaftlich große Runde durch das Tymfigebirge

*Der Astraka als mächtiger Gebirgsstock im Tymfigebirge ist nicht nur ein lohnendes Gipfelziel, sondern bietet auch eine landschaftlich großartige Umrundung. Vor allem das Tal zwischen Kalegeros und Ai Lias ist wunderschön und noch dazu herrlich einsam. Die Runde ist zwar markiert, aber der Weg ist nicht immer ganz eindeutig, sodass wir schon etwas Orientierungserfahrung benötigen. Insgesamt eine wirklich großartige Runde.*

**Ausgangspunkt:** Astrakahütte (1920 m), Zugang über Tour 9. N039°58.729′ E020°46.132′.
**Talort:** Mikro Papingo.
**Anforderungen:** Vereinzelte, schwer erkennbare Markierungen. Mit etwas Aufmerksamkeit bei guter Sicht gut zu finden. Technisch nicht schwierig, keine ausgesetzten Stellen. Trotzdem Trittsicherheit angenehm.

**Einkehr / Unterkunft:** Die Astrakahütte ist bewirtschaftet und bietet sich für eine Übernachtung an. Kontaktdaten unter Tour 9.
**Karte:** Anavasi Wanderkarte 1:50.000, Blatt 3.1 Zagori (Pindos, Epirus).
**Hinweis:** Die Tour ist ideal für den letzten Tag des Hüttenaufenthalts. Dann nicht mehr zurück zur Hütte, sondern direkt nach Mikro Papingo hinunter.

Von der **Astrakahütte** ❶ gehen wir zurück in den Sattel und folgen dem Steig nach links bergab bis zur Wegteilung. Nun nehmen wir den rechten Weg in Richtung Tsepelovo. Wir steigen hinunter in die Senke des Xerolimni und lassen uns von den Markierungen nach rechts aufwärts leiten. Der gut

*Wunderschönes Tal an der Südseite des Astraka.*

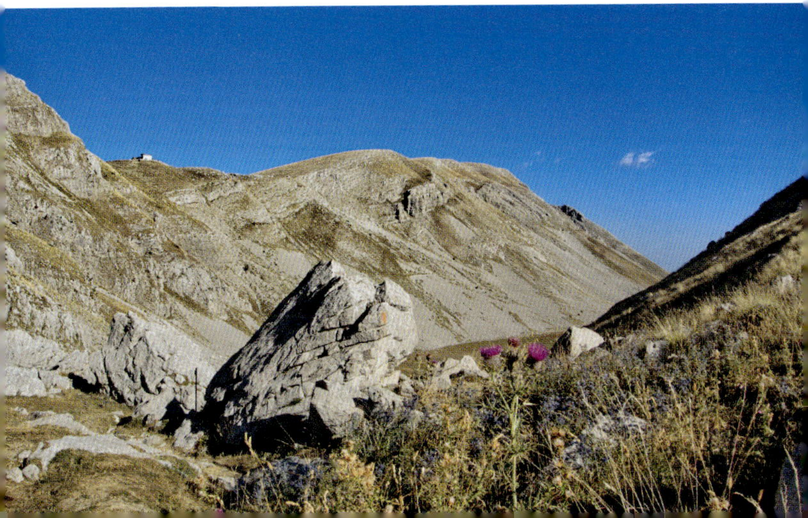

markierte Steig führt durch steiniges Gelände sanft aufwärts. Wir erreichen eine Art Plateau und wandern auf dem markierten Hauptweg geradeaus weiter. Einen kleinen Bachgraben gehen wir in einer Kurve aus und stehen schon bald vor dem **Robozisee** ❷ mit seiner Staumauer. Gerade im Frühjahr präsentiert sich der See sehr schön, wie er unterhalb des Astraka liegt. Wir gehen rechts am See vorbei und wandern geradeaus zu ein paar Schäferhütten. Wenn wir dabei auf Schäferhunde treffen, halten wir etwas Abstand von den Hütten. Dann folgen wir deutlichen Steigspuren nach rechts aufwärts in die Einschartung des **Kedrosisattels** ❸. Von hier genießen wir einen tollen Blick auf das Tymfigebirge. Wir sehen bereits die eindrucksvolle Schlucht im Westen, durch die wir später hindurch wandern.

Nun folgen wir den Steigspuren hinunter zu zwei bereits vom Sattel sichtbaren Wasserbecken. Wir gehen zwischen beiden hindurch, wandern kurz abwärts und biegen dann scharf nach rechts ab. Aufmerksam suchen wir nach den vereinzelten gelben Markierungen und durchqueren mit ihrer Hilfe durch das etwas unübersichtliche Karstgelände. Wir erreichen wieder Wiesenflächen und folgen dem Wanderweg in Richtung der markanten Schlucht. Wir passieren ein weiteres Wasserbecken und betreten nun endlich die Schlucht. Bei einer verfallenen Steinhütte halten wir uns eher

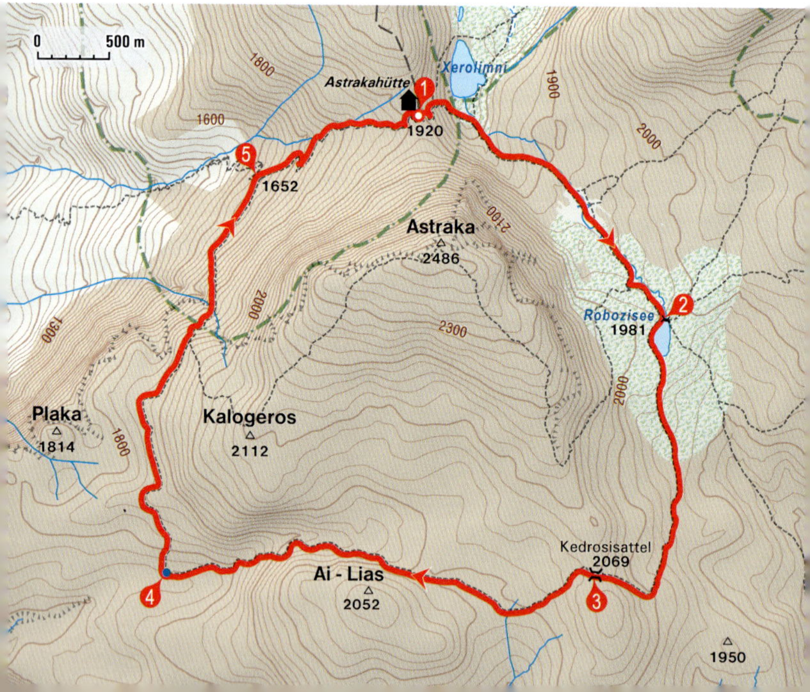

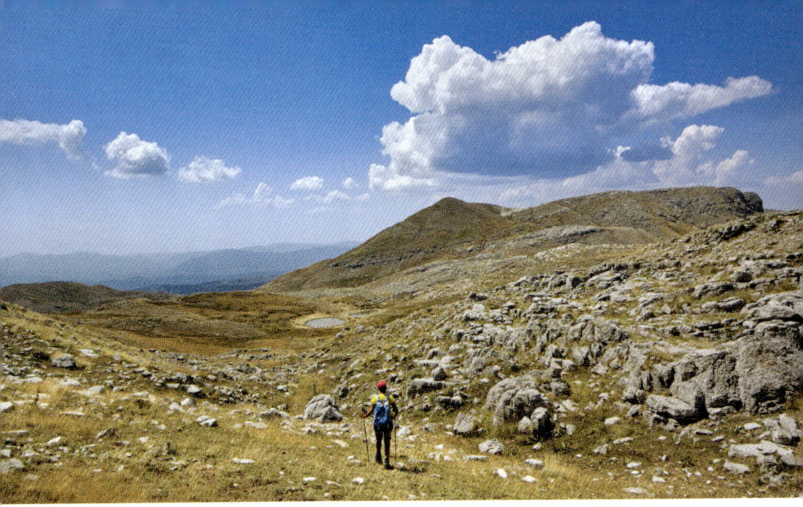

*Durch diese weite Landschaft führt der Weg.*

links und wandern auf dem steinigen Steig zu den weiten Wiesenböden am Ende der Schlucht. Dieser Abschnitt ist der eindrucksvollste der gesamten Wanderung. Gerade die Felsen links und rechts des Weges geben eine grandiose Szenerie. Wir bleiben auf dem Steiglein bis zu einer **Quelle** ❹ und biegen hier scharf nach rechts ab. Am schmalen Steig steigen wir steil aufwärts über die weiten Wiesenhänge. Auch nach einer kurzen Verflachung gehen wir geradeaus weiter. Dann queren wir nach links hinaus und erreichen einen Rücken. Auf diesem biegen wir scharf nach rechts ab und gehen ein Stück bergauf. Der Weg führt nach links, und wir queren steile Hänge. Wir passieren den Abzweig zur Provatinahöhle und steigen steil hinauf zu einer Wegteilung. Hier geht es nach rechts zum Astraka. Nun können wir auf einem Absatz kurz durchschnaufen. Wir ignorieren den Abzweig des Gipfelweges und steigen hinunter zum **Hüttenweg** ❺ der Astrakahütte. Nun erwartet uns der Gegenanstieg zur Hütte, der noch einmal etwas Kraft kostet. An der Hütte kann lassen wir uns dann zufrieden auf der Terrasse nieder und holen uns eine Stärkung an der Hüttenausgabe.

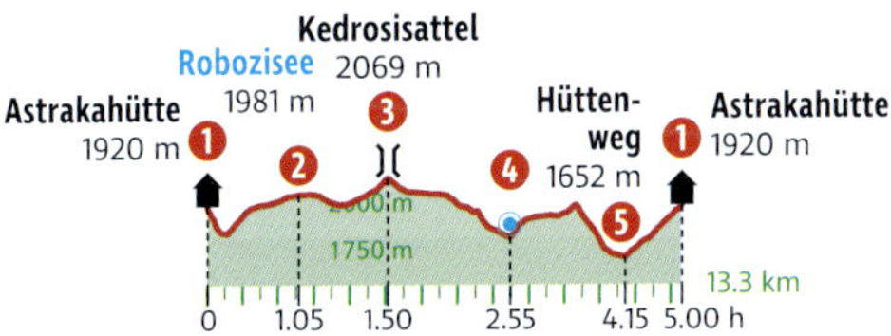

↗ 570 m | ↘ 1410 m | 13.5 km

# 15 Von der Astrakahütte nach Tsepelovo

**5.30 h**

## Durchquerung des Tymfigebirges

*Neben den Tagestouren um die Astrakahütte bietet sich auch eine Durchquerung des Tymfigebirges von Norden nach Süden an. Ziel ist dabei das nette Zagori-Örtchen Tsepelovo am Südrand des Gebirges. Der einsame Weg führt vorbei am Robozisee und durch die Schlucht Megas Lakkos. Der Weg kann auch die zweite Etappe einer großartigen 4-Tages-Durchquerung sein. Am nächsten Tag wandern wir über Kapesovo nach Vitsa und am Folgetag über die Vikosschlucht nach Papingo.*

**Ausgangspunkt:** Astrakahütte (1920 m), Zugang über Tour 9. N039°58.729′ E020°46.132′.
**Talort:** Mikro Papingo.
**Anforderungen:** Der Weg ist gut markiert. Die Schlucht Megas Lakkos erfordert Trittsicherheit. Gute Kondition ist Voraussetzung für diese Tour.
**Einkehr/Unterkunft:** Mehrere Möglichkeiten in Tsepelovo. Unterwegs keine. Die Astrakahütte ist bewirtschaftet und bietet sich für eine Übernachtung an. Kontaktdaten unter Tour 9.
**Karte:** Anavasi Wanderkarte 1:50.000, Blatt 3.1 Zagori (Pindos, Epirus).

**Tipp:** In Tsepelovo lohnt sich, im Archontiko 1787 zu übernachten. Bei Mary in dem alten Herrenhaus wird die Gastfreundschaft groß geschrieben.
**Hinweis:** Streckenwanderung durch das Tymfigebirge: Eine herrliche 4-Tages-Durchquerung lässt sich aus den folgenden Touren bauen: Von Mikro Papingo zur Astrakahütte (Tour 9), danach auf dieser Tour 15 nach Tsepelovo und dem Übergang von Tsepelovo über Kapesovo nach Vitsa (siehe Teile der Tour 6, 5 und 3). Von Vitsa in die Vikosschlucht Richtung Vikos (In Teilen Tour 3 und 2) bis nach Papingo.

*Eine Kuh als Wächter am Weg zum Robozisee.*

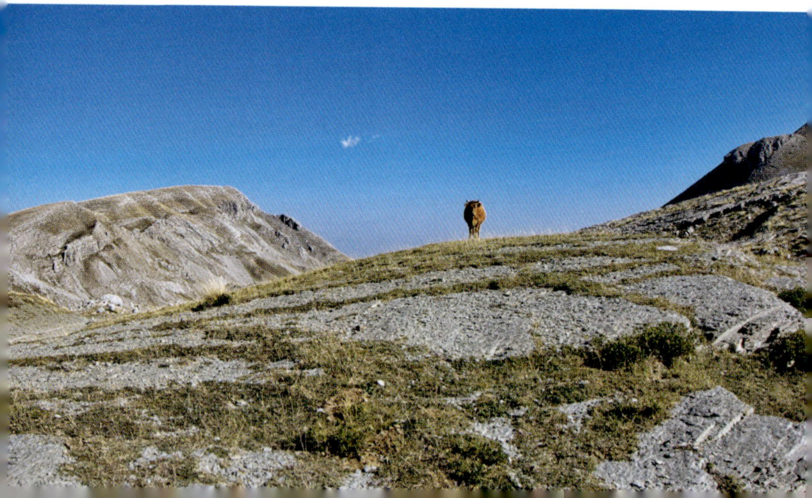

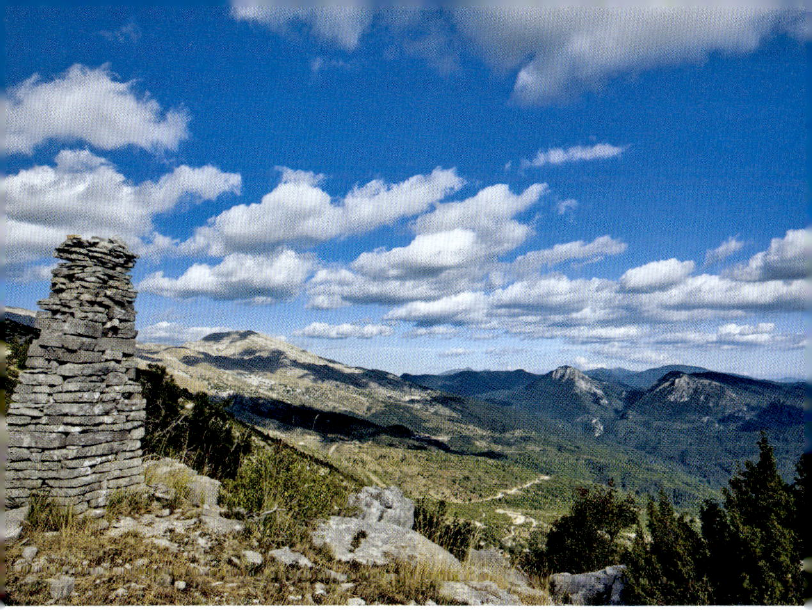

*Kurze Pause hoch über Tsepelovo.*

Von der **Astrakahütte** ❶ wandern wir wie bei Tour 14 beschrieben hinunter zum Xerolimni und weiter zum **Robozisee** ❷ mit seiner Staumauer.
Wir spazieren am See vorbei und wandern noch weiter in Richtung der Schäferhütten. Den Abzweig zum Kedrosisattel ignorieren wir und gehen geradeaus weiter. Der Weg führt weiter in Richtung Süden über grasige Wiesen, auf denen häufig Kühe weiden. Wir erreichen eine Terrasse mit verstreut herumliegenden Felsblöcken. Die Landschaft im südlichen Tymfigebirge ist wirklich grandios. In der Nähe befindet sich die Gailotripa-Doline, die über 150 Meter tief ist. Nach rechts zieht die Schlucht **Megas Lakkos** ❸ hinunter bis in die Vikosschlucht. Ist das Gelände zu Beginn noch recht flach, wird die Schlucht nach unten hin ziemlich steil.

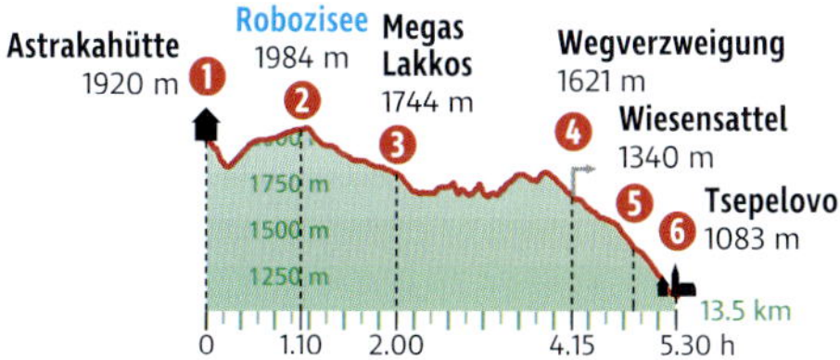

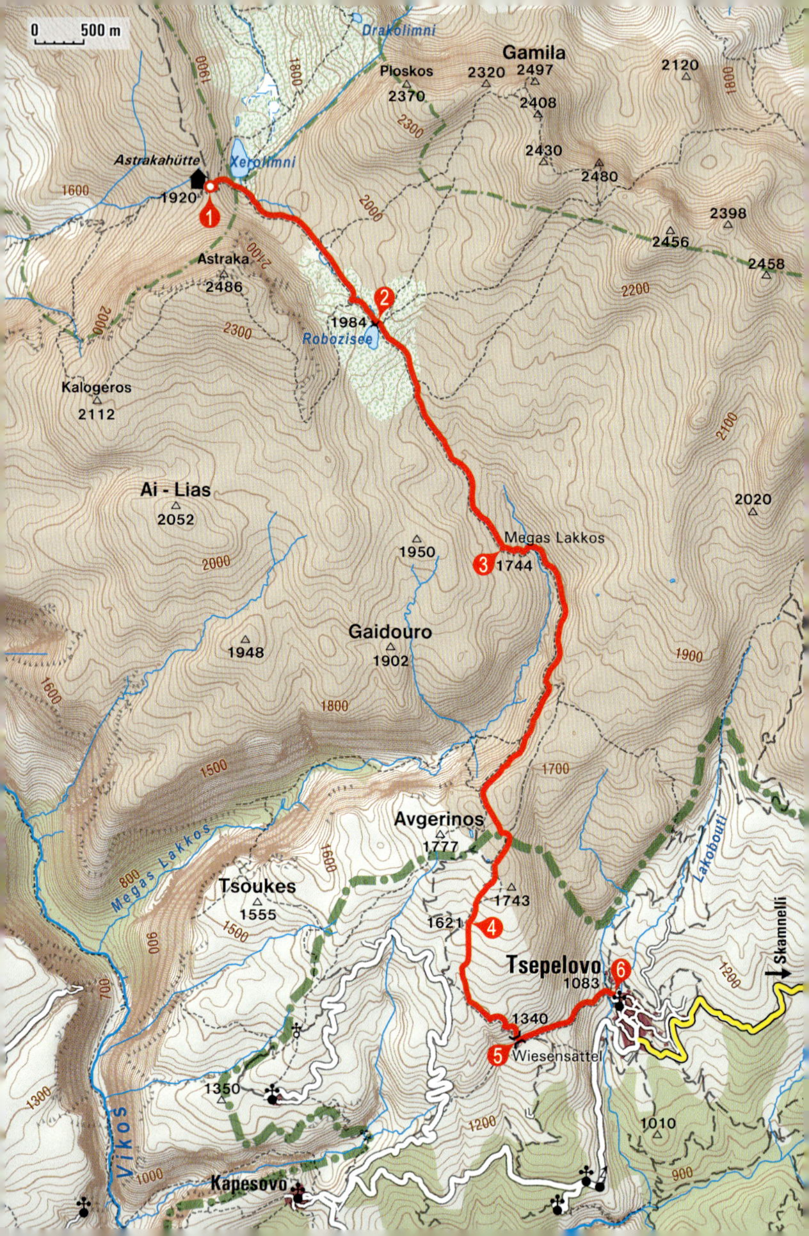

0 500 m
Drakolimni
Gamila
Ploskos
2370
2320
2497
2408
2430
2480
2120
2398
2456
2458
Astrakahütte
Xerolimni
1920
1
Astraka
2486
2
1984
Robozisee
Kalogeros
2112
Ai - Lias
2052
Megas Lakkos
3
1744
1950
2020
Gaidouro
1902
1948
Avgerinos
1777
1743
1621
4
Tsoukes
1555
Megas Lakkos
Tsepelovo
1083
6
1340
5
Wiesensattel
Lakobouti
Skamnelli
1350
1010
Vikos
Kapesovo

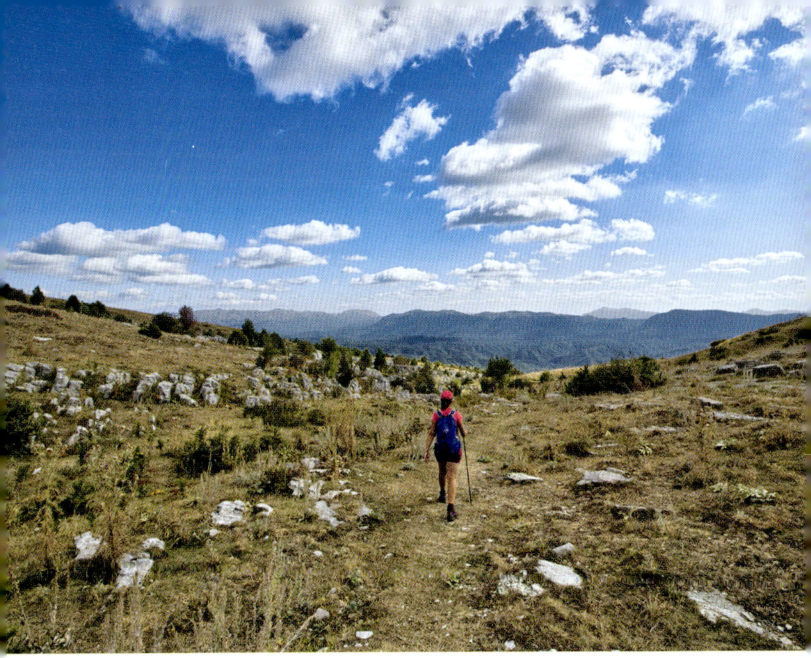

*Im letzten Abschnitt der Tour in Richtung Tsepelovo.*

Der Pfad schlängelt sich nun in Kehren bergab in die Schlucht. Der steinige Weg bringt uns in eine großartige Landschaft. Wir gehen geradeaus weiter zur Krounaquelle. Wenig später teilt sich der Weg. Links führt ein direkter Weg in Richtung Tsepelovo. Der deutlichere Weg geht allerdings geradeaus. Wir folgen diesem und wandern entlang der roten Markierungen weiter durch die Schlucht, bis uns eine Traverse nach links hinausschickt. Diese ist ziemlich anstrengend und auch etwas exponiert. Mit etwas Trittsicherheit lässt sie sich aber gut überwinden. Oben am Kamm genießen wir einen herrlichen Ausblick auf die Umgebung. Nun folgen wir aufmerksam dem grasigen Hauptweg. An einer Kreuzung wenden wir uns nach rechts und gehen, bis wir an eine **Wegabzweigung** 4 in der Nähe einer Schotterstraße treffen. Hier erwartet uns nun die Variante der Tour 6, die vom Beloi-Aussichtspunkt herüberkommt. Wir lassen uns von den guten rot-weißen Markierungen über die Wiesen bergab leiten. Der Weg führt zuerst nach rechts und dann bald nach links. Danach geht es steil bergab in den weiten **Wiesensattel** 5 zwischen Kapesovo und Tsepelovo. Hier biegen wir nach links ab und wandern nun hinunter in das schöne Zagori-Dorf **Tsepelovo** 6.

↗ 180 m | ↘ 180 m | 9.4 km

# 16 Entlang des Voidomatis Flusses

2.30 h

## Gemütliche Wanderung mit Bademöglichkeiten

*Der Voidomatis ist einer der saubersten Flüsse Europas. Er durchfließt in seinem Anfangsbereich die bekannte Vikosschlucht. Im weiteren Verlauf strömt er durch die Voidomatisschlucht, die eine herrliche Wandermöglichkeit bietet. Gespeist wird er von den Voidomatisquellen, die ihm am nördlichen Ende der Vikosschlucht frisches Wasser geben. Neben der schönen Landschaft gibt es auf der Wanderung tolle Bademöglichkeiten und am Startpunkt noch die alte Steinbrücke von Klidonia zu bewundern.*

**Ausgangspunkt:** Bei der alten Brücke bei Klidonia (449 m), N039°58.107′ E020°39.753′.
**Anforderungen:** Teilweise breiter, einfacher Wanderweg. An einigen Stellen auch ein schmaler Pfad. Insgesamt aber eher leichtere Tour.
**Einkehr:** Unterwegs keine Einkehrmöglichkeit. In der Nähe des Ausgangspunktes gibt es die Voidomatis Taverne, die für ihren Fisch aus dem Fluss bekannt ist.
**Karte:** Anavasi Wanderkarte 1:50.000, Blatt 3.1 Zagori (Pindos, Epirus).
**Tipp:** Der Voidomatis ist ein beliebter Raftingfluss. Wer sich für den Rückweg ein kleines Abenteuer gönnen möchte, bucht eine Raftingtour. papigoadrenaline.com.

*Eindrucksvoll: die Voidomatis-Schlucht.*

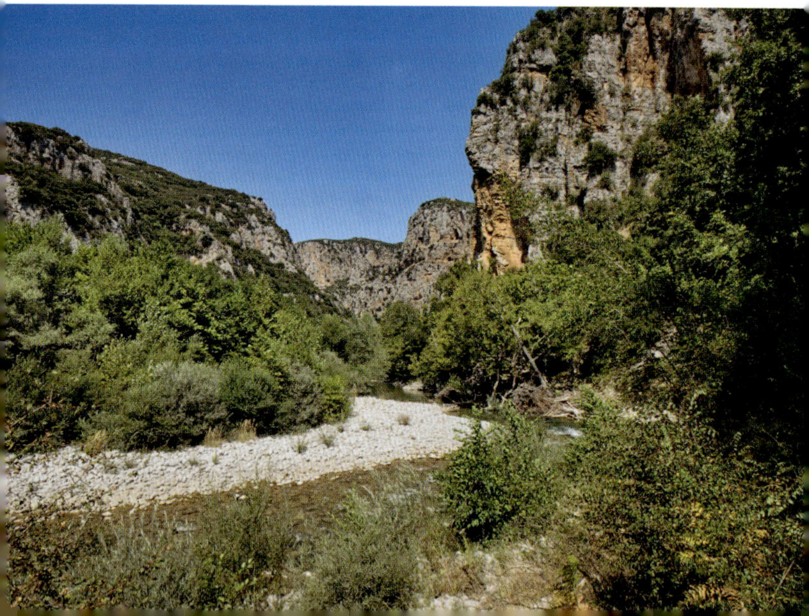

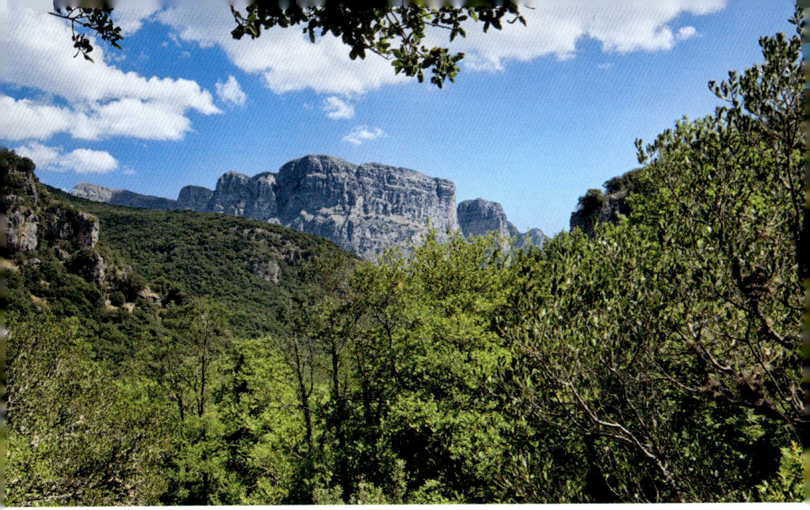

*Blick zu den Papingo Towers.*

Wir beginnen unsere Wanderung an einem **Parkplatz** ❶ vor der alten **Brücke von Klidonia** ❷ aus dem Jahr 1853, die wir bald erreichen und ein echter Blickfang ist. Der Weg ist am Anfang gut ausgebaut und sehr bequem. Nach wenigen Metern treffen wir auf die erste Informationstafel. Während des gesamten Weges sind Informationstafeln aufgestellt. Sie erklären das Leben der Jäger, die vor 17.000 Jahren in die Schlucht zogen.

Wenig später können wir einen ersten Abstecher hinunter zum Fluss unternehmen. Der betonierte Weg geht bald in einen guten Steig über, der immer am Fluss entlangführt. Immer wieder treffen wir auf schöne Plätze, die sich wunderbar zum Baden eignen. Je weiter wir wandern, umso eindrucksvoller wird die Schlucht. Nach einem längeren sonnigen Abschnitt erreichen wir den **Abzweig** ❸ zum **Kloster Ayii Anaryiri**. Ein Wegweiser schickt uns nach links und über ein paar Stufen steigen wir zum alten Kloster mit seiner kleinen Kirche hinauf. Das Kloster wurde 1658 erbaut. Heute steht nur noch die kleine Kapelle.

Nach dem Besuch des Klosters gehen wir wieder hinunter zum Hauptweg und biegen nach links ab. Über eine Freifläche wandern wir und tauchen wieder in den Wald ein. Der Weg führt nun auf schmalem Steig viel auf- und abwärts. Dabei kommen wir zur **Klithi Cave** ❹. Die Höhle wurde vor 13.000 – 9500 Jahren bewohnt. Auf einem steilen Steig können wir

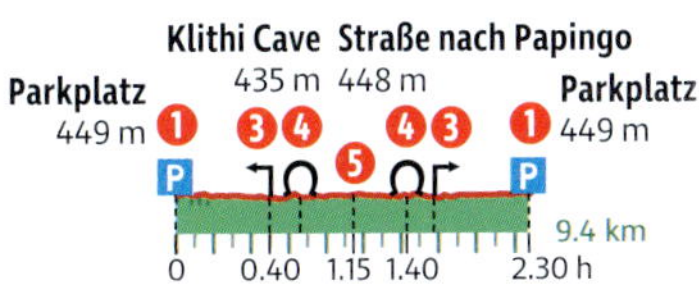

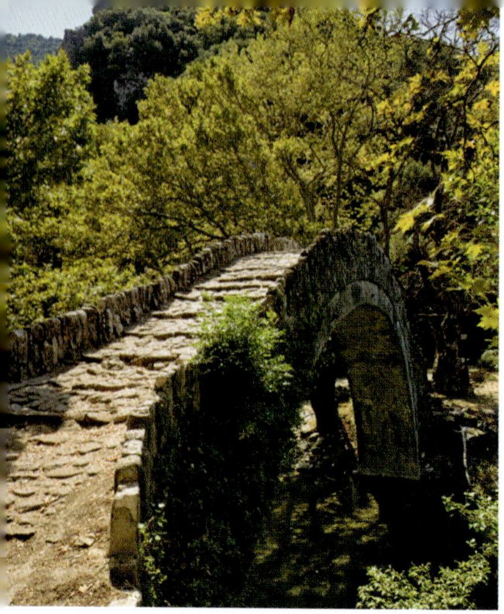

*Die Brücke von Klidonia.*

zu ihr hinaufsteigen. Es geht weiter, teilweise hoch über dem Fluss, zwischendurch ist der Weg sogar richtig schmal, aber nicht besonders schwierig. Wir genießen dabei schöne Tiefblicke zum Wasser. Am Ende erreichen wir noch einmal eine Wegverzweigung. Geradeaus nimmt uns der Weg mit zu einer schönen Bademöglichkeit.

Am Hauptweg spazieren wir gemütlich zum Ende des Weges in der Nähe der Brücke über den Voidomatis an der **Straße** 5 zwischen Megalo Papingo und Aristi. Für den Rückweg wandern wir auf der bekannten Strecke zurück zur **Brücke von Klidonia** 2 und dem **Parkplatz** 1.

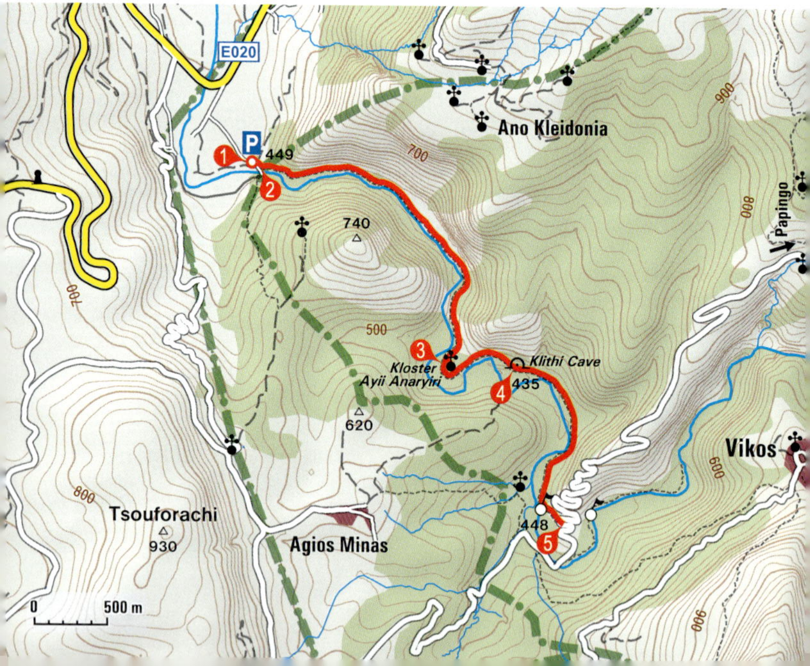

↗ 400 m | ↘ 400 m | 9.9 km

**3.45 h**

# Zum Kloster Stomio

17

## Von Konitsa durch die Schlucht des Aoos

*Der Aoos durchfließt das Pindosgebirge. Er entspringt nördlich von Metsovo und strömt an Konitsa vorbei nach Albanien. Bei Konitsa führt er durch ein Tal zwischen Tymfigebirge und Trapezitsa. Durch dieses Tal verläuft diese gemütliche Wanderung, die an der historischen Steinbrücke von Konitsa beginnt. Dabei bietet sich für den Hinweg ein Steig und für den Rückweg eine gemütliche Schotterstraße an. Umkehrpunkt der Wanderung ist das historische Kloster Stomio, von dem aus wir einen grandiosen Blick hinunter in die Aoosschlucht genießen.*

**Ausgangspunkt:** Parken an der Steinbrücke von Konitsa (444 m), in der Nähe des Hotel Geyfiri. N040°02.227' E020°44.702'.
**Anforderungen:** Gut markierter Wanderweg, teilweise steinig, aber nicht besonders schwer. Einfache Schotterstraße im Abstieg.
**Einkehr:** Unterwegs keine Einkehrmöglichkeit. Direkt am Ausgangspunkt befindet sich das Hotel Geyfiri mit schönem Gastgarten.
**Karte:** Anavasi Wanderkarte 1:50.000, Blatt 3.1 Zagori (Pindos, Epirus).
**Tipp:** Im kalten Aoos gibt es bei normalem Wasserstand schöne Möglichkeiten zum Baden. Unbedingt Badesachen mitnehmen.
**Hinweis:** Im oberen Bereich der Schlucht findet sich ein Hinweisschild auf einen Klettersteig. Diese kurze, sportliche Route wurde in die Wände der Schlucht gebaut. Für eine Begehung wird Klettersteigausrüstung benötigt.

*Erfrischende Abkühlung im Aoos-Fluss.*

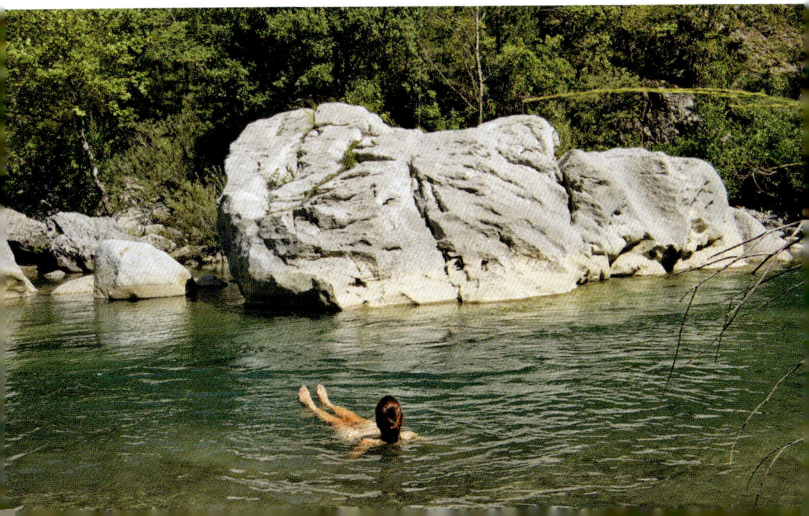

Wir parken vor der alten **Steinbrücke** ❶ von Konitsa, die wir gleich überqueren. Nach der Brücke biegen wir nach links ab und folgen der breiten Schotterstraße nach links entlang des Flusses Aoos. Wir passieren ein Tor und wandern auf der Straße, bis nach rechts ein Weg in die Höhe zieht. Es gibt leider keinen Wegweiser, aber der **Abzweig** ❷ ist eindeutig. Der Weg bringt uns hinauf zu einer Aussichtsplattform, von der wir einen eindrucksvollen Ausblick auf das Tal des Aoos erhalten. Der Weg steigt ziemlich steil in die Höhe in eine kleine Einschartung und dann wieder bergab. Immer wieder bekommen wir schöne Blicke auf den Fluss. In stetem Auf und Ab zieht der Steig entlang der steilen Hänge hoch über dem Tal entlang. Einen nach links abzweigenden Weg ignorieren wir und wandern weiter auf dem Steig, der nun noch einmal kurz bergauf führt. Wir wandern noch ein Stück am Hang entlang, bis wir auf den **Forstweg** ❸ im Tal treffen. Nun gehen wir kurz auf diesem zu einem Bach, den wir überqueren. Hier setzt ein Steig an, der die Schotterstraße mehrfach abkürzt. Am Ende des Tales unterhalb des Klosters sehen wir links im Wald ein Schild. Dieser Weg führt zu einem Klettersteig, der in der Schlucht gebaut wurde.
Ein letztes, steiles Stück müssen wir auf der Straße zurücklegen, dann stehen wir vor dem **Kloster Stomio** ❹. Wir gehen hinein und besichtigen die schöne Anlage, die bewohnt ist. Vom höchsten Punkt bei der Glocke genie-

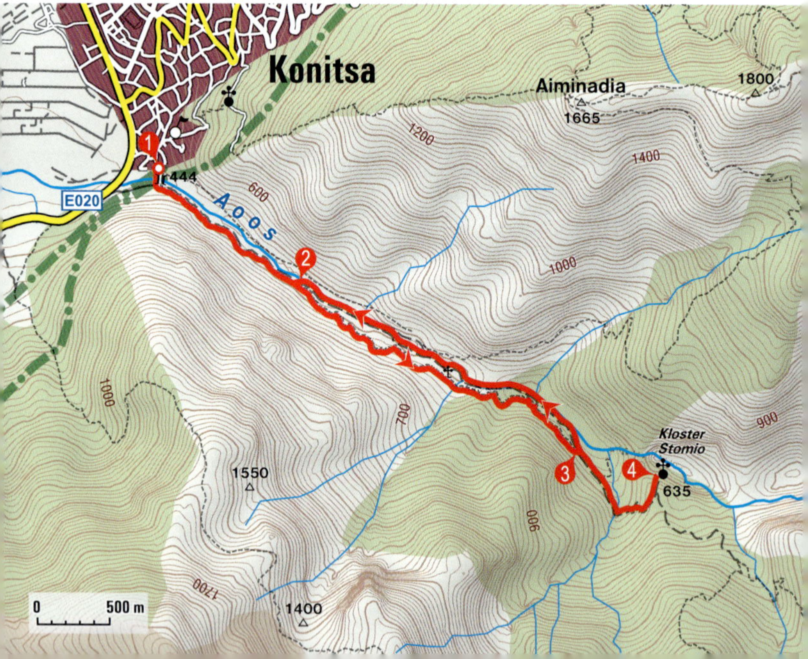

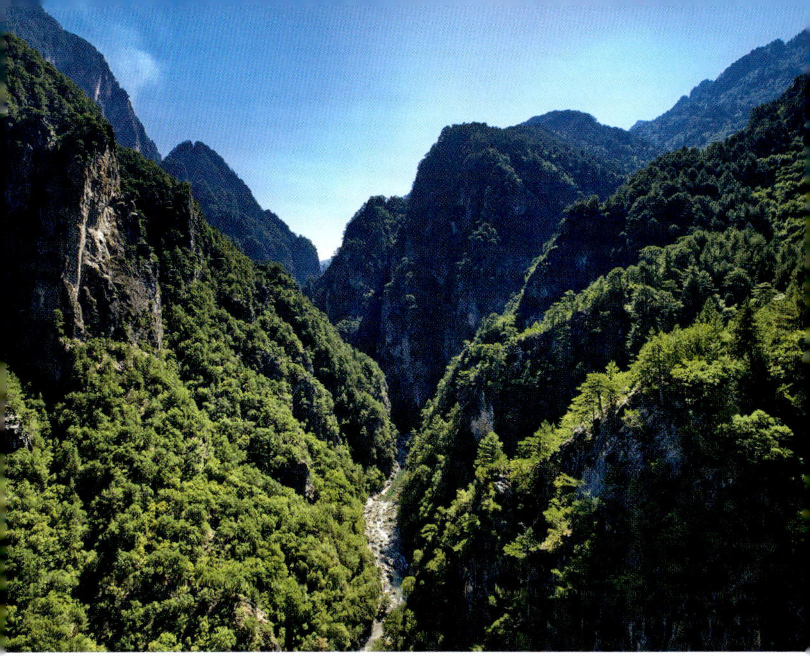

*Ausblick vom Kloster in die Aoosschlucht.*

ßen wir einen grandiosen Blick auf die Schlucht des Aoos. Wir sollten unbedingt von den Süßigkeiten essen, die es im Kloster gibt und anschließend von der Klosterquelle trinken.
Danach machen wir uns an den Rückweg. Zu Beginn kürzen wir die Schotterstraße auf dem Wanderweg ab. Für den weiteren Weg zurück nach **Konitsa** nehmen wir allerdings die gemütliche Schotterstraße. Diese führt hinunter zum Aoos und an diesem entlang. Eindrucksvoll hat sich der Fluss in das Tal gefressen. Zwischendrin gibt es wirklich schöne Stellen, an denen wir uns an heißen Tagen im wirklich kalten Wasser abkühlen können. Wir wandern gemütlich zurück und erreichen die Steinbrücke, auf der wir nach rechts zum Parkplatz gehen.

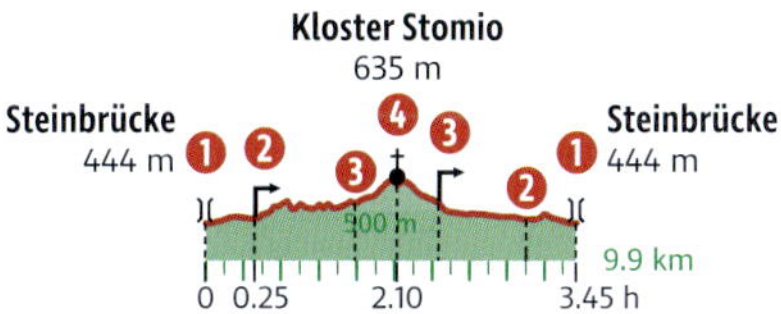

↗ 1090 m | ↘ 1090 m | 9.0 km

# 18 Zum Trapezitsa über Konitsa

**5.30 h**

## Steile Wanderung zum Hausberg von Konitsa

*Unscheinbar wirkt der Trapezitsa von unten. Gerade von weiter Ferne geht er vor den Felsgipfeln des Tymfigebirges etwas unter. Die Wanderung wird aber sehr gerne durchgeführt. Der Wanderweg ist gut angelegt und vom Gipfel bietet sich ein wunderschöner Ausblick. Nur der letzte Abschnitt ist dabei etwas steiler.*

**Ausgangspunkt:** Parken an der Passstraße oberhalb von Konitsa an der Abzweigung einer Schotterstraße nach links (901 m) N040°03.321' E020°46.055'.
**Anforderungen:** Gut markierter Weg, der teilweise sehr steil ist und an manchen Stellen auch ausgesetzt. Gerade im Abstieg vorsichtig sein! Die letzten Meter zum Hauptgipfel erfordern Kletterei. Trittsicherheit und Schwindelfreiheit erforderlich.
**Einkehr:** Keine Einkehrmöglichkeiten auf der Tour, stattdessen Einkehr in Konitsa oder in der schönen Taverne in Pigi.
**Karte:** Anavasi Wanderkarte 1:50.000, Blatt 3.1 Zagori (Pindos, Epirus).
**Hinweis:** Der auf der Karte eingezeichnete Übergang zum südlichen Nachbargipfel Roidouvouni über den Grat ist nicht zu empfehlen. In Wirklichkeit existiert kein Weg. Direkt am Grat ist die Begehung noch relativ einfach, der pfadlose Abstieg zum markierten Wanderweg ist dann aber ziemlich anspruchsvoll. Zudem führt der Rückweg an einer Schäferhütte vorbei, die regelmäßig von aggressiven Hirtenhunden bewacht wird.

*Der Gipfel ist erreicht: Am Trapezitsa.*

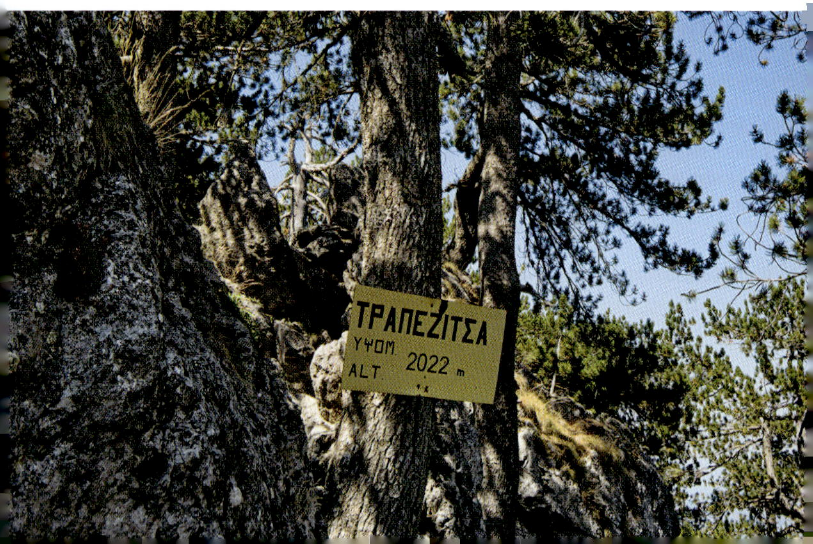

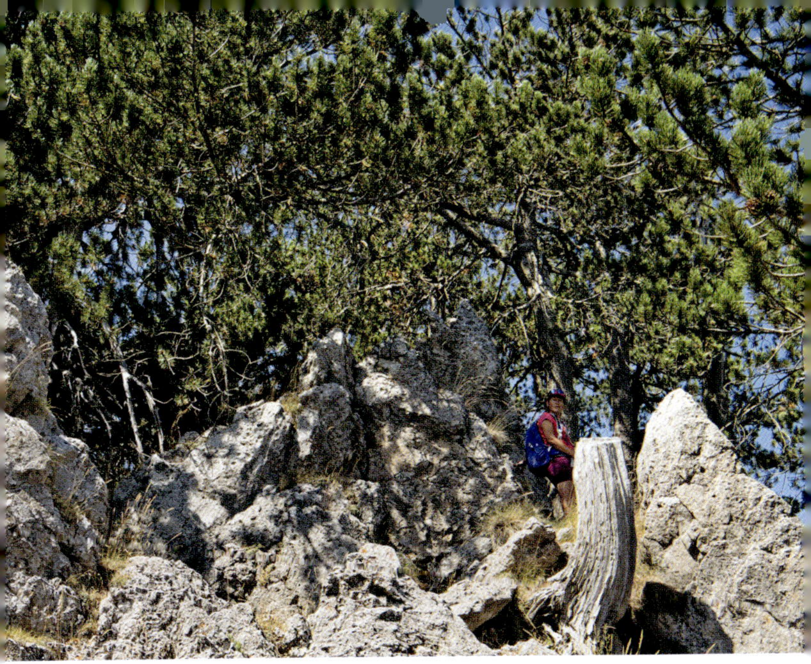

*Im Gipfelbereich des Trapezitsa.*

Vom **Pass** ❶ spazieren wir über mit Büschen bewachsenes freies Gelände zum Wald. Auf gutem Steig gehen wir durch den Wald zu einem Graben, den wir überqueren. Der Weg führt durch eine Schlucht und bringt uns steil höher. Einen ersten Abzweig nach rechts ignorieren wir und wandern weiter durch den Wald aufwärts zu einem großen **Steinmann** ❷. Hier bietet sich ein schöner Blick hinunter auf Konitsa.

Der Weg führt immer weiter aufwärts. Wir ignorieren einen weiteren Abzweig und erreichen schließlich die **Abzweigung** ❸ zum Roidovouni, dem Nachbargipfel des Trapezitsa. Kurz darauf treffen wir auf einen abgerutschten Wegabschnitt. Hier wurde der Weg verlegt und steigt steil in die Höhe. Die folgende Hangquerung ist ziemlich ausgesetzt. Nun wird das Gelände immer steiler. Einen zerstörten Wegabschnitt umgehen wir, indem wir steil höher

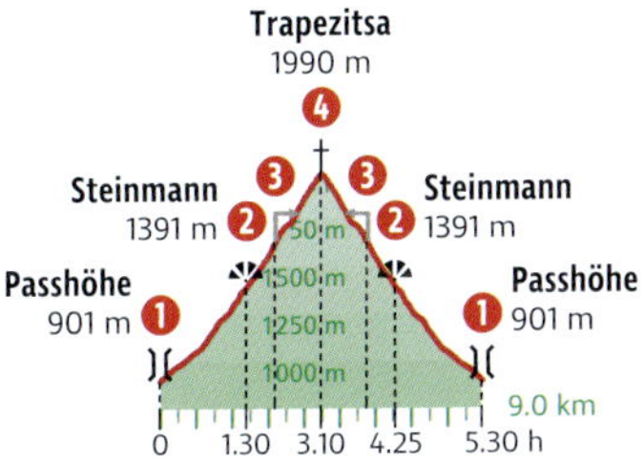

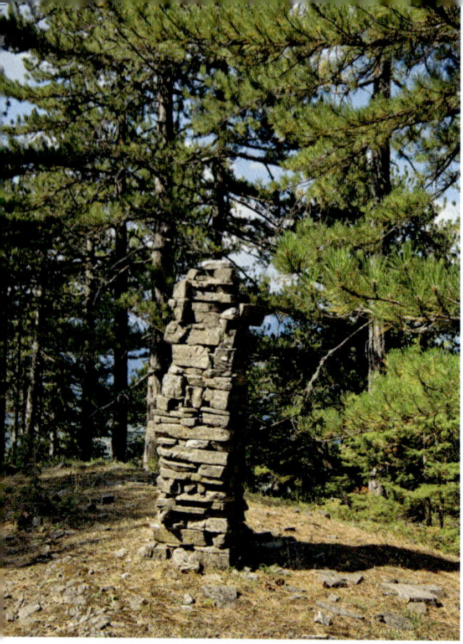

*Großer Steinmann im Wald.*

steigen und ausgesetzt den Hang queren. Danach wandern wir weiter über steile Hänge und steigen dann steil hinauf zu einem Rücken. Auf diesem halten wir uns nach rechts zu den Gipfelfelsen. Gerade im letzten Abschnitt treffen wir häufig auf Gämsen, die in der Gipfelregion leben. Die Gämsen im Pindosgebirge stehen unter strengem Naturschutz. Ein Schild empfängt uns und zeigt uns, dass wir richtig sind. Der Gipfelfels ist rechts hinter dem Schild. Allerdings sind die letzten Meter zum höchsten Punkt auf dem **Trapezitsa** ④ hinauf sehr steil und ausgesetzt. Wir müssen aber nicht dort hinaufsteigen. Kurz vor dem Schild gibt es links am Weg einen schönen, einfach zu erreichenden Gipfelfelsen. Dieser bietet eine wunderbare Aussicht auf den Smolikas und die steilen Felsabstürze des Tymfigebirges.

Für den Abstieg empfehlen wir den Anstiegsweg. Gerade im oberen Bereich, wo das Gelände sehr steil ist, steigen wir entsprechend vorsichtig ab.

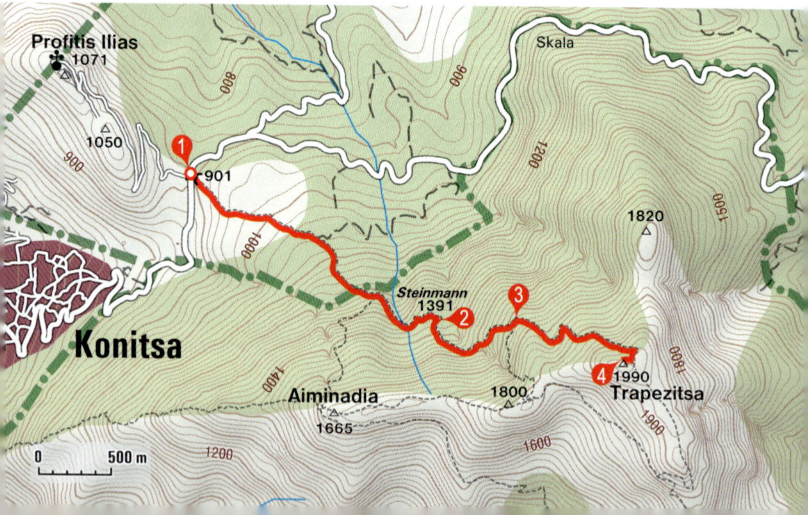

↗ 220 m | ↘ 220 m | 2.9 km

1.45 h

# Zu den Wasserfällen von Iliochori

19

## Kurze Wanderung zu einem kleinen Paradies

*Die Wasserfälle von Iliochori sind ein beliebtes Ausflugsziel im Pindosgebirge. Die Wasserfälle liegen etwas abseits der Hauptrouten, ein Abstecher empfiehlt sich aber sehr. Der Weg ist sehr kurz und schon mehr ein Spazier- als ein Wanderweg. Allerdings ist gerade der obere Wasserfall, der in ein Becken stürzt, ein Traum und jede Anfahrt wert. Und schwimmen können wir in diesem kühlen Becken auch. Ideal ist die Tour für einen gemütlichen, warmen Tag, denn der Ort ist wirklich magisch und das Schwimmen im Becken wunderschön.*

**Ausgangspunkt:** Parkplatz am Ortseingang von Iliochori (989 m), N039°58.825′ E020°54.505′.
**Anforderungen:** Guter, einfacher Weg mit einigen Treppenstufen.
**Einkehr:** Im Ort gibt es die Taverne Kafeneio, an der wir direkt vorbeiwandern.

**Karte:** Anavasi Wanderkarte 1:50.000, Blatt 3.1 Zagori (Pindos, Epirus).
**Tipp:** Badesachen mitnehmen. Sowohl von Norden, von Palioseli, als auch von Süden, von Tsepelovo, ist eine Anfahrt nach Iliochori möglich. Die Anfahrt von Tsepelovo ist etwas kürzer.

*Blick nach Norden zum Smolikas.*

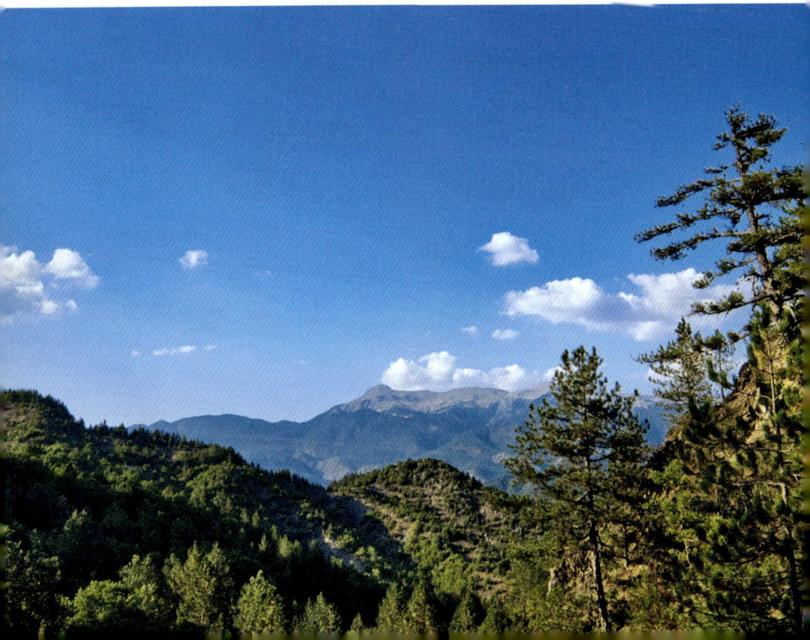

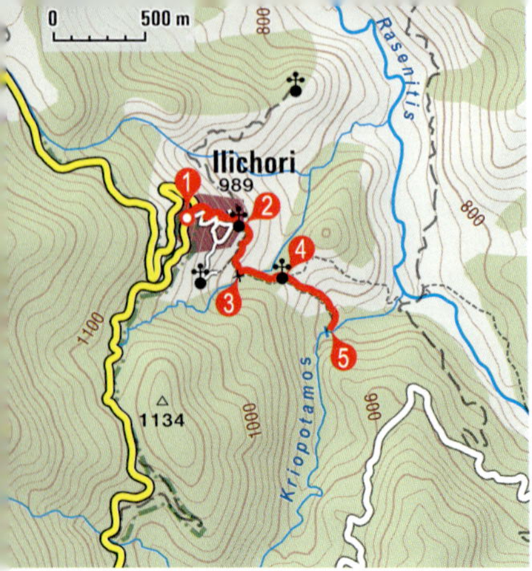


Wir parken an der **Durchgangsstraße ❶**, da die Straße in den Ort hinunter sehr schmal ist. Über diese gehen wir abwärts bis zur Taverne. Spätestens hier sollte man sein Auto abstellen. Eine Schotterstraße führt hinunter zum Platz an der **Kirche ❷**. Die Auffahrt von dort unten ist aber ziemlich steil und nicht mit jedem Auto zu empfehlen. Wir gehen links an einem großen Baum vorbei und folgen dem mit Steinen ausgelegten Weg hinunter ins Tal. Immer wieder treffen wir auf Hinweisschilder mit der Entfernung bis zum Wasserfall. Auf einer **Brücke ❸** überqueren wir den Bach. Der Steig führt kurz bergauf und dann ziemlich eben hinüber zu einer **Kapelle ❹**. Kurz vorher bietet sich uns ein schöner Blick zum Smolikas. Zwischen den Bäumen erblicken wir den höchsten Gipfel des Pindosgebirges, der sich nördlich von uns erhebt. Von der Kapelle geht es steil hinunter. Über Treppen steigen wir hinunter zu einer Brücke, auf der wir nach rechts gehen. Der Weg zieht

*Ein gut ausgebauter Weg führt zum Wasserfall.*

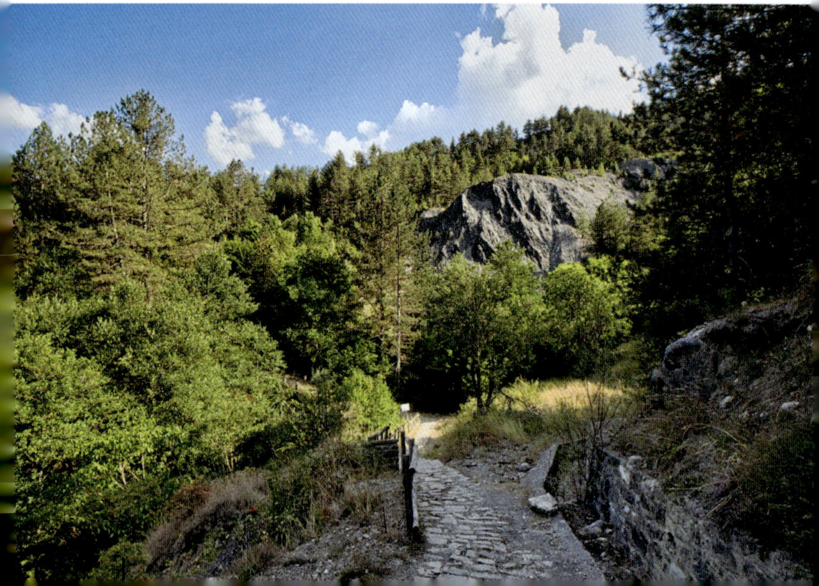

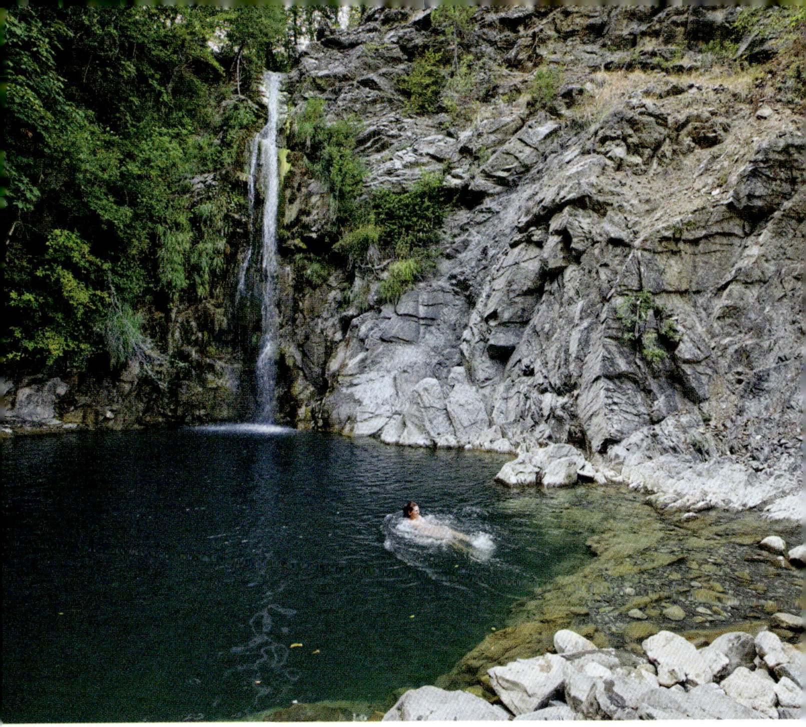

*In dem natürlichen Pool kann man wunderbar baden.*

am Hang entlang zu einer Wegteilung. Hier können wir nach links zu einer Bank auf einer Aussichtsplattform gehen. Wir haben einen schönen Tiefblick auf die Schlucht und das untere Becken. Der Abstieg da hinunter ist nicht möglich. Der rechte Weg führt dagegen zum **Wasserfall** 5 und zum oberen Wasserbecken. Gerade um die Mittagszeit, wenn die Sonne in den Kessel scheint, lohnt sich ein Sprung in die kalten Fluten. Aber auch sonst ist der Ort einfach wunderschön. Wir können gern länger hier verweilen und die Magie des Ortes in uns aufsaugen. Neben dem Becken gibt es auch ein paar Holzbänke, sodass auch ein etwas längerer Aufenthalt gut möglich ist.

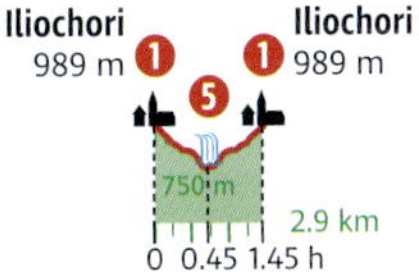


Der Rückweg nach Iliochori erfolgt am Anstiegsweg. Dabei ist der Aufstieg über die Stufen bis zur Kapelle ganz schön anstrengend. Zum Glück gibt es im Ort die nette Taverne, in der wir nach der Wanderung noch gemütlich einkehren können.

↗ 1600 m | ↘ 1600 m | 22.5 km

# 20 Über die Smolikashütte zum Smolikas

**9.40 h**

## Klassischer Anstieg auf Griechenlands zweithöchsten Gipfel

*Der Smolikas ist der zweithöchste Gipfel Griechenlands und der höchste Gipfel des Pindosgebirges. Wenn man vom Tymfigebirge zu ihm hinüberschaut, kann man den weitausladenden Gipfel bewundern. Der Wald endet unterhalb des Gipfelaufbaus, sodass gerade der letzte Teil des Anstiegs von einem großartigen Panorama begleitet wird. Zur Smolikashütte können wir auf einer Schotterpiste mit dem Geländeauto fahren oder zu Fuß hochwandern.*

**Ausgangspunkt:** In der Ortsmitte von Palioseli (1082 m), N040°02.537' E020°53.216'.
**Anforderungen:** Insgesamt guter Wanderweg, ohne besondere Schwierigkeiten. Sehr gut markiert. Nur der Schlussanstieg zum Gipfel ist etwas steiler.
**Einkehr/Übernachtung:** Taverne in Palioseli. Die Smolikashütte ist im Sommer manchmal bewirtschaftet und bietet Übernachtungsmöglichkeiten für 24 Personen. Tel. +30 698 9837704.
**Karte:** Anavasi Wanderkarte 1:50.000, Blatt 3.3 Gramos – Smolikas, Voio - Vasilitsa.
**Tipp:** Die Auffahrt zur Hütte auf der Schotterstraße ist mit einem SUV ganz gut möglich. Wir sahen aber auch normale Fahrzeuge. Die Straße beginnt etwas außerhalb von Palioseli in Richtung Konitsa und hat eine Länge von sieben Kilometern. Dann ist der Berg gut als Tagestour zu besteigen.
**Hinweis:** Bei Zustieg auf den Smolikas von Palioseli empfiehlt es sich, auf der Hütte zu übernachten.

*Schon bald rückt der Smolikas ins Blickfeld.*

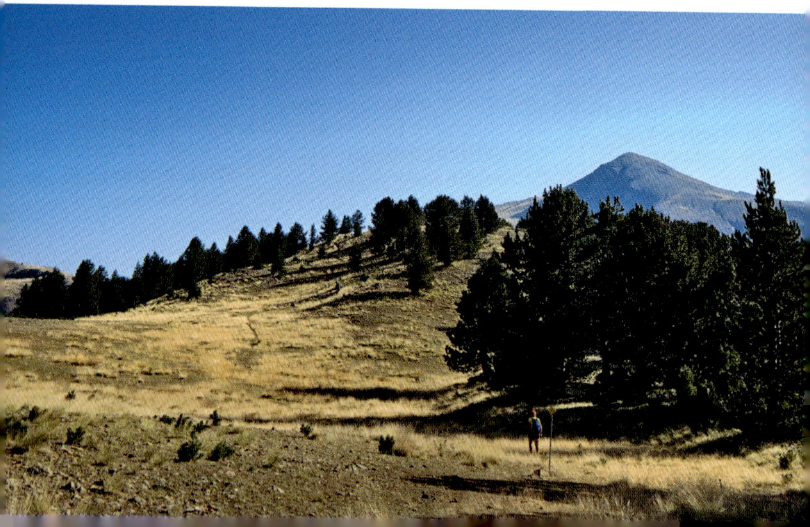

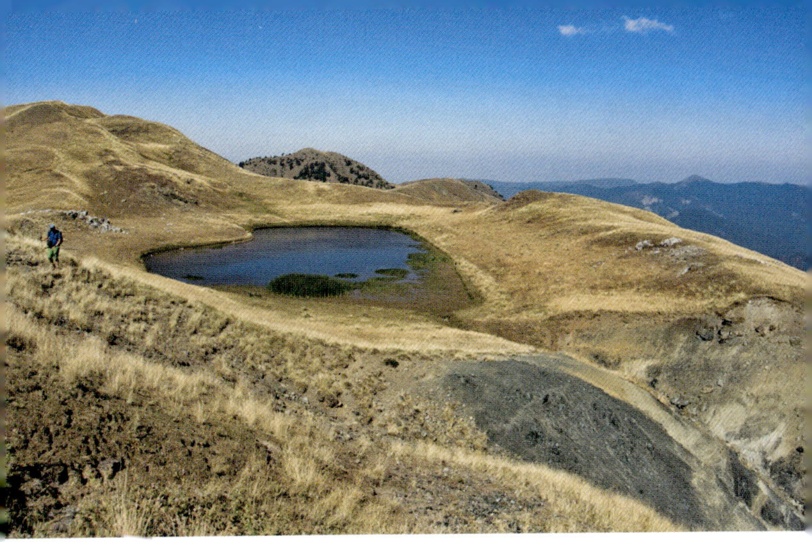

*Rückblick zum Drakolimni.*

Von der Ortsmitte in **Palioseli** ❶ folgen wir dem ausgeschilderten Weg aus dem Ort in den Wald hinein. Weiter oben zieht der Weg über eine Wiese und erreicht die **Schotterstraße** ❷, die zur Smolikashütte führt. Der markierte Weg biegt bald wieder nach rechts ab. Allerdings führt er über eine Weide, die gelegentlich von Hirtenhunden bewacht wird. Daher empfehlen wir den etwas weiteren Weg über die Schotterstraße. Dieser bringt uns nach ein paar Kehren vorbei am kleinen Parkplatz und hinauf zur gemütlichen **Smolikashütte** ❸.
Wir gehen links an der Hütte vorbei und folgen den gelben Schildern durch den Wald. Der Weg bringt uns aufwärts zu einem kleinen Sattel. Dann gehen wir nach links bergauf zu einem ersten Gratrücken. Von hier bieten

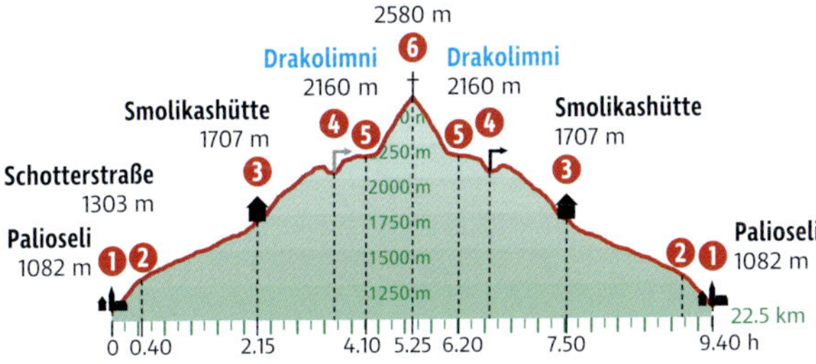

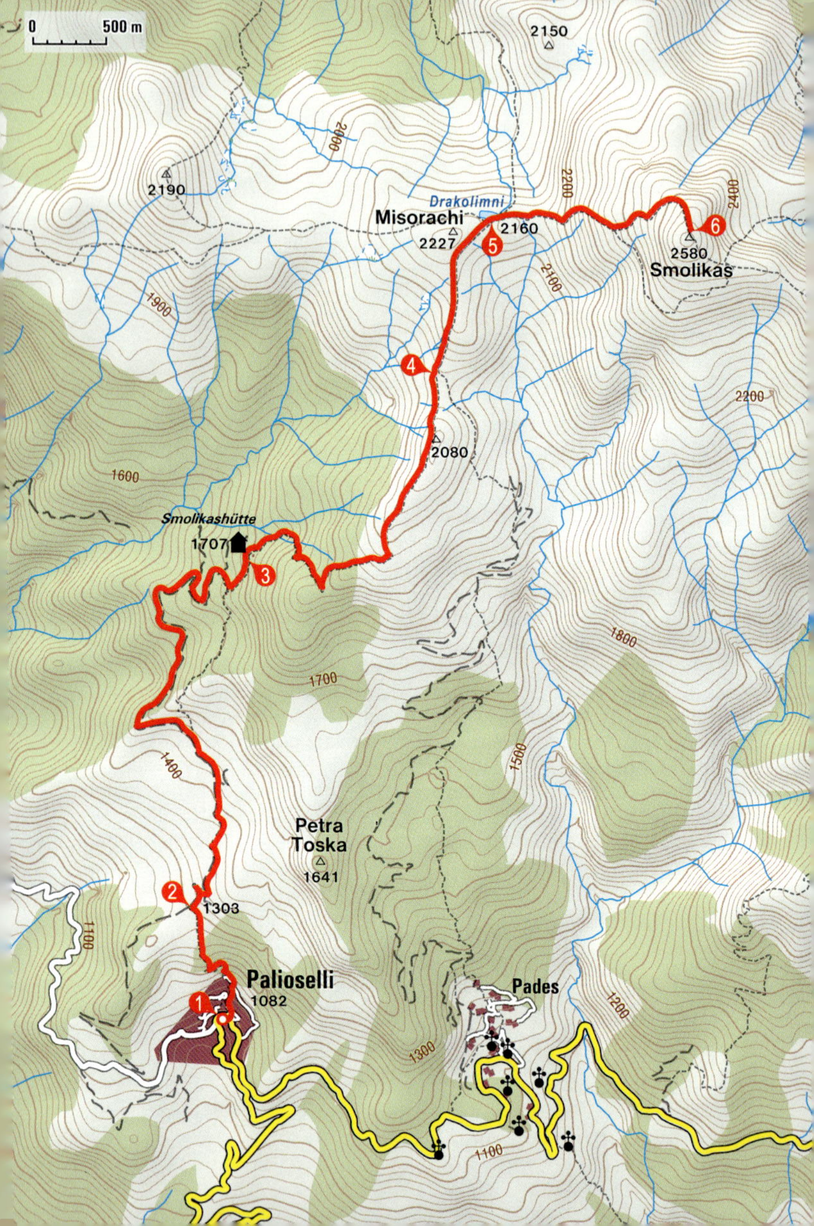

0
500 m
2150
2000
2190
Drakolimni
Misorachi
2227
2160
2200
2400
2580
Smolikas
2100
1900
2080
2200
1600
Smolikashütte
1707
1800
1700
1500
1400
Petra
Toska
1641
1303
1100
Palioselli
1082
Pades
1200
1300
1100

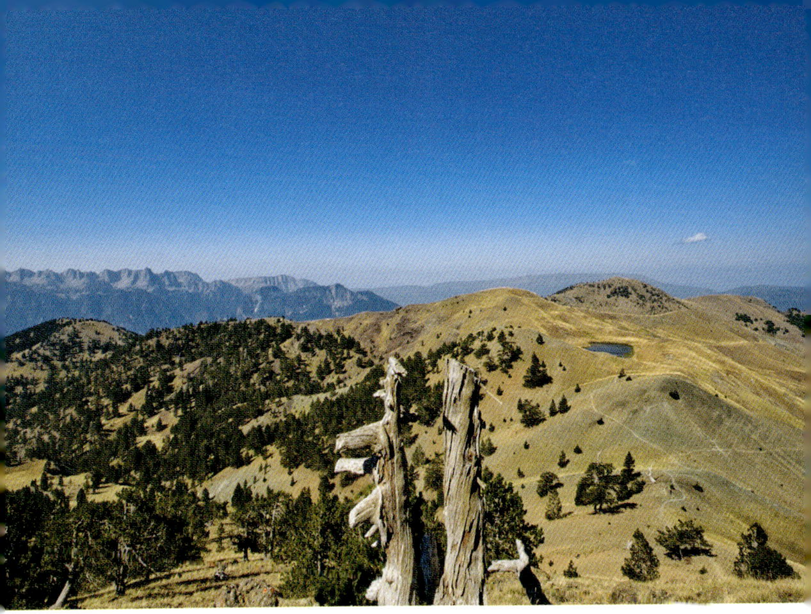

*Ausblick hinüber zum Tymfigebirge.*

sich herrliche Blicke zum Tymfigebirge und erstmals zum Gipfel des Smolikas. Wir wandern auf dem Steig über den gemütlichen Gratrücken.
Es folgt ein größerer Zwischenabstieg. In der Senke befindet sich eine **Wegteilung** ❹. Hier mündet von rechts der Weg von Pades ein. Über einen weiteren Gratkopf und eine Hangquerung spazieren wir hinüber zum **Drakolimni** ❺. Der Drachensee liegt wunderschön eingebettet zwischen Wiesen unterhalb des Smolikas. Ein toller Ort für eine kurze Pause.
Wir gehen rechts am See vorbei, umgehen dabei einen Hügel auf der rechten Seite und steigen nun über die steilen Gipfelhänge des Smolikas bergauf. Wir gewinnen schnell an Höhe. Nach einem steinigeren Abschnitt erreichen wir eine steile Wiese, die wir überqueren. Dabei gehen wir weit nach links hinaus, um dann wieder rechts dem Weg aufwärts zu folgen. Der gut markierte Steig bringt uns über die letzten, einfachen Gipfelfelsen zum Gipfel des **Smolikas** ❻. Durch die Lage und Höhe bietet sich eine grandiose Rundumsicht vom Gipfel. Besonders beeindruckt dabei das Tymfigebirge mit seinen Felszacken.
Nach der gemütlichen Gipfelrast steigen wir über den Anstiegsweg zurück zum **Drakolimni** ❺ und weiter zur **Smolikashütte** ❸. Entweder fahren wir dann mit dem Auto zurück nach **Palioseli** ❶ oder steigen weiter hinunter über die Straße und den Wanderweg in den Ort.

TOP

↗ 1080 m | ↘ 1080 m | 13.3 km

# 21 Von Pades zum Drakolimni

**7.15 h**

## Zum Drachensee am Smolikas

*Unterhalb des Smolikas liegt der Drakolimni. Bei der Wanderung Nr. 20 von der Smolikashütte zum Gipfel kommen wir an diesem landschaftlichen Kleinod vorbei. Es gibt aber noch weitere Aufstiege zum See, wie vom kleinen Örtchen Pades an der Südseite des Smolikas. Dabei handelt es sich um einen sehr schönen, unglaublich abwechslungsreichen Weg.*

**Ausgangspunkt:** Parkplatz in Pades am Campingplatz (1082 m), N040°02.464′ E020°54.599′.

**Anforderungen:** Gut markierter Wanderweg durch Wald und über freies Gelände. Kurzzeitig breite Schotterstraßen. Gut markiert.

**Einkehr:** Auf der Tour gibt es keine Einkehrmöglichkeit. In Pades am Ortsausgang in Richtung Palioseli gibt es eine nette kleine Taverne.

**Karte:** Anavasi Wanderkarte 1:50.000, Blatt 3.3 Gramos – Smolikas, Voio – Vasilitsa.

**Hinweis:** Wie bei Tour 20 ist eine Erweiterung auf den Smolikas möglich. Allerdings ist die Wanderung durch den niedrigeren Ausgangspunkt deutlich anstrengender als von der Smolikashütte. Theoretisch können beide Routen kombiniert werden – Aufstieg über die Hütte, Abstieg nach Pades. Dann muss allerdings vorab ein Transfer zwischen den Orten organisiert werden.

*Durch diese wilde Schlucht führt der Weg gut hindurch.*

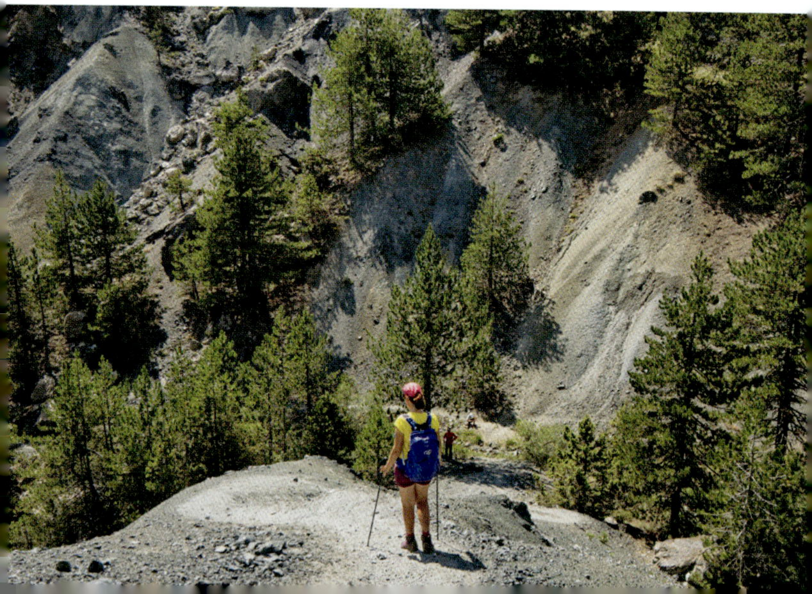

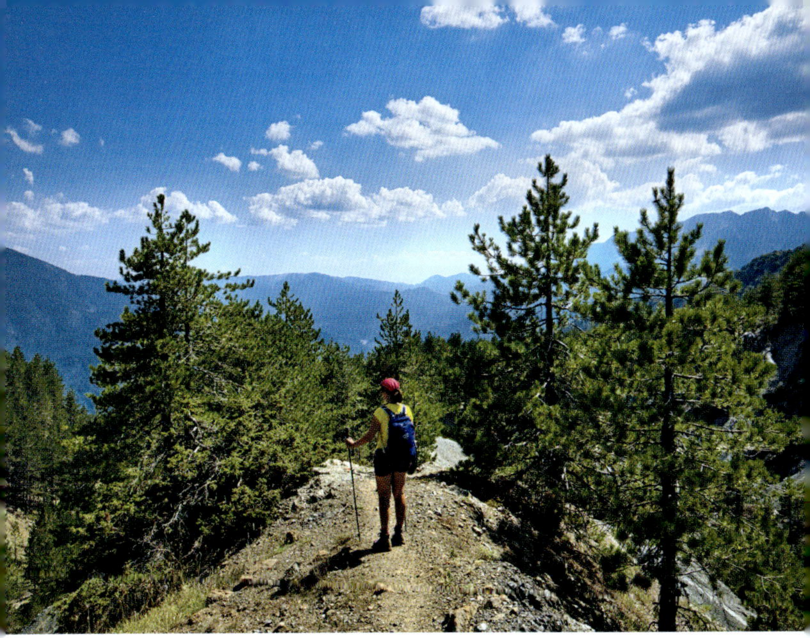

*Immer wieder genießen wir schöne Ausblicke.*

Vom Parkplatz in **Pades** ❶ folgen wir kurz der hier ansetzenden Schotterstraße. Ein Wegweiser schickt uns aber bald nach links. Der Steig führt ein Stück bergauf zu einer Straße, die wir bald abkürzen können. Nun leiten uns die Markierungen durch die Häuser. Teilweise können wir die Straße auf einem Steig abkürzen. An den obersten Häusern gehen wir nach links zu einem Brunnen. Hier biegen wir nach rechts ab. Wir kommen zu einem Haus, an dem wir rechts vorbeigehen. Der Weg bringt uns zu einem **Klettergebiet** ❷. Wir gehen an eindrucksvollen Felswänden vorbei und kraxeln über leichte Felsblöcke. Der Steig zieht anschließend im Wald nach

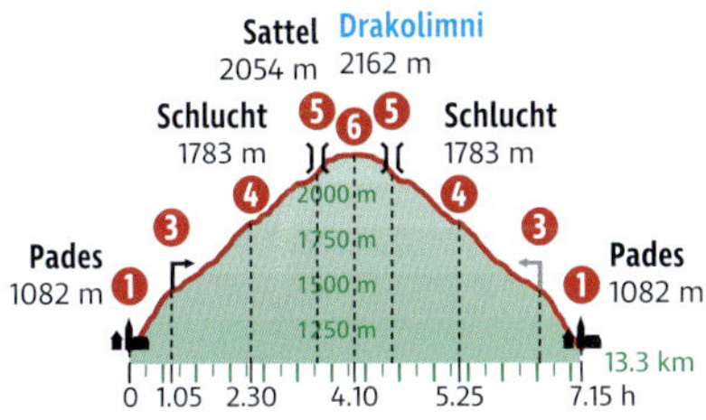

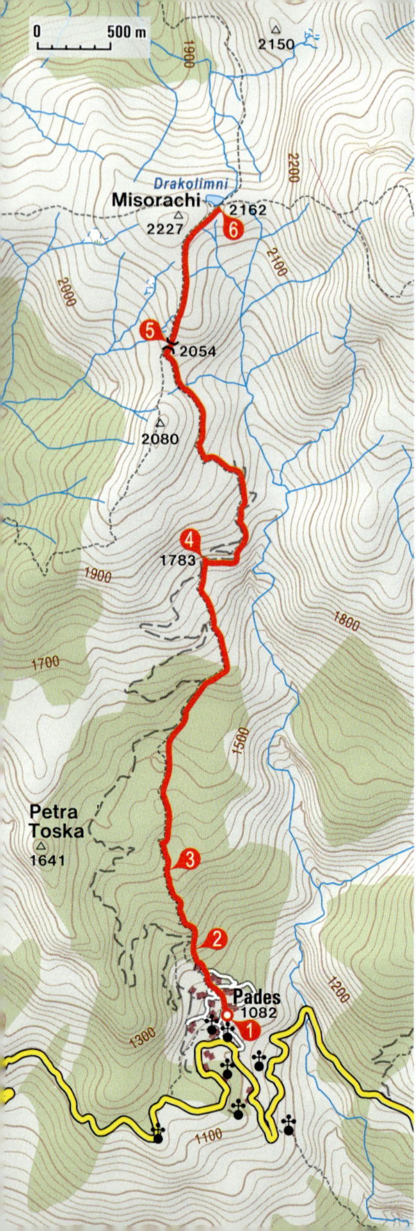


rechts aufwärts. Nach einer Schotterstraße wandern wir wieder auf einem Pfad und kommen an eine **Wegteilung 3**. Beide Wege führen zum Drakolimni. Der rechte Weg ist etwas direkter, sodass wir ihn hier empfehlen möchten. Nach einer Hangquerung erreichen wir eine eindrucksvolle Schlucht. Der Weg steigt steil hinauf zum Wald, durch den es weiter aufwärts geht. Am weiteren Aufstieg überqueren wir mehrmals die Schotterstraße, bis ein steilerer Abschnitt auf ihr endet. Jetzt folgen wir den Markierungen nach rechts durch eine weitere **Schlucht 4**. Kurz danach kürzen wir die Schotterstraße auf einem Steig wieder mehrmals ab. Vor einem Hirtenstall biegt der Pfad nach links bergauf. Wir gehen an der Einzäunung entlang und wandern nach rechts. Wunderbar erhebt sich der Smolikas über uns. Über freies Gelände wandern wir hinauf in einen kleinen **Sattel 5** an einem breiten Gratrücken. Von links mündet der Weg von der Smolikashütte ein. Wir wenden uns nach rechts und gehen über einen Grathöcker in Richtung Smolikas. Nach einer Hangquerung erreichen wir den **Drakolimni 6**, der sehr schön in die Wiesen der Umgebung eingebettet ist. Manchmal grasen Pferde hier.

Die Gegend lädt wunderbar zum Verweilen ein. Der See bietet eine herrliche Umgebung und die Aussicht zum Tymfigebirge ist wirklich wunderschön.

Nach der gemütlichen Pause am Drachensee wandern wir auf dem bekannten Anstiegsweg nach **Pades 1** zurück.

↗ 1160 m | ↘ 1160 m | 15.4 km

6.50 h

# Von Agia Paraskevi zum Drakolimni

22

## Von Norden zum Drachensee am Smolikas

*Während die Anstiege von Süden von der Smolikashütte und von Pades zum Drakolimni und auf den Gipfel des Smolikas bekannt und beliebt sind, so ist der nördliche Anstieg von Agia Paraskevi eher unbekannt. Tatsächlich ist diese Tour eine landschaftlich reizvolle Alternative. Wir wandern auf einem abwechslungsreichen Weg vom kleinen Dorf hinauf zum wunderschön gelegenen Drachensee.*

**Ausgangspunkt:** Parkplatz am östlichen Ortsanfang von Agia Paraskevi (1014 m). Große Hinweistafeln zum Anstieg befinden sich dort. N040°08.620' E020°53.937'.
**Nächster Ort:** Samarina.
**Anforderungen:** Gut markierter Wanderweg, teilweise etwas steil, aber gut zu begehen. Gute Kondition erforderlich. Eine Weide wird gequert.
**Einkehr:** Keine Einkehrmöglichkeit auf Tour. In Agia Paraskevi gibt es eine Taverne in der Ortsmitte; Einkehrmöglichkeiten auch in Samarina.
**Karte:** Anavasi Wanderkarte 1:50.000, Blatt 3.3 Gramos – Smolikas, Voio – Vasilitsa.
**Tipp:** Agia Paraskevi ist ein wichtiger Heiliger in der orthodoxen Kirche, daher haben Kirchen oder Orte oft diesen Namen.

*Im unteren Teil wandern wir über schöne Wiesen.*

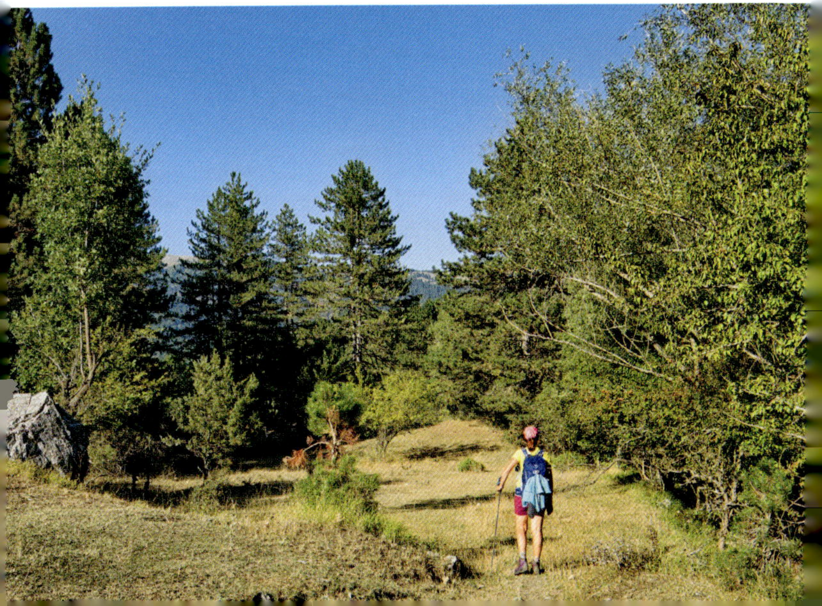

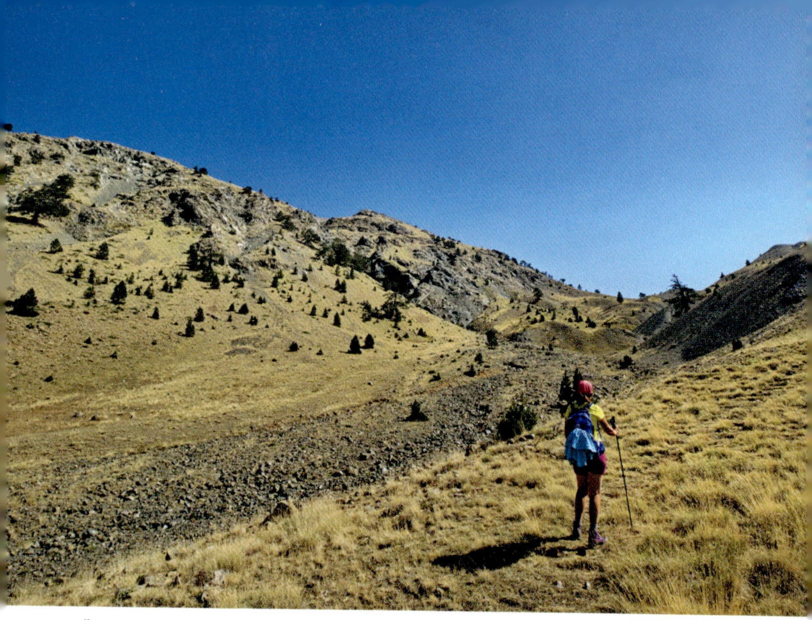

*Über freies Gelände steigen wir hinauf zum Drakolimni.*

Vom Parkplatz am Ortseingang von **Agia Paraskevi** ❶ folgen wir einem schmalen gepflasterten Pfad, der von üppiger Vegetation umgeben ist. Wir wandern entlang einer Wasserrinne aufwärts, bis sich der Weg leicht nach links wendet. Es geht nun teilweise steil über leicht bewaldetes Gelände, das immer wieder von Wiesen durchzogen ist, aufwärts. Später verflacht das Gelände und wir gehen über schöne Baumwiesen weiter bergauf. Wir erreichen eine flache **Ebene** ❷ mit einem quer verlaufenden Forstweg, den wir überqueren. Der Steig taucht nun in den Wald ein und führt in diesem bergauf. Wir kommen zu einem kleinen Bächlein und wandern auf

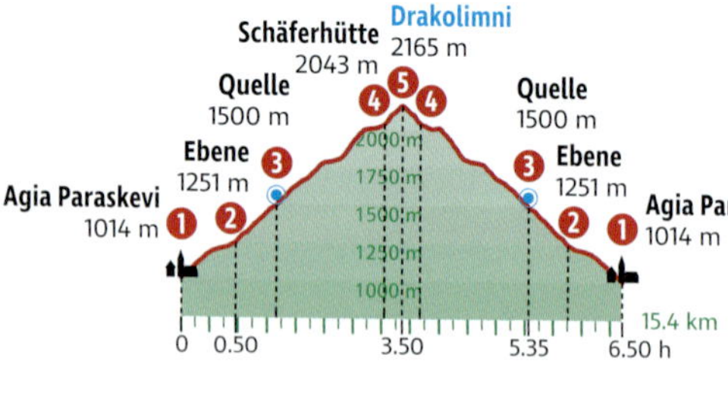

dem guten Steig weiter in Richtung Drakolimni. Immer wieder erlauben Lichtungen etwas Sonne im Wald. Der Weg kommt zu einer **Quelle** ❸, an der wir etwas trinken können. Schon wird der Weg wieder steiler, es geht weiter im Wald bergauf bis der Weg deutlich verflacht. Wir queren nun für längere Zeit am Hang entlang. Hoch über einer Schlucht wandern wir dann nach links aufwärts und kommen in immer freieres Gelände. Wir queren weiter den Berghang und erreichen nach einem weiteren kurzen Anstieg eine **Schäferhütte** ❹. Wir befinden uns nun in herrlich freiem Gelände. Sollten hier Tiere weiden, dann umgehen wir diese am besten mit etwas Abstand. Wir steigen über den gut markierten Steig über einen schottrigen Hang bergauf zu einem kleinen Absatz. Von hier geht es noch einmal steil über einen weiteren Hang, der später zu einer Rinne wird, bis zum **Drakolimni** ❺ am Fuße des Smolikas. Hier auf den schönen Weiden können wir wunderbar rasten und die Landschaft genießen. Am Drachensee treffen wir auf die Anstiege von der Smolikashütte und von Pades. Natürlich könnten wir nach dem Anstieg auch noch den Smolikas besteigen. Allerdings ist der Weg dann insgesamt sehr weit. Deshalb werden wir normalerweise nach der Pause am See wieder zurück nach **Agia Paraskevi** ❶ wandern. Theoretisch wäre auch eine Überschreitung nach Pades oder Palioseli möglich. Allerdings müssten wir dafür im Vorfeld einen Rücktransport organisieren, was ziemlich schwierig ist.

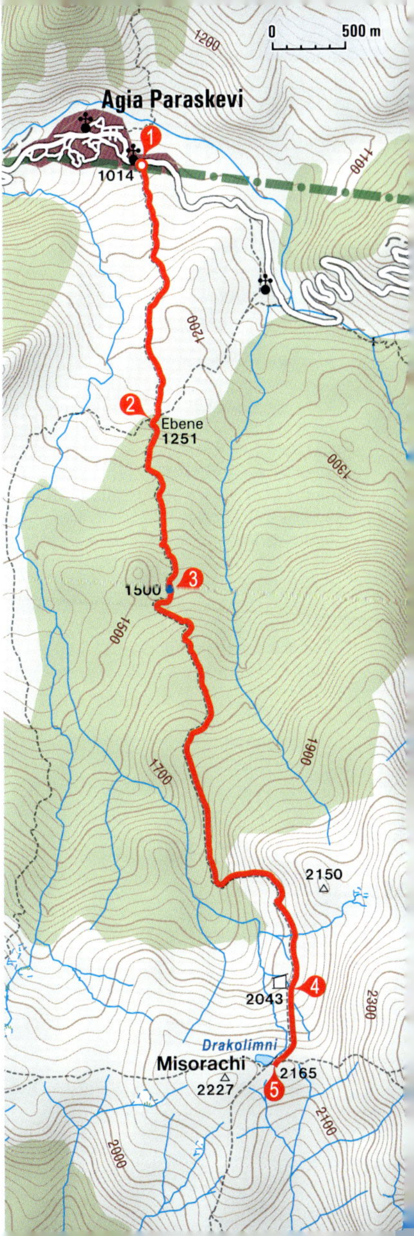

TOP

# 23 Von Samarina auf den Smolikas

↗ 1530 m | ↘ 1530 m | 21.0 km

9.30 h

## Grandiose Grattour auf den höchsten Pindosgipfel

*Zum Gipfel des Smolikas gelangen wir über vier recht unterschiedliche Anstiege. Drei Zustiege besuchen zunächst den Drakolimni. Nur der Weg von Samarina führt über den Ostgrat auf den Gipfel. Die Tour ist allerdings sehr lange und benötigt entsprechende Kondition und Erfahrung. Bringen wir diese mit, ist diese großartige Grattour in eindrucksvoller Landschaft absolut empfehlenswert.*

**Ausgangspunkt:** Am Fußballplatz von Samarina. N040°06.242′ E021°00.460′.
**Anforderungen:** Sehr lange Tour, für die hervorragende Kondition benötigt wird. Der Weg ist nicht schwierig, erfordert aber Trittsicherheit. Meistens gute Markierungen. Nur im Schlussabschnitt etwas Gespür für das Gelände erforderlich.
**Einkehr:** Unterwegs keine Einkehrmöglichkeiten. Ausreichend Getränke mitnehmen.
**Variante:** Verkürzung der Tour und Besteigung des Gipfels Mikri Mosia.
**Karte:** Anavasi Wanderkarte 1:50.000, Blatt 3.3 Gramos – Smolikas, Voio – Vasilitsa.

**Hinweis:** Der Abstieg am Anstiegsweg ist durch den Gegenanstieg etwas mühsam. Für diese Tour bietet sich eine Kombination mit den Touren 20 und 22 an. Am kürzesten ist die Tour, wenn der Abstieg zur Smolikashütte erfolgt und dort eine Übernachtung eingeplant wird. Dann ist allerdings eine Rückfahrt nach Samarina zu organisieren. Auch gut machbar ist der Abstieg nach Agia Paraskevi. Da kommen zwar auch viele Kilometer und Höhenmeter dazu, aber es geht nur noch bergab. Für die Rückfahrt nach Samarina in Agia Paraskevi in der Taverne nach Fanny fragen, der das örtliche Taxi fährt. Besser im Vorfeld mit der Unterkunft organisieren.

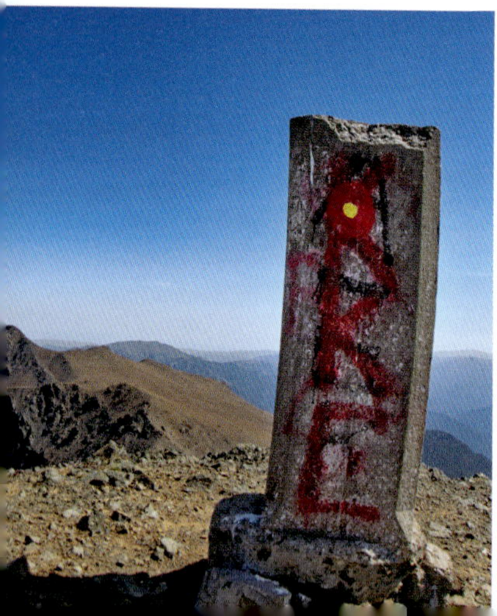

Vom **Fußballplatz** am oberen Ortsende von **Samarina** ❶ wandern wir auf dem rot markierten Steig über freies Gelände zum Wald hinauf. Wir tauchen nun in den Wald ein und folgen dem gut markierten Steig bergauf. Gleich zu Beginn gewinnen wir ordentlich an Höhe. Mit der Zeit legt sich das Gelände etwas zurück. Wir passieren die **Quelle Ziagra Vrysi** ❷ und wandern im Wald weiter aufwärts. Unterhalb des Gipfels Kapetan Tsekouras wird der Wald lichter, und wir erreichen schuttigeres Gelände. Wir queren

*Gipfelzeichen auf den Smolikas.*

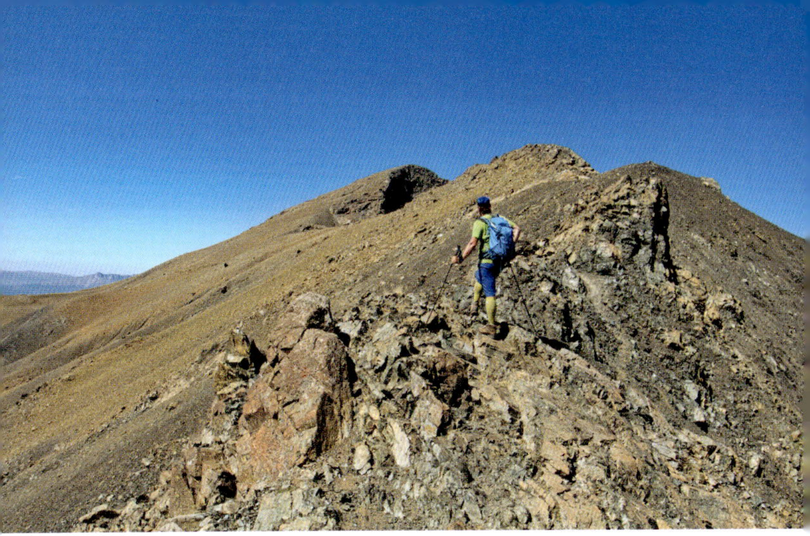

*Eine weite, einsame Landschaft.*

zwei Rinnen nach rechts und steigen hinauf in einen **Sattel** ❸ mit einem Kreuz. Hier sehen wir den Weiterweg über die Grathöcker. Zuerst umgehen wir einen Grataufschwung auf der linken Seite. Die Hangquerung ist teilweise etwas abschüssig und erfordert Trittsicherheit. Wir erreichen einen weiteren Sattel und lassen uns nun von den Markierungen in Richtung Smolikas leiten. Der Steig führt in ein schuttgefülltes Tal. Steil und mühsam steigen wir über den Schutt aufwärts bis zu einer weiten Fläche. Am Rand erkennen wir die beiden Gipfel Megali Mosia und Mikri Mosia. Steinmänner bringen uns nach rechts an eine **Geländekante** ❹.

Jetzt heißt es erst einmal durchschnaufen. Der Smolikas ist zwar sichtbar, er ist aber noch ziemlich weit entfernt. Bevor wir zum Gipfelgrat gelangen, müssen wir zuerst einmal 200 Höhenmeter in ein Tal absteigen. Der Ab-

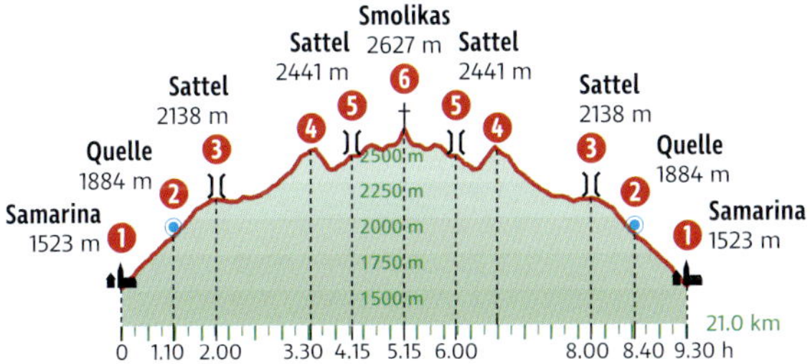

stieg führt über ziemlich unangenehmes Schuttgelände in das Tal hinunter. Von dort zieht der Steig bergauf in einen **Sattel** ❺ unterhalb des höheren Mosiagipfels. Nun queren wir vor dem nächsten Grataufschwung auf der linken Seite vorbei. Der Weg wird hier bald ziemlich undeutlich. Wir gehen nach rechts hinauf und folgen nun den Markierungen (teilweise Stangen) in Richtung Smolikas. Der Grat schnürt sich bald deutlich zusammen, und wir steigen teilweise in der linken Flanke, teilweise am Grat weiter in Richtung Gipfelaufbau. Ein steiler, oft etwas undeutlicher Steig bringt uns steil hinauf auf den Gipfel des **Smolikas** ❻ mit seiner grandiosen Aussicht. Vor allem der Blick hinüber zum felsigen Tymfigebirge begeistert uns.
Der Abstieg führt am Anstiegsweg nach Samarina zurück. Der Gegenanstieg kostet allerdings noch einmal ordentlich Kraft.

### ■ Zum Gipfel Mikri Mosia (Verkürzung der Tour)

Insgesamt 1040 Hm, 14,5 km, 7 h.
Wem der Anstieg zum Smolikas zu lange ist, der kann den Gipfel Mikri Mosia besteigen. Wie beschrieben wandern wir zur Geländekante unterhalb des Gipfels. Jetzt gehen wir nicht nach rechts in Richtung Smolikas weiter,

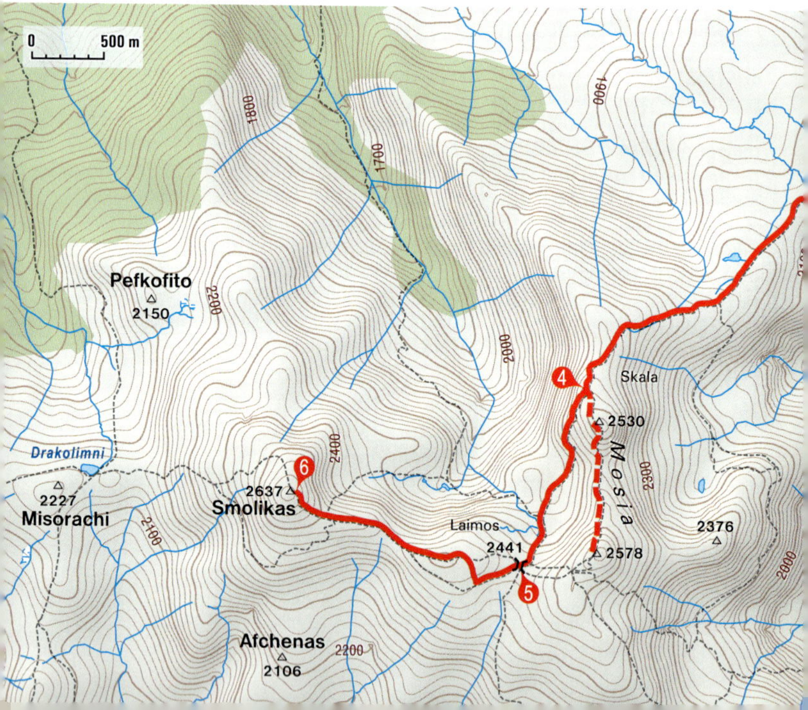

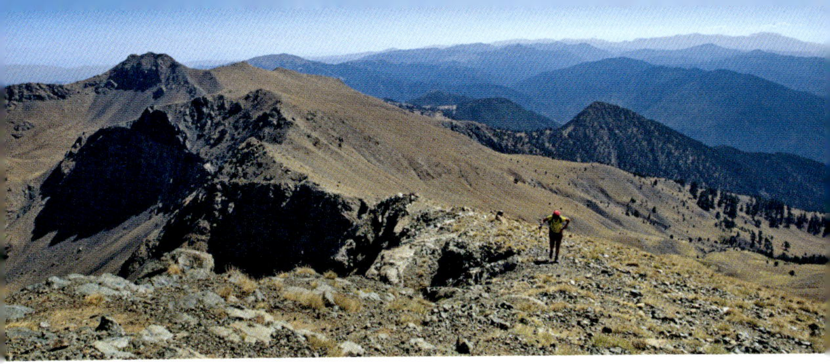

*Im Schlussanstieg zum Gipfel.*

sondern steigen nach links in wenigen Minuten zum Gipfel von Mirki Mosia auf. Nach der Gipfelpause wandern wir am Anstiegsweg wieder hinunter nach Samarina. Der Übergang zum Nachbargipfel Megali Mosia ist ausgesetzt. Daher belassen wir es bei dem kleineren der beiden Gipfel.

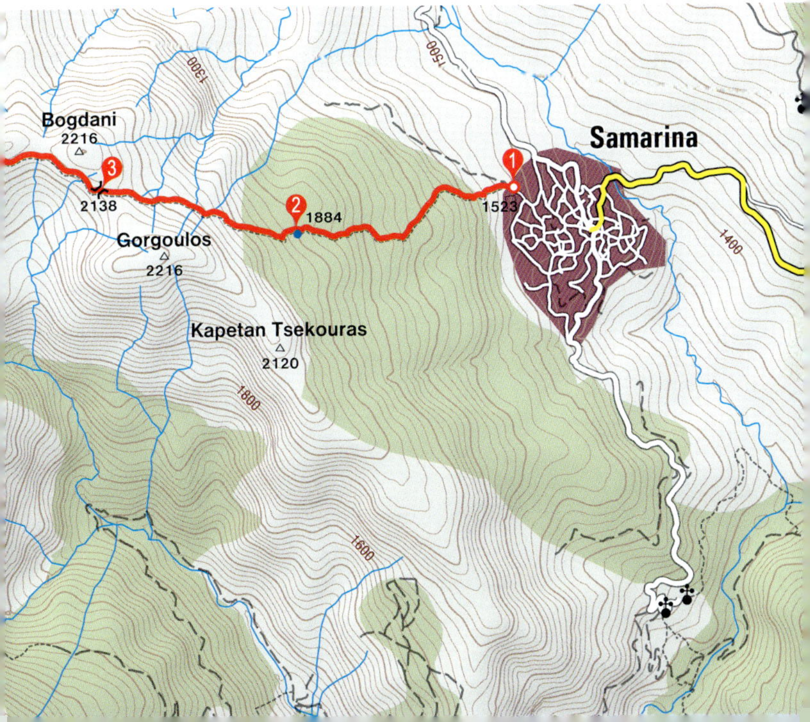

↗ 480 m | ↘ 940 m | 13.5 km

# 24 Von Samarina nach Distrato

**5.30 h**

## Erste Etappe der Durchquerung im nördlichen Pindosgebirge

*Von Samarina bis Vovousa führt eine gut markierte Durchquerung in zwei Tagen durch den nördlichen Teil des Pindosgebirges. Nach einem gemütlichen Beginn folgt der Abstieg zu einem herrlich ursprünglichen Tal mit Wasserlauf. Höhepunkt ist dann aber die aussichtsreiche Traverse mit Blick zur Bergkette des Smolikas. Idealerweise übernachten wir in Distrato und wandern am nächsten Tag weiter nach Vovousa. Dann müssen wir nur einen Transfer organisieren.*

**Ausgangspunkt:** Ortsmitte von Samarina N040°06.235′ E021°01.161′.
**Anforderungen:** Gut markierter Wanderweg ohne technische Probleme. Gute Kondition und Ausdauer erforderlich.
**Einkehr:** Unterwegs keine Einkehrmöglichkeiten. In Distrato Cafés und Tavernen. Zu empfehlen: Café Vista e mundi.
**Karte:** Anavasi Wanderkarte 1:50.000, Blatt 3.3 Gramos – Smolikas, Voio – Vasilitsa.
**Tipp:** Nach vier Kilometern erreichen wir das Kloster Agia Paraskevi, das wir besuchen können. Hier rings um das Kloster befanden sich ursprünglich die Häuser von Alt-Samarina.
**Hinweis:** Streckenwanderung nach Distrato. Im Vorfeld entweder Übernachtung in Distrato organisieren oder den Transfer zurück nach Samarina.

*Immer wieder erhalten wir großartige Ausblicke vom Weg.*

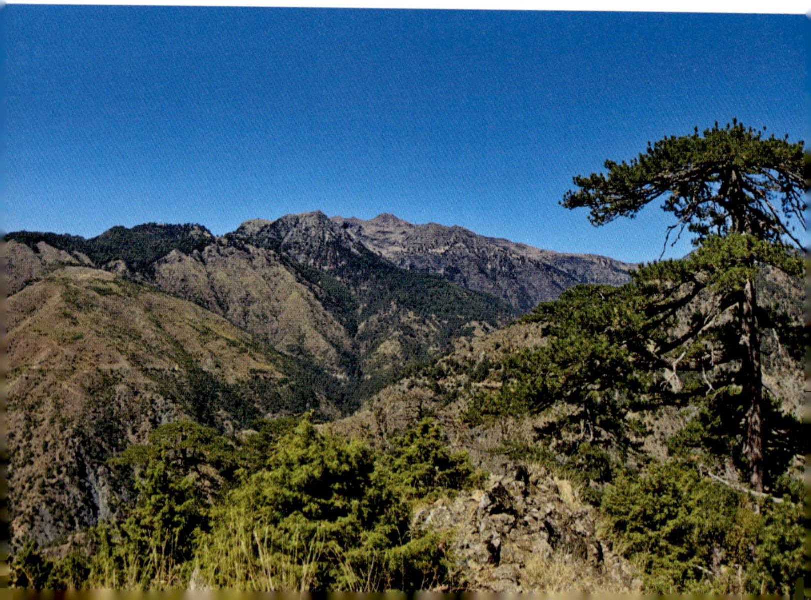

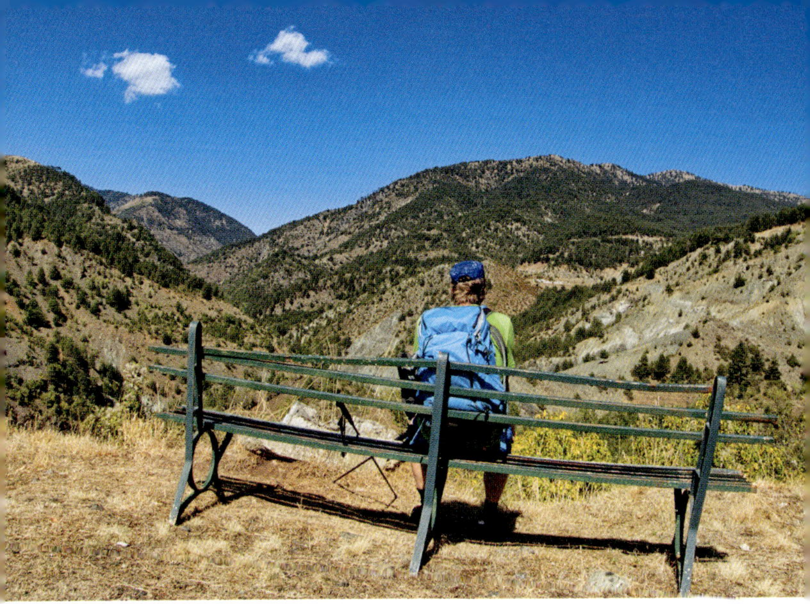

*Ein schöner Rastplatz kurz vor Distrato.*

Von der **Ortsmitte** in **Samarina** ❶ wandern wir auf der Straße nach Süden. Bald sehen wir ein kleines E6-Markierungsschild am Wegesrand. Wir kommen zu einer Straßenteilung mit einer Mühle auf der rechten Seite. Hier biegen wir nach rechts ab und folgen der Straße. Dabei bleiben wir immer auf der geradeaus weiterführenden Straße und ignorieren sämtliche Abzweige. Wir erreichen nach vier Kilometern das **Kloster Agia Paraskevi** ❷. Hier sehen wir nun ein Wegschild in Richtung Distrato und finden erstmals die gelb-roten Markierungen. Wir wandern über die Wiese bergab, halten uns dabei nach rechts und erreichen absteigend eine Schotterstraße. Auf dieser gehen wir kurz abwärts, bis ein Pfad nach rechts abzweigt. Über Treppenstufen steigen wir steil hinunter in das schöne Tal Kirna mit seinem Bachlauf. Vorsichtig überqueren wir den **Bach** ❸ und steigen auf der an-

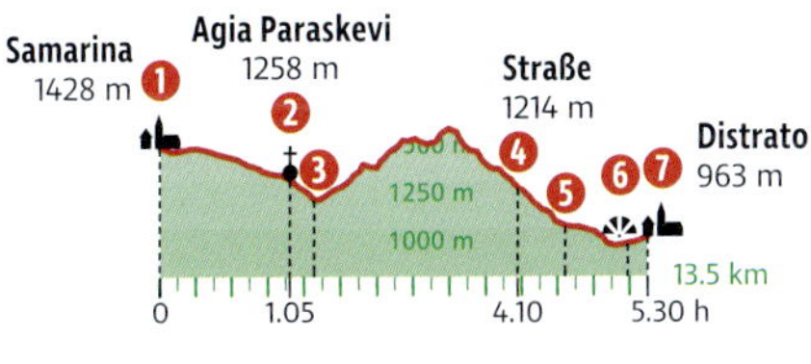

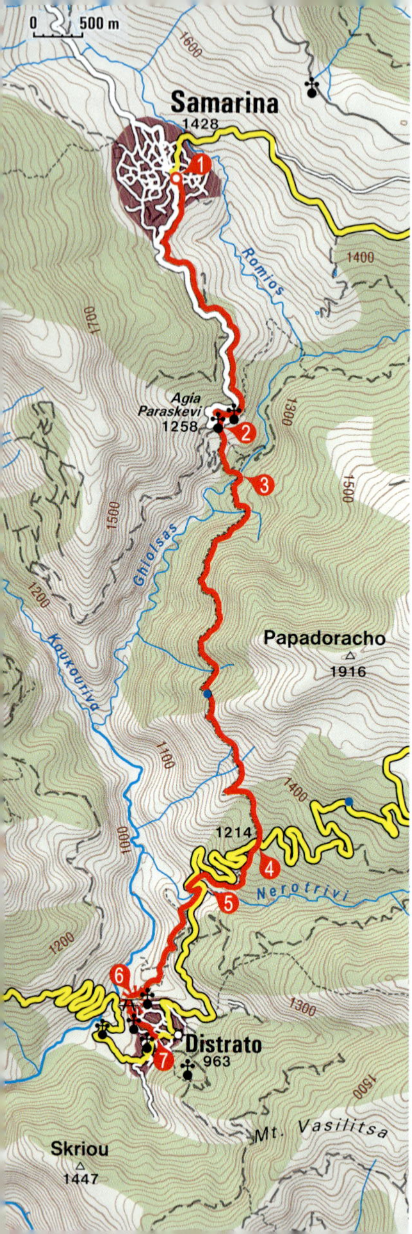


deren Talseite wieder steil bergauf. Der Weg führt nun immer wieder aufwärts durch den Wald, teilweise aber auch über Schuttfelder. Immer wieder gibt es freie Ausblicke auf die andere Talseite und zum Kloster. Bei einem freien Absatz, einem perfekten Pausenplatz, erblicken wir erstmals die Bergregion des Smolikas. Wir sehen hinüber zum Gipfel Megali Mosia. Nach einem kurzen Zwischenabstieg erfolgt noch einmal ein steiler Anstieg zu einem weiteren ähnlich schönen Platz. Anschließend wandern wir auf einer grandiosen, aussichtsreichen Traverse weiter in Richtung Distrato. Auch das Tymfigebirge ist inzwischen in unser Blickfeld gekommen. Wir sehen aber auch hinunter nach Distrato, dem Ziel unserer Etappe.

Nach der langen Querung gehen wir über einen mit Pinien bestandenen Rücken bergab, bis wir ihn nach links verlassen. Wir steigen hinunter zu einer Wiese, wo wir scharf links gehen und auf einem Hohlweg bergab zur **Straße** 4 gelangen. Dieser folgen wir ein paar Meter nach rechts, um dann nach links in einen Weg abzubiegen. Auf diesem Weg wandern wir abwärts und achten immer genau auf die Markierungen. An einer Stelle biegen sie unmittelbar nach links ab. Steil geht es durch den Wald bergab, bis wir wieder etwas flacher nach rechts queren. Hoch über einem steilen Schutthang queren wir nach rechts. Dann geht es wieder nach links abwärts. Die letzten Meter bis zur Straße legen wir auf einem steilen Schuttrücken zurück. Nun gehen wir auf der Straße nach links. Dabei

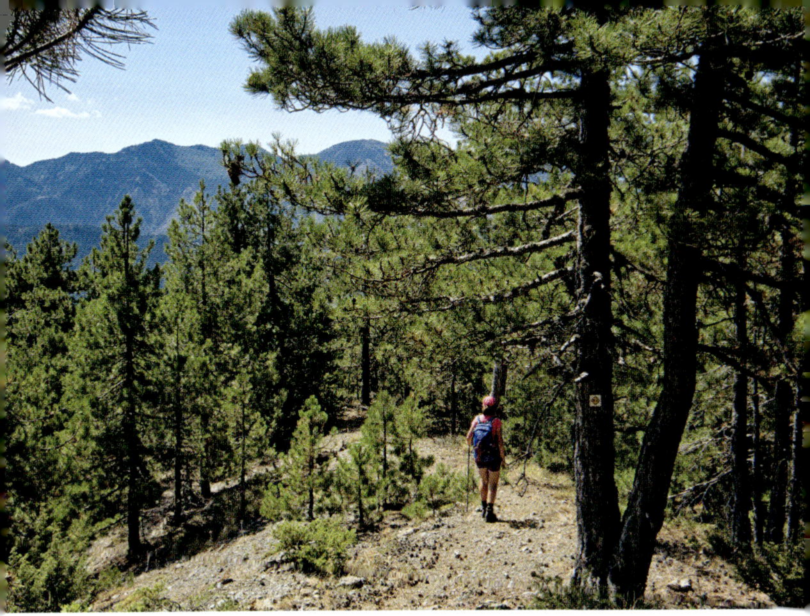

*Im letzten Abschnitt vor Distrato.*

passieren wir eine **Forellenzucht** 5 und folgen der Straße kurz aufwärts, bis ein deutliches Schild uns nach rechts schickt. Wir gehen ein paar Meter bergauf, um dann nach links steil über sonniges Gelände abzusteigen. Der Weg zieht nach links zu einem Graben und führt dann zu einem Schotterweg. Dieser Schotterweg durchquert wildes Schuttgelände bergab. Nach einer längeren Abstiegspassage biegen wir scharf nach links ab und wandern über einen Schuttrücken kurz bergauf. Der Weg zweigt nach rechts ab und bringt uns hinunter zu einem Bach, den wir überqueren. Es geht nun am Hang entlang aufwärts zu einer aussichtsreich gelegenen **Bank** 6. Von hier ist es nicht mehr weit bis zu den ersten Häusern von **Distrato** 7 und zur Ortsmitte.

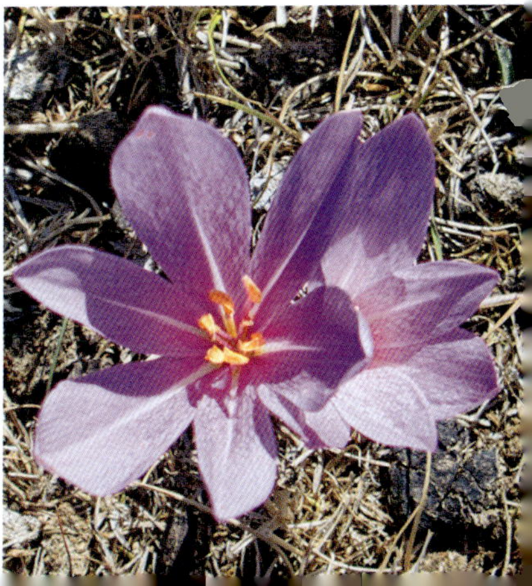

*Gerade im Sommer findet man immer wieder schöne Blumen im Pindosgebirge.*

↗ 960 m | ↘ 950 m | 15.9 km

# 25 Von Distrato nach Vovousa

**7.00 h**

## Zweiter Teil der Durchquerung im Norden des Pindosgebirges

*Der Weg von Distrato nach Vovousa ist der zweite Teil der Durchquerung des nördlichen Pindos von Samarina nach Vovousa. Der Weg ist sehr gut ausgebaut, landschaftlich unglaublich abwechslungsreich und sehr gut markiert. Idealerweise begehen wir die gesamte Durchquerung und übernachten nach der ersten Etappe in Distrato. Am Ende der Durchquerung benötigen wir einen Transfer von Vovousa zurück zum Auto in Samarina.*

**Ausgangspunkt:** Ortsmitte von Distrato. N040°01'61.9« E021°01.057'.
**Anforderungen:** Sehr gut markierter Wanderweg. Gerade im ersten Teil ordentlich steil, aber immer gut zu gehen. Im letzten Abschnitt teilweise auch breite Schotterstraße. Gute Kondition und sicheres Wetter erforderlich.
**Einkehr:** Unterwegs keine Einkehrmöglichkeiten. In Vovousa gibt es eine schöne Taverne am Dorfplatz mit Sitzmöglichkeiten im Freien.
**Karte:** Anavasi Wanderkarte 1:50.000, Blatt 6.4 Valia Kalda – Vasilitsa.

Von der Ortsmitte in **Distrato** ❶ wandern wir mit den Markierungen aus dem Ort heraus (Wegweiser Vovousa). Am Ende der Häuser bekommen wir einen Blick auf den Gamila im Tymfigebirge. Wir gehen geradeaus weiter zu einem großen Felsblock. Hier biegen wir scharf nach rechts ab und folgen den Markierungen in den Wald hinein. Der gute Steig bringt uns höher zu einem kleinen Sträßchen. Auf diesem gehen wir nach links bis kurz vor eine **Kirche** ❷. Der Weg biegt nach rechts ab und bringt uns hinauf zu einer Schotterstraße. Diese überqueren wir und steigen auf einer Holzleiter die Böschung hinauf. Nun verläuft der Weg über mit Büschen und kleinen Bäumen durchsetztes Gelände oberhalb der **Straße** ❸, bis er auf diese einmündet. Danach folgen wir der Straße nach rechts zu einem Brunnen. Wir gehen noch kurz auf der Straße, biegen dann aber scharf nach links ab und steigen durch den schönen Wald steil bergauf.

Wir erreichen einen Bergrücken mit einem **Schrein** ❹, von dem wir eine großartige Aussicht nach Norden haben. Ein schöner Rastplatz!

Von hier steigen wir steil hinunter zur Schotterstraße, der wir kurz nach links zu einem weiteren Schrein fol-

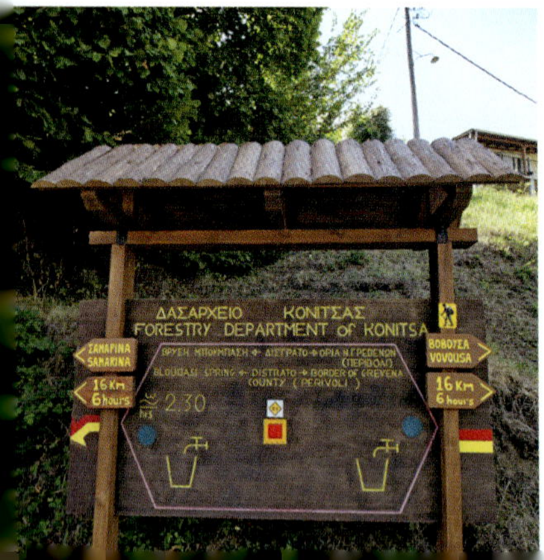


*Wegweiser in Distrato.*

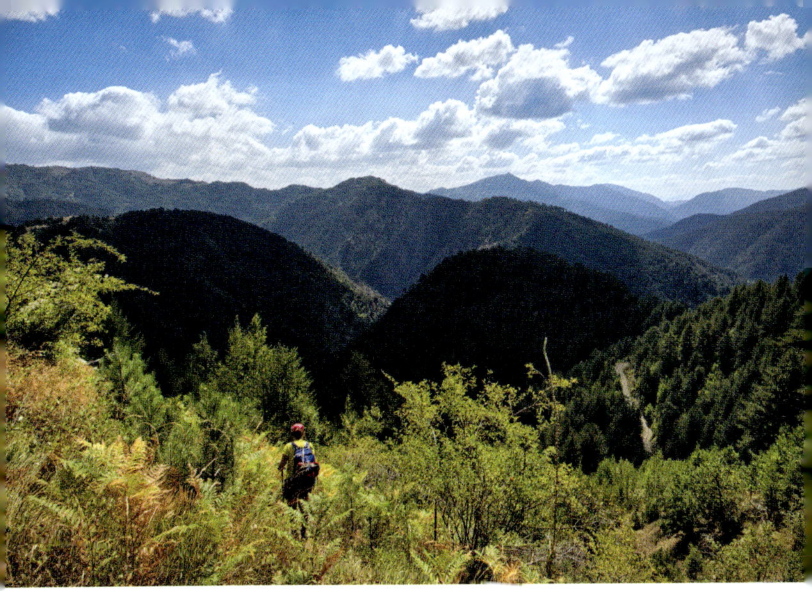

*Großartiger Ausblick nach Süden.*

gen. Markierungen schicken uns nach rechts hinunter. Steil zieht der Weg über licht bewaldetes Gelände bergab, bis wir wieder auf eine Schotterstraße gelangen. Auf dieser gehen wir nach rechts bis zu einer **Linkskurve** ❺. Hier verlässt unser Steig wieder die Straße. Ein Wegweiser schickt uns nach rechts abwärts. Wir gehen in den Wald hinein. Durch diesen, der immer wieder mit kleinen Wiesen durchsetzt ist, steigen wir hinunter zu einem Bach. Wir queren am Hang entlang und wandern in einen eindrucksvollen Talkessel. Der Weg führt an einem verfallenen Haus vorbei und bringt uns hinunter zu einem schönen **Bach** ❻, den wir überqueren.
Auf der anderen Bachseite geht es nun wieder steiler bergauf. Der Weg im Wald ist angenehm angelegt, sodass wir schnell an Höhe gewinnen. An einer Linkskurve besteht die Möglichkeit, zu einer Quelle zu gehen, um die Wasservorräte aufzufüllen.

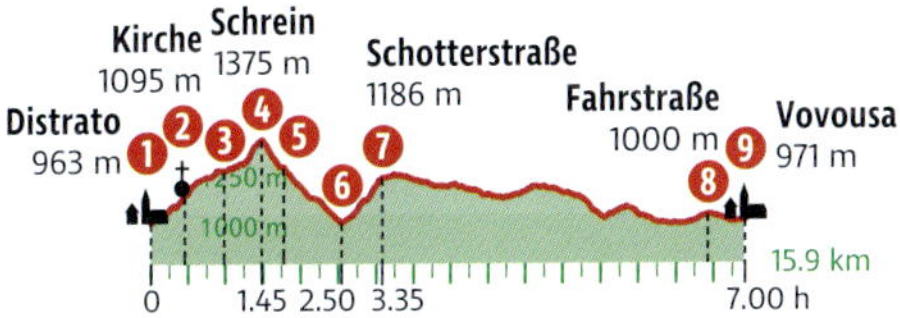

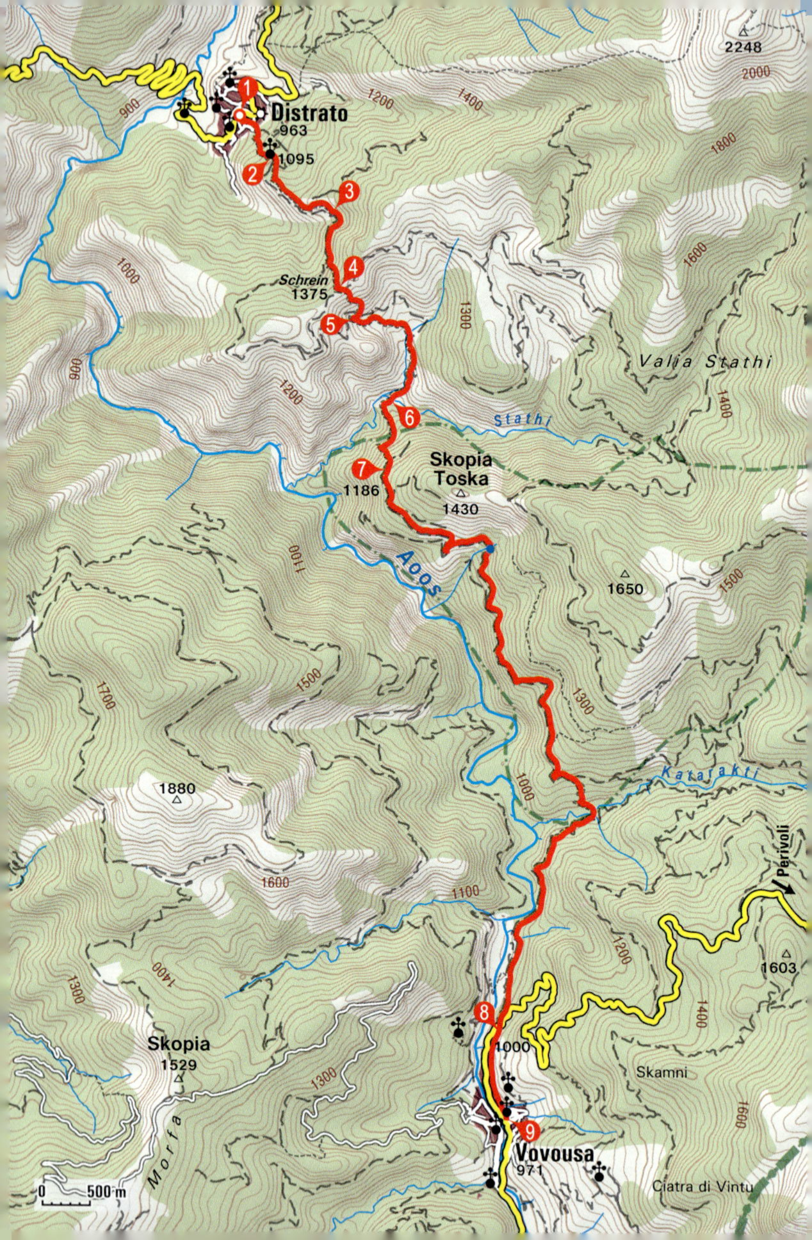

2248
2000
Distrato
963
1095
1
2
3
4
5
6
7
8
9
900
1200
1400
1800
Schrein
1375
1000
1300
1600
Valia Stathi
Stathi
Skopia
Toska
1430
1186
Aoos
1100
1650
1500
1700
Katarakti
1880
Perivoli
1603
Skopia
1529
Morfa
Skamni
Vovousa
971
Ciatra di Vintu
0 500 m

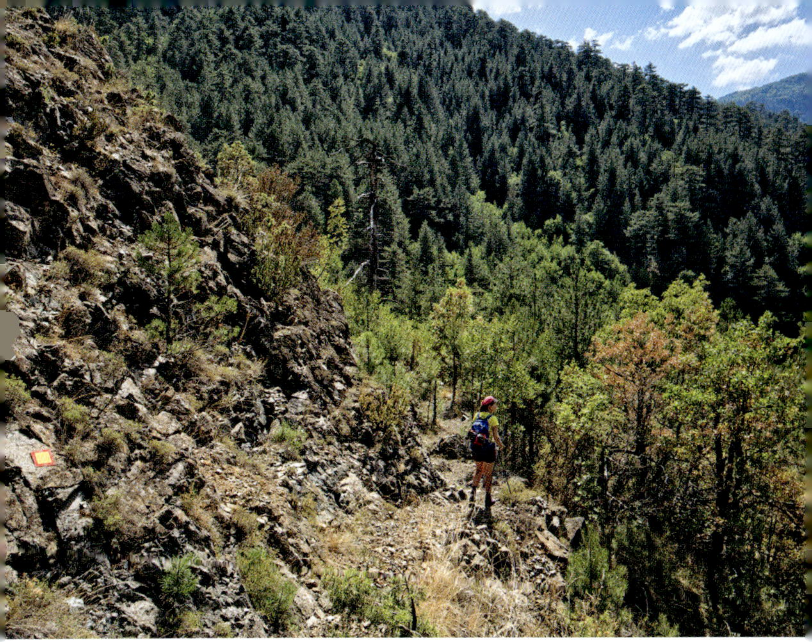

*Durch eine einsame Landschaft führt der Weg.*

Beide Wege treffen weiter oben wieder zusammen und bringen uns hinauf zu einer breiten **Schotterstraße** ❼. Hier zeigt ein Wegweiser (»Vovousa 3 hrs«) nach rechts. Nun folgen wir für längere Zeit der Schotterstraße. Diese ist mal mehr, mal weniger mit Vegetation überzogen, aber immer angenehm zu gehen. Wir genießen schöne Ausblicke auf die waldreiche Umgebung und das Tal des Flusses Aoos.
Der Straße zieht immer am Hang entlang, bis uns ein weiterer Wegweiser ebenfalls nach rechts schickt. Der Steig führt kurz um einen Rücken und bringt uns dann steil hinunter zu den Ausläufern einer Schotterstraße. Diese endet bald, und wir folgen dem Steig bergab zu einem Bachlauf. Wir gehen über den Bach und wandern auf dem Steig aufwärts zu einem Rücken. Nach einem kleineren Bach achten wir auf die Markierungen und biegen scharf nach links ab. Der Weg nimmt uns mit durch dichten Wald mit üppiger Vegetation und bringt uns wieder zu einer Schotterstraße. Auf dieser Straße wandern wir nun oberhalb des Flusses Aoos in Richtung Vovousa. Kurz vor der Fahrstraße müssen wir noch einmal einen kurzen Gegenanstieg bewältigen. Über die **Fahrstraße** ❽ erreichen wir den Ort **Vovousa** ❾ mit der historischen Brücke. Im Café am Dorfplatz können wir gemütlich einen Frappé trinken und die Tour ausklingen lassen.

↗ 910 m | ↘ 910 m | 13.4 km

# 26 Von Avdella auf den Vasilitsa

6.30 h

## Der bekannte Skiberg von Südwesten

*Der Vasilitsa ist ein von Weitem sichtbarer Berg im Nordosten des Pindosgebirges. Er ist vor allem für sein Skigebiet auf seiner Nordseite bekannt. Von Südwesten führt ein schöner Anstieg über die freien Hänge auf den Gipfel. Wir haben auf dieser Route keinerlei Berührung zum Skigebiet. Die Aussicht wird beherrscht vom herrlichen Blick zum benachbarten Smolikas und dem mächtigen Tymfigebirge.*

**Ausgangspunkt:** Friedhof von Avdella am nördlichen Ortsende. N040°00.503′ E021°07.289′.
**Anforderungen:** Teilweise sehr deutlicher Steig, teilweise weglos im übersichtlichen Gelände. Etwas Gespür fürs Gelände trotzdem hilfreich. Im oberen Bereich ziemlich geröllig. Markierung blau.
**Einkehr:** Unterwegs keine Einkehrmöglichkeit. Am Dorfplatz von Avdella gibt es eine schöne Taverne. Wir sitzen wunderbar unter großen Bäumen.
**Karte:** Anavasi Wanderkarte 1:50.000, Blatt 6.4 Valia Kalda – Vasilitsa.
**Tipp:** Die Tour auf den Vasilitsa kann gut noch von Vovousa aus angefahren werden. Vovousa bietet sich für einen längeren Wanderaufenthalt sehr gut an.
**Hinweis:** Achtung großflächiges Weidegelände, Herden mit Hunden weitläufig umgehen.

*Über eine weite Fläche gehen wir in Richtung Vasilitsa.*

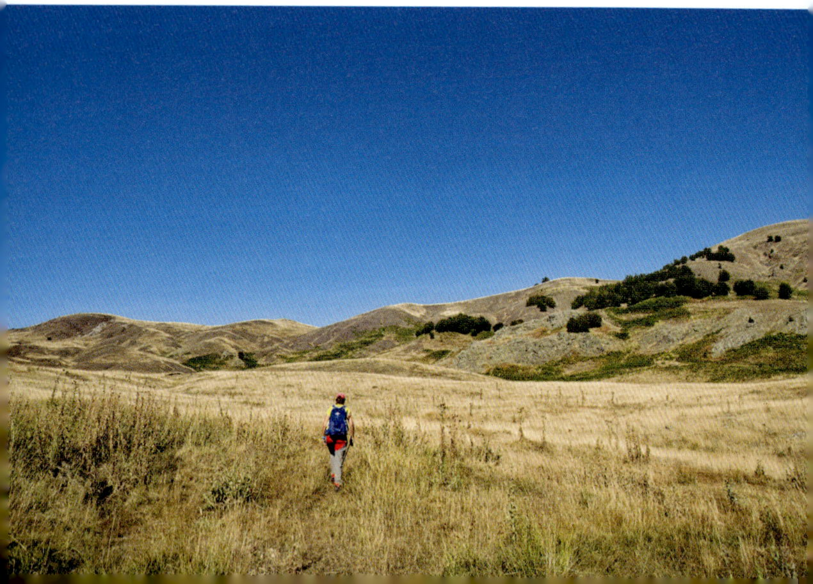

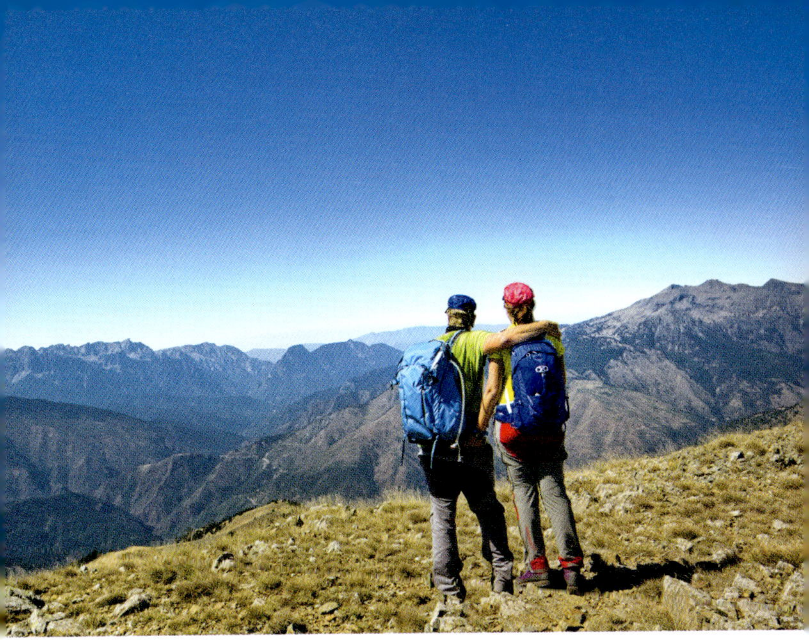

*Gipfelaussicht vom Vasilitsa.*

Vom Friedhof am oberen Ende von **Avdella** ❶ wandern wir auf dem breiten Weg nach rechts, bis er nach links in Richtung einer alten Einzäunung abzweigt. Hier finden wir den ersten blauen Pfeil. Wir gehen auf die Einzäunung zu und umgehen sie auf der rechten Seite. Nun folgen wir einem schmalen Pfad durch den Farn, der bald nach rechts zum Kamm aufwärts zieht. Am **Kamm** ❷ wenden wir uns nach links und steigen mit den blauen Markierungen und Steigspuren bergauf bis zu einer **Schotterstraße** ❸.
Hier gehen wir ein paar Meter nach links, bis uns ein blauer Pfeil gleich wieder nach rechts schickt. Wir folgen einem freien Rücken aufwärts, der nach

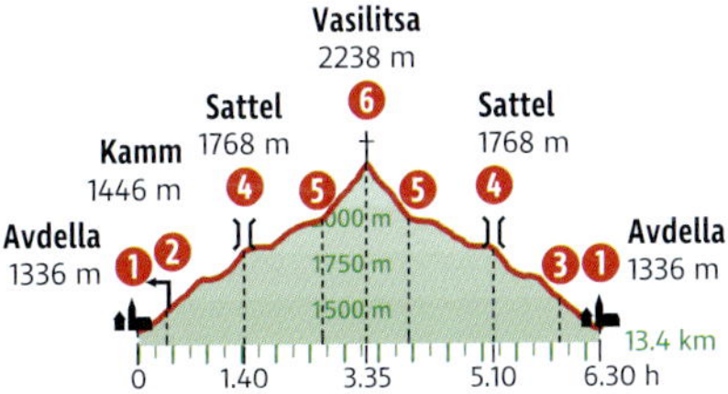

rechts in ein lichtes Wäldchen führt. Über schuttbedecktes Gelände steigen wir durch das Wäldchen steil aufwärts. Nach einem kurzen freien Abschnitt wandern wir auf einem schönen Weg nach rechts in ein weiteres Wäldchen. Der Weg führt ohne Höhengewinn durch den Wald, bis wir wieder auf freies Gelände treffen. Hier verlaufen sich die Wegspuren und auch die Markierungen verschwinden kurzzeitig. Wir halten uns tendenziell auf der rechten Seite der Wiese. Rechts von uns befinden sich felsige Hänge. Wir steuern den ersten grasigen Rücken links der Felsen an. Gleichzeitig befindet sich hier das am weitesten auf der linken Seite stehende Buchenwäldchen. Wir steigen über den Rücken bergauf und gehen zwischen den Bäumen hindurch. Noch ein Stück wandern wir weglos bergauf, bis deutliche Steigspuren am Hang entlang in einen **Sattel** ❹ führen. Ab hier finden wir auch wieder eine blaue Markierung. Den nächsten Aufschwung umgehen wir auf der linken Seite. Die Hangquerung durch die Wiesen ist etwas unangenehm, aber nicht schwierig. Vom nächsten Sattel erkennen wir eine deutliche blaue Markierung schräg links oberhalb. Wir gehen zu ihr hinauf und queren den nächsten Hang bis in einen weiteren Sattel. Vor uns beginnt ein felsiger Rücken, unter dem wir nach links in eine kleine Einsattelung anstei-

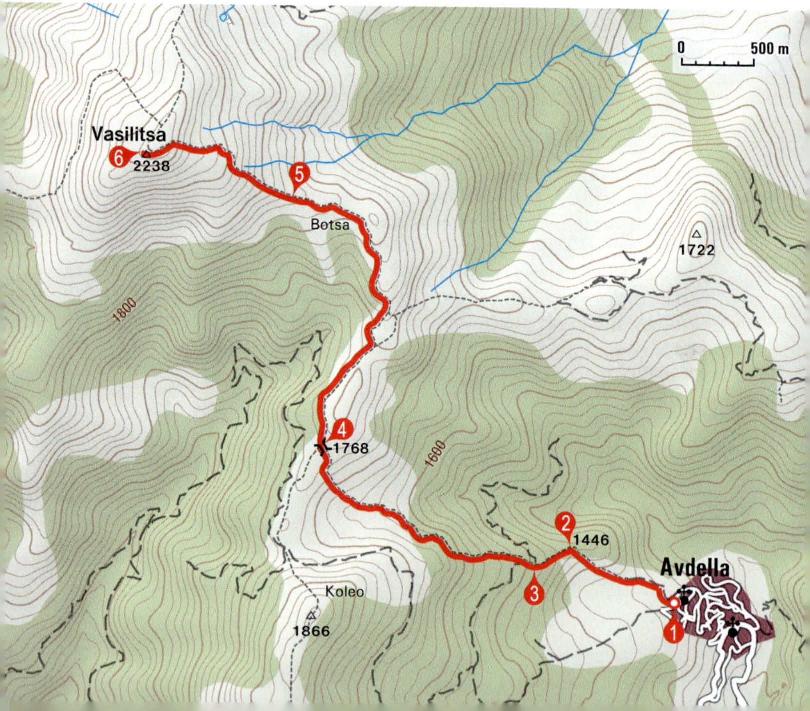

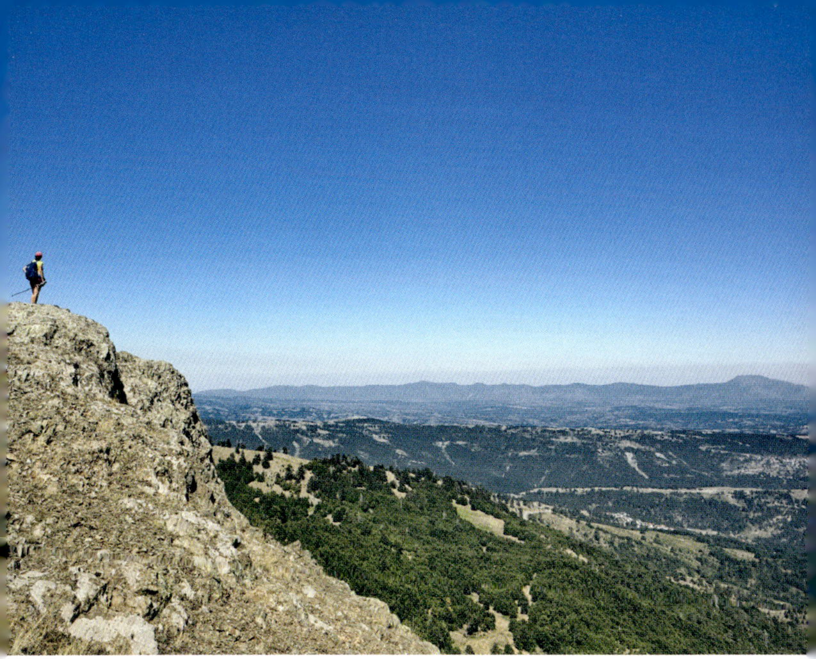

*Aussichtspunkt am Weg zum Vasilitsa.*

gen. Es folgt eine weitere Hangquerung, bis wir auf einer großen **Fläche** 5 stehen. Geradeaus geht es nun auf den Vasilitsa. Der Weg verschwindet immer mehr, und wir folgen den blauen Markierungen in Richtung Gipfel. Teilweise ist der Aufstieg etwas mühsam, insgesamt kommen wir aber gut voran. Die Markierungen umgehen zwei Aufschwünge auf der rechten Seite. Nach oben hin werden die Markierungen schwächer, und wir folgen Steinmännchen in Richtung Gipfel. Nach einem letzten Absatz sehen wir das Gipfelzeichen vor uns. Wir wandern schräg nach links hinauf zum Gipfel des **Vasilitsa** 6 und genießen die großartige Rundumsicht. Vor allem der Blick zum Smolikas und zum Tymfigebirge begeistert uns.
Nach einer ausgiebigen Gipfelpause machen wir uns an den Abstieg. Dieser folgt grundsätzlich dem Aufstiegsweg. Im Gipfelbereich können wir einfach geradeaus bergab gehen und so die beiden Schlenker abkürzen. Nach dem Gipfelhang besteht auch die Möglichkeit, die Grathöcker, die wir beim Aufstieg querten, zu überschreiten. Dabei können wir jederzeit nach Lust und Laune wieder nach rechts zum Anstiegsweg queren und den Gratgang beenden. Ab dem Sattel wandern wir am vom Anstieg bekannten Weg zurück nach **Avdella** 1.

↗ 630 m | ↘ 630 m | 11.0 km

# 27 Avgo vom Pass Stani Tiza

**5.00 h**

## Einfacher Anstieg auf den Gipfel über Vovousa

*Der Avgo erhebt sich oberhalb des Dorfes Vovousa. Der Anstieg aus dem Ort ist sehr lang und erfordert daher entsprechende Kondition. Es gibt allerdings noch eine kürzere Variante. Man fährt zum Pass Stani Tiza und steigt auf einem unmarkierten, aber relativ einfachen Weg auf den Gipfel. Wer möchte, kann den Gipfel auch überschreiten und nach Vovousa absteigen. Dann muss man sich allerdings zum Pass hochfahren lassen.*

**Ausgangspunkt:** Pass Stani Tiza an der Straße zwischen Vovousa und Perivoli N039°57.285′ E021°06.118′.
**Anforderungen:** Teilweise breite Schotterstraße, kurze Abschnitte weglos, Gipfelanstieg gut markiert. Bis dorthin keine Markierungen. Bei guter Sicht aber einfach zu finden.
**Einkehr:** Unterwegs keine Einkehrmöglichkeiten. Einkehr in Vovousa oder Perivoli.
**Variante:** Abstiegsvariante nach Vovousa wie bei Tour 28 beschrieben. Dazu morgendlicher Transfer von Vovousa zum Pass Stani Tiza notwendig.
**Karte:** Anavasi Wanderkarte 1:50.000, Blatt 6.4 Valia Kalda – Vasilitsa.
**Tipp:** Vovousa bietet sich für einen mehrtägigen Aufenthalt an. Im Kerasies Guesthouse gibt es eine herzliche und wirklich gemütliche Unterkunft. Wir hatten auch Unterstützung bei den Transfers zu den Wanderungen.
**Hinweis:** Der Weg führt an Weidegelände vorbei. Hier ein wenig achtsam auf Hirtenhunde sein.

Vom Pass **Stani Tiza** ❶ nehmen wir die rechte Schotterstraße, die rechts an ein paar Stallungen vorbeiführt. Wir folgen der Straße aufwärts, bis wir eine Kehre auf schwachen Steigspuren abkürzen können. An einer Wegtei-

*Über weites Gelände wandern wir zum Avgo.*

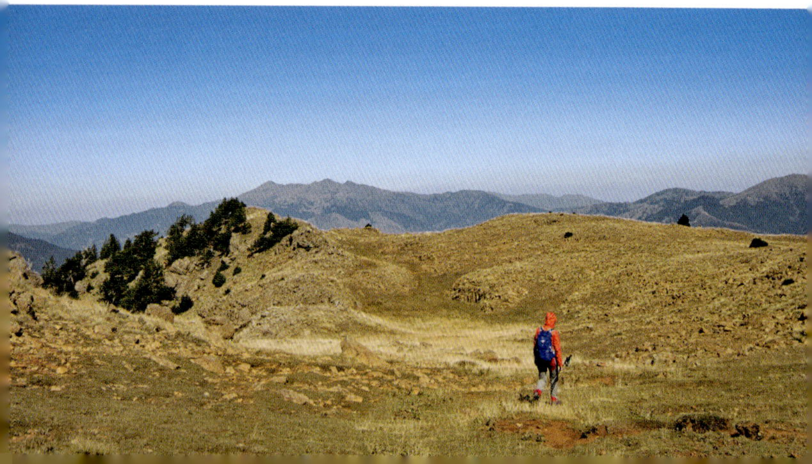

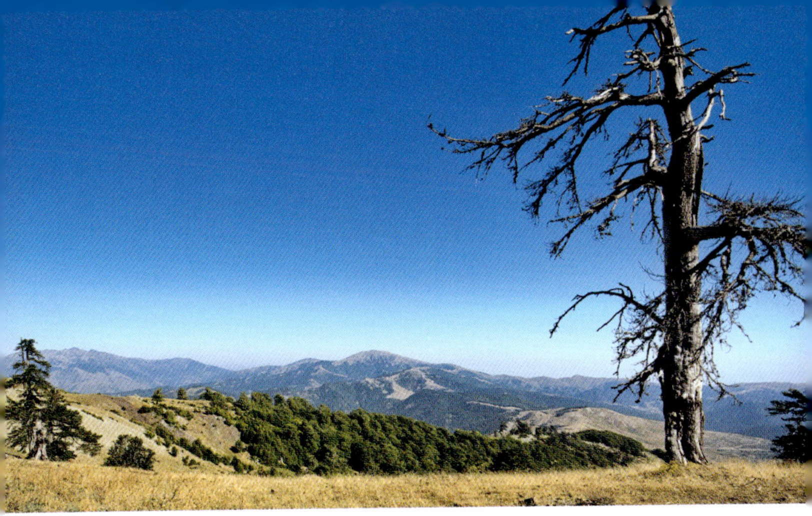

*Schöner Ausblick nach Norden.*

lung folgen wir der linken Straße weiter bergauf. Der Weg taucht in einen schönen Buchenwald ein und macht dort eine Rechtskurve. Nachdem wir den Wald wieder verlassen haben, genießen wir eine wunderschöne Aussicht auf den Smolikas und den Vasilitsa. Hier können wir wieder eine Kehre auf einem schwachen Steig abkürzen. Die Straße führt wieder in den Wald hinein. Zwischendurch gehen wir aber auch über freieres Gelände. Schließlich verlassen wir den Steig wieder und bewundern noch einmal den tollen Ausblick nach Norden. Wir können die ganze Zeit auf der Straße bleiben.
Im Freigelände bei einer schwachen **Rechtskurve** ❷ verlassen wir die Straße nach rechts. Weglos steigen wir geradeaus aufwärts. Im oberen Bereich halten wir direkt auf einen großen Baum zu, der sich rechts der Schotterstraße befindet. Wir gehen etwas nach rechts vom Baum und treffen dort auf einen schmalen Steig. Diesem folgen wir nach rechts zu einem Absatz. Hier wandern wir nun nach schräg links aufwärts zu einem Rü-

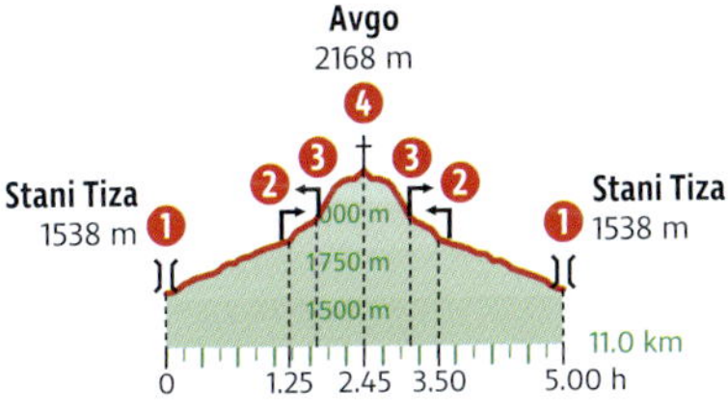

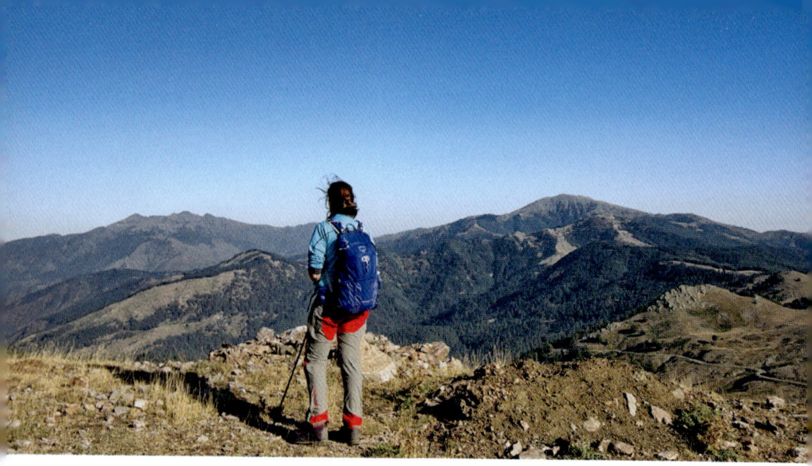

*Prächtiger Gipfelblick zu Smolikas und Vasilitsa.*

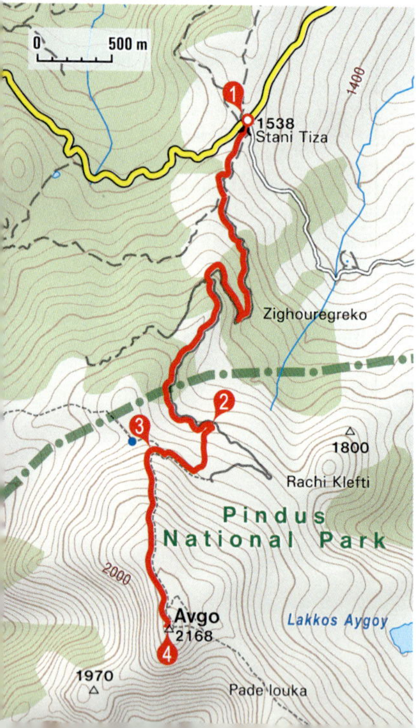


cken. Auf dem Rücken steigen wir ein Stück nach links bergauf, bis wir auf den **markierten Weg** ❸ treffen, der von Vovousa heraufzieht. Wir folgen den Markierungen über den Rücken aufwärts. Weiter oben wird das Gelände flacher, und wir sehen den Gipfelaufbau mit seinem alten Gebäude. Durch ein flaches Tälchen wandern wir hinüber und steigen in weiten Kehren auf den höchsten Punkt des **Avgo** ❹ mit seinem Kreuz hinauf.

Von hier oben genießen wir eine großartige Aussicht zu den Felsgipfeln des Tymfigebirges, zu Smolikas und Vasilitsa im Norden und zum Peristeri und Flega im Süden und hinunter ins Valia Kalda.

Der Abstieg erfolgt am Anstiegsweg zurück am Pass. Haben wir uns am Morgen mit dem Auto nach Stani Tiza bringen lassen, so können wir auch zu Fuß wie bei Tour 28 beschrieben direkt nach Vovousa absteigen.

↗ 1180 m | ↘ 1180 m | 15.9 km

**8.00 h**

# Der Avgo von Vovousa 28

## Klassischer Anstieg auf den tollen Aussichtsgipfel

*Weit ist es von Vovousa auf den Avgo. Aber der Anstieg lohnt sich! Die Aussicht vom Gipfel ist grandios, der Weg abwechslungsreich und gut markiert. Allerdings benötigen wir aufgrund des Höhenunterschiedes eine gute Kondition. Beliebt ist es auch, den Avgo zu überschreiten. Dazu wählen wir den Aufstieg der Tour 27 vom Pass Stani Tiza und den Abstieg nach Vovousa.*

**Ausgangspunkt:** Ortsmitte von Vovousa N039°56.207' E021°02.986'.
**Anforderungen:** Sehr gut markierter Wanderweg ohne besondere Schwierigkeiten. Einzelne Abschnitte sind etwas steil. Aufgrund der Länge und des Höhenunterschieds gute Kondition nötig.
**Einkehr:** Unterwegs keine Einkehrmöglichkeit. In Vovousa gibt es eine nette Taverne mit Sitzmöglichkeiten im Freien.
**Variante:** Für die Überschreitung ist ein Transfer zum Pass Stani Tiza nötig. Dann wandern wir auf Tour 27 auf den Gipfel und steigen auf dem hier beschriebenen Weg nach Vovousa ab.
**Karte:** Anavasi Wanderkarte 1:50.000, Blatt 6.4 Valia Kalda – Vasilitsa.
**Hinweis:** Der untere Bereich quert eine Kuhweide, die manchmal von Hirtenhunden bewacht wird.

*Blick hinüber zum Tymfigebirge.*

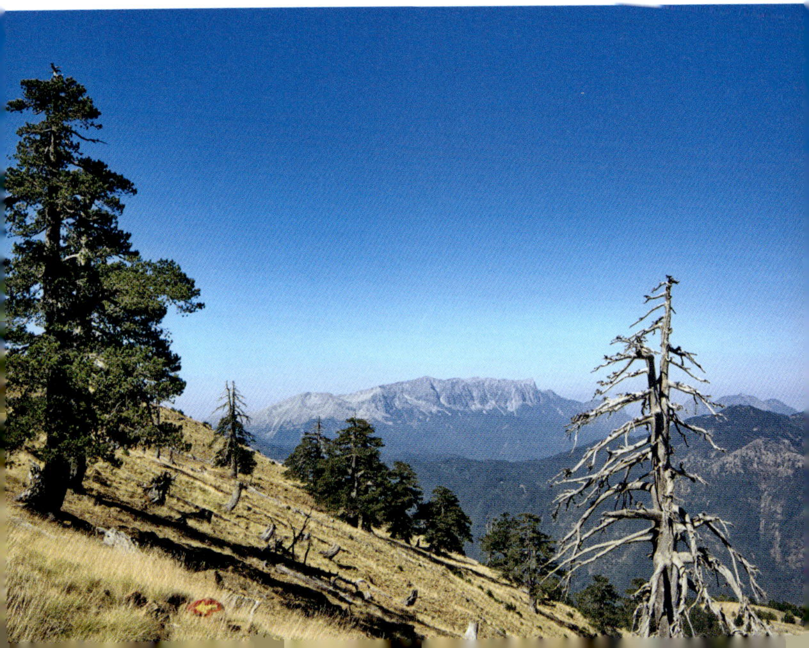

Von der Ortsmitte in **Vovousa** ❶ folgen wir den gelb-roten Markierungen an einer Quelle vorbei zu einer kleinen Brücke. Hier gehen wir nach rechts und steigen auf dem gepflasterten Weg aufwärts. Wir wandern an einer schönen Kirche vorbei und treffen wieder auf eine Straße. Hier biegen wir nach rechts ein. Nun folgen wir nicht den gelb-roten Markierungen nach links. Dieser Steig führt weiter oben über Kuhweiden. Hier hatten wir ziemlich Probleme mit Hunden.
Daher gehen wir auf der Straße geradeaus weiter. Bei einer Linkskurve wandern wir geradeaus weiter auf der Straße. Wir gelangen auf eine breitere **Schotterstraße** ❷. Diese schlängelt sich gemütlich über ein paar Kehren zu einem alleinstehenden Haus. Von links münden nun wieder die gelb-roten Markierungen ein. Wir folgen noch kurz der Schotterstraße. Dann führen die Markierungen von der Straße weg und ziehen über die Wiesen aufwärts. Wir überqueren die Schotterstraße und steigen geradeaus auf einem Steig weiter hinauf, bis wir wieder auf einen breiteren Weg treffen. Hier gehen wir nach rechts und wandern nun über mit Büschen durchsetztes Gelände bergauf. Wir kommen zu einem breiten Weg, gehen hier scharf nach links, bis wir eine **T-Kreuzung** ❸ erreichen. Hier biegen wir kurz nach rechts ab, verlassen die Schotterstraße aber gleich wieder. Nun folgen wir dem Steig bergauf. Dieser führt über mit Wiesen durchsetztes Waldgelände aufwärts. Teilweise wächst der Farn hier ganz mächtig. Der Weg wird kurzzeitig etwas steiler und windet sich in Serpentinen bergauf. Ein letztes schönes Waldstück bringt uns in freies Gelände. Grandios ist der Ausblick zum Tymfigebirge. Wir wandern über die freien Wiesen bergauf bis zu einem Schotterhang. Diesen queren wir zu einem Abschnitt mit

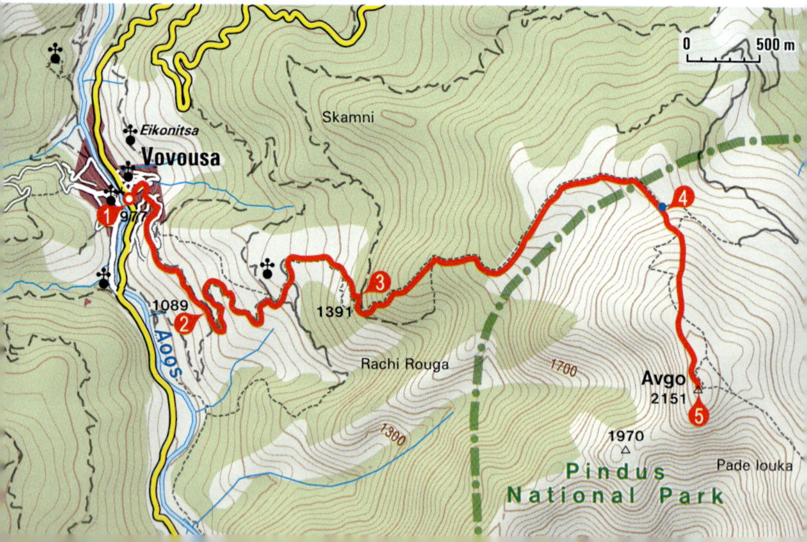

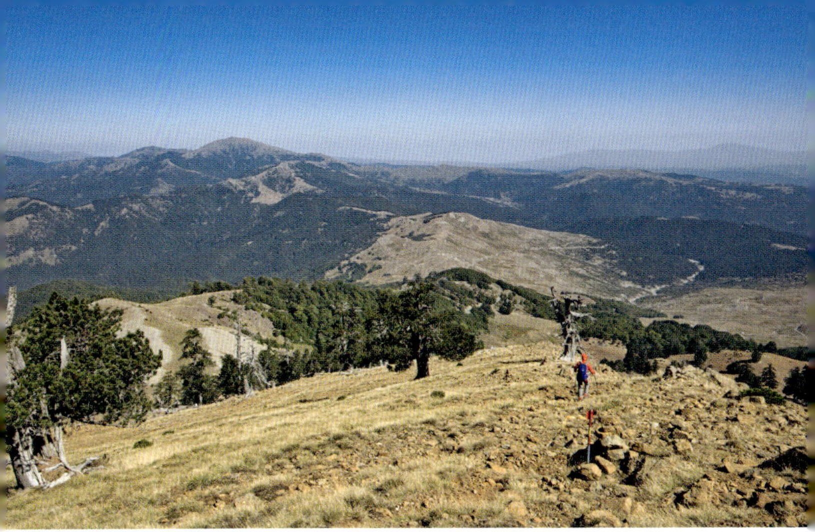

*Der breite Gipfelrücken lässt sich gut begehen.*

kleinen Bäumen. Der Weg führt geschickt über das schottrige Gelände bis zu einer **Quelle** ❹ bei einem Sattel. Hier wenden wir uns nach links und gehen steil über die Wiesenhänge bergauf. Wir erreichen den Rücken des Avgo und steigen steil entlang der Markierungen aufwärts bis zu einer Verflachung. Hier sehen wir bereits den Gipfel. Ziemlich eben spazieren wir zu ihm hinüber. Der letzte Abschnitt erfolgt auf einem steilen Steig, der den steilen Gipfelhang über ein paar Kehren erreicht. Großartig ist die Aussicht vom Gipfelkreuz auf dem **Avgo** ❺. Wir genießen den Ausblick zum Tymfigebirge, Smolikas und Vasilitsa.
Nach einer gemütlichen Gipfelpause wandern wir am Anstiegsweg zurück nach **Vovousa** ❶.

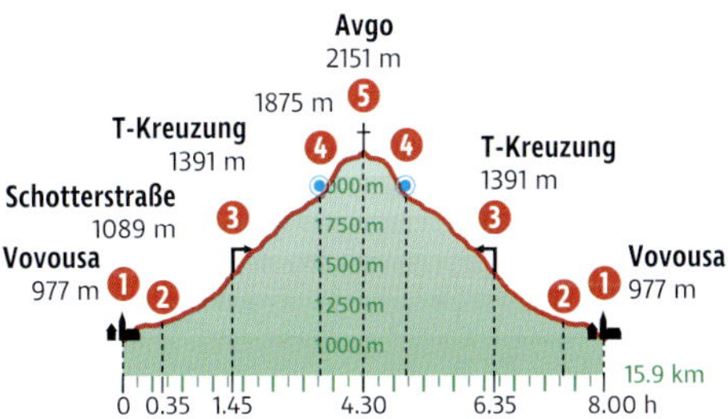

TOP

↗ 750 m | ↘ 750 m | 12.8 km

# 29 Von Vovousa ins Valia Kalda

**5.30 h**

## In das Herz des Nationalparks

*Der Valia Kalda Nationalpark beherbergt eine der ursprünglichsten Gegenden Griechenlands. Das abgeschiedene Naturreservat ist der Lebensraum von vielen Tieren, unter anderem des Braunbären. Diese Wanderung führt auf abwechslungsreicher Wegstrecke durch ein wunderschönes Tal entlang des Flusses Arkoudorema (Bärenbach) zu schönen Gumpen.*

**Ausgangspunkt:** Kleiner Parkplatz vor einer Bachfurt am Aoos. Südlich vom Refuge Vovousa nach links auf eine Schotterstraße einbiegen. Auf dieser bis zur großen Bachfurt. Links Parkmöglichkeiten. N039°54.188′ E021°03.710′.
**Talort:** Vovousa.
**Anforderungen:** Sehr gut markierter Wanderweg, der sehr abwechslungsreich ist und auch gut angelegt wurde. Einige Bachüberquerungen und einzelne Passagen erfordern Trittsicherheit.
**Einkehr:** Keine Einkehrmöglichkeiten unterwegs. Das Refuge Vovousa in der Nähe des Ausgangspunktes bietet sich für eine Einkehr an.
**Variante:** Wer die Anfahrt auf der Schotterstraße nicht unternehmen möchte, der kann auch vom Refuge loswandern. Hier beginnt der markierte Pfad ins Valia Kalda. Die Wanderung wird dadurch aber deutlich länger.
**Karte:** Anavasi Wanderkarte 1:50.000, Blatt 6.4 Valia Kalda – Vasilitsa.
**Tipp:** Der Bach hat im oberen Bereich schöne Gumpen, in denen wir baden können. Hinweis: Unbedingt alle Abfälle wieder mitnehmen und die noch ursprüngliche Natur respektieren. Dringend abzuraten ist von der Tour bei Gefahr von Regen, da der Fluss dann sehr viel Wasser führen kann. Vorsicht im hohen Gras! Hier sonnen sich gerne Schlangen.

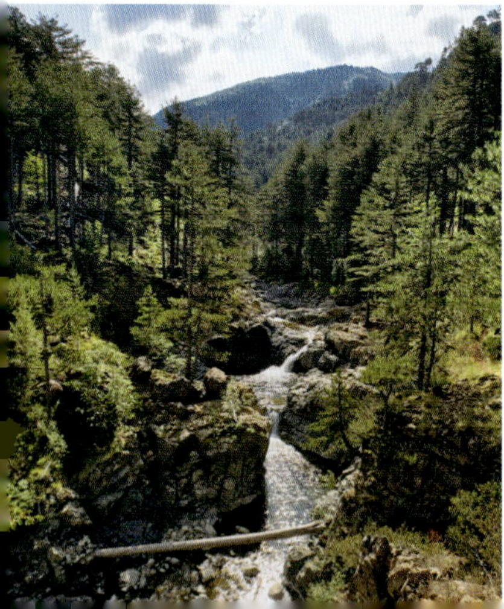

Vom **Parkplatz** ❶ wandern wir über die Bachfurt. Auf der rechten Seite kann sie mit nicht allzu nassen Füßen überwunden werden. Wir spazieren auf der Schotterstraße weiter bergauf bis zu einer **Wegteilung** ❷. Hier gehen wir nach links (gelb-rot markiert) und bleiben auf der Straße. Über eine Wiese spazieren wir und passieren eine **Quelle** ❸. Der Weg kommt zu einer kleinen Feuerstelle. Hier endet die Straße. Wir folgen dem Wanderweg hinunter zum Zusammenfluss von Aoos und Arkoudorema. Entlang der Markierun-

*Toller Blick in die Schlucht.*

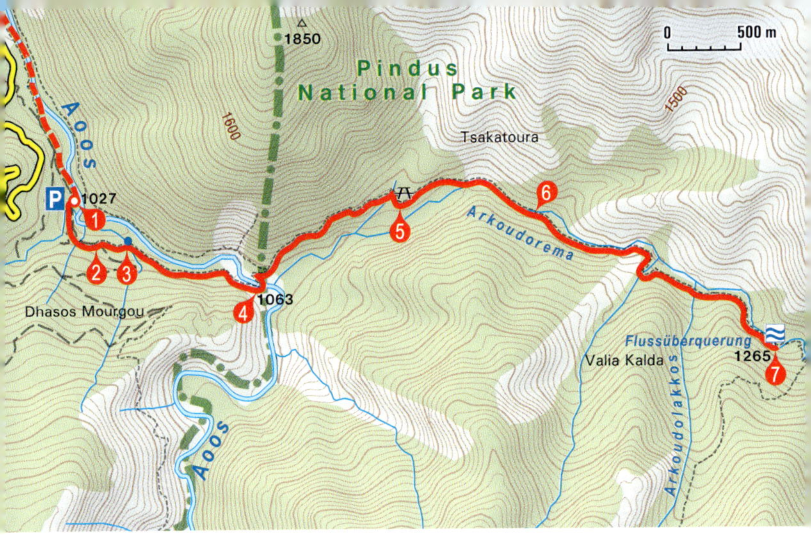


gen hüpfen wir auf Steinen auf die andere Seite des **Aoos** 4. Steil steigen wir am Weg auf der anderen Seite hinauf, bis von links der E6 und Epirustrail einmündet. Wir gehen nach rechts. Der gut ausgebaute Weg zieht am linken Hang entlang. Immer wieder genießen wir schöne Ausblicke auf die wilde Umgebung. Der Weg steigt mal wieder kurz an, fällt dann aber auch wieder ab – ein abwechslungsreiches Auf und Ab in grandioser ursprünglicher Natur. Wir gehen über einen kleinen Seitenbach und steigen steil hinauf zu einem schönen **Rastplatz** 5. Anschließend geht es weiter auf dem guten Weg am Hang entlang bis wir zum **Arkoudorema** 6 hinuntergehen. Wir überqueren vorsichtig den Fluss und steigen auf der gegenüberliegenden Seite steil im Wald bergan. Der Weg verflacht bald wieder und zieht nach rechts in ein kleines Seitentälchen. Wir überqueren den kleinen Bach und wandern wieder nach links hinaus zum Fluss. Hoch über dem Flussbett führt der Steig weiter taleinwärts. Wir gehen über eine schöne Wiese, überqueren ein Geröllfeld und erreichen die ersten Kaskadenstufen des Flusses. Wir folgen den Markierungen noch ein Stück aufwärts, bis diese

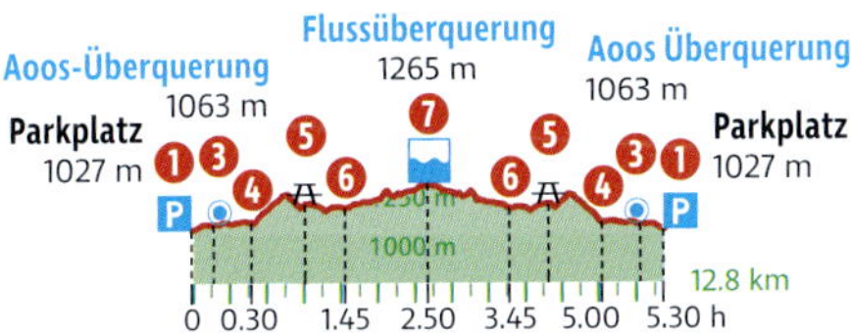

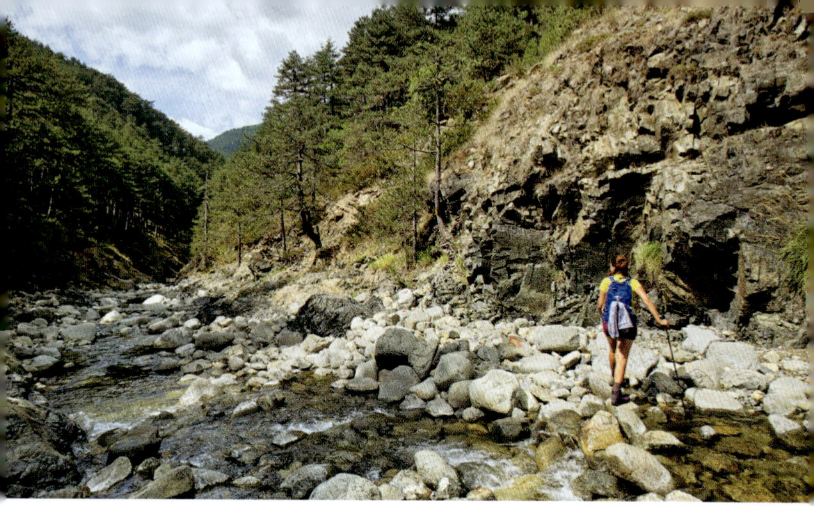

*Immer wieder überquert man das Flußbett.*

nach links über den **Fluss** ❼ führen. Wir fanden diese Stelle lohnend als Endziel der Wanderung. Es ist ein schöner Pausenplatz am Fluss mit einer tollen Badegumpe.

Wer noch ein wenig Aussicht möchte, der kann den Markierungen noch ein Stück aufwärts folgen. Nach einer weiteren Flussquerung wandern wir im Wald aufwärts zu einer Quelle und weiter zu einer Wegteilung. Hier geht es nach rechts zu den Flegaseen. Der Anstieg zu den Seen ist aber noch sehr weit. Auf der gegenüberliegenden Talseite können wir zum Avgo hinüberblicken und haben somit noch etwas Aussicht. Wir könnten auch noch weiterwandern, allerdings fanden wir den weiteren Wegverlauf nicht mehr so lohnend. Am schönsten gefiel uns die Stelle bei der Flussüberquerung mit den Gumpen.

Nach der Pause und dem kühlen Bad wandern wir auf dem Weg zurück zum Parkplatz. Der Weg ist so abwechslungsreich, dass er auch beim Rückweg nicht langweilig wird. Wir können dann noch im Refuge Vovousa einen griechischen Kaffee trinken.

### ■ Start am Refuge

Zusätzlich 1 h, 3 km, ↗ 180 m, ↘ 180 m.

Wer die Schotterstraße zum Parkplatz nicht fahren möchte, der wandert vom Refuge Vovousa entlang der westlichen Flussseite nach Süden. Gelbrote Markierungen helfen uns dabei. Wir tauchen in den Wald ein und erreichen die Schotterstraße. Hier biegen wir nach links ab und folgen der Straße bis zur Bachfurt.

↗ 820 m | ↘ 820 m | 16.9 km

6.00 h

# Auf den Koukouroutzos von Vovousa 30

## Unbekannter Gipfel mit wunderschönem Tymfiblick

*Der Koukouroutzos erhebt sich westlich von Vovousa. Unten ist der Berg bis weit hinauf mit Waldhängen bestückt. Im Gipfelbereich finden wir dagegen freies Gelände, das eine herrliche Sicht zum mächtigen Tymfigebirge bietet. Der Anstieg von Vovousa ist weit, kann aber auch durch Anfahrt mit dem Auto über eine gute Schotterstraße verkürzt werden.*

**Ausgangspunkt:** Ortsmitte von Vovousa N039°56.224' E021°02.958'.
**Anforderungen:** Gut markierter Wanderweg. Im oberen Teil zwar begangen, aber nicht gepflegt. Daher etwas Orientierungssinn erforderlich. Gut markiert (rot, gelb). Für die ganze Länge gute Kondition erforderlich.
**Einkehr:** Unterwegs keine Einkehr, lediglich in Vovousa.
**Variante:** Verkürzung der Tour bei Start am Sattel auf der schottrigen Fahrstraße von Vovousa nach Laista. Die Straße kann gut mit dem Auto befahren werden. Zustieg zum Gipfel 1.30 Std.
**Karte:** Anavasi Wanderkarte 1:50.000, Blatt 3.1 Zagori (Pindos, Epirus).
**Hinweis:** Die Route verläuft oberhalb von Weidegelände. Daher kann der Kontakt zu Kühen und Schafen mit Hirtenhunden nicht ausgeschlossen werden. Bei der Fahrt vom Refuge Vovousa nach Süden tauchen Markierungen und Wegweiser auf, die ebenfalls auf den Koukouroutzos führen. Allerdings ist der Weg in sehr schlechtem Zustand und teilweise sehr zugewachsen. Daher möchten wir ihn hier nicht empfehlen.

Von der Ortsmitte in **Vovousa** ❶ gehen wir auf der alten Brücke über den Aoos. Gleich gegenüber folgen wir einem Sträßchen zwischen den Häusern hindurch. Es führt aufwärts zu einer größeren Straße, auf die wir nach rechts einbiegen. Sie geht nach den letzten Häusern in eine Schotterstraße über. Nach einer Rechtskurve entdecken wir links oben am Baum ein altes Schild mit der Aufschrift »Morfa« in griechischen Buchstaben. Hier zweigt ein Steig ab, der eine Schleife der Schotterstraße abkürzt. Steil sind die ersten Meter ab der Straße, dann legt sich das Gelände etwas zurück. Durch lichten Wald mit üppiger Vegetation wandern wir weiter. Das Gelände wird bald steiler und schottriger. Weiter sehr steil steigen wir hinauf zur **Straße** ❷. Nun folgen wir der Straße ein ganzes Stück bergauf, bis nach links wieder ein Schild in Richtung »Morfa« zeigt. Eine schmale Gasse zieht durch den niedrigen Wald aufwärts. Bald verbreitert sich das Gelände, die Bäume werden höher. Der Weg dreht leicht nach rechts und bringt uns hinauf zu einer Lichtung. Wir

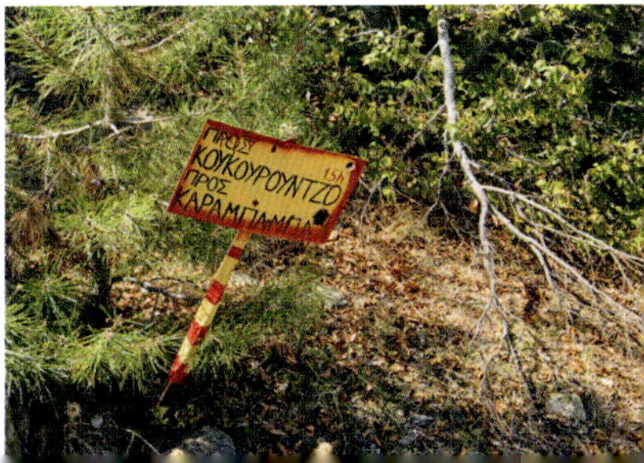


*Alter Wegweiser zum Koukouroutzos.*

gehen noch ein Stück weiter und erreichen eine Schotterstraße, die wir überqueren. Auf der anderen Seite zieht der Weg geradeaus bergauf. Mit der Zeit wird er immer steiler, und wir gewinnen schnell an Höhe.
Nach einer gewissen Zeit verflacht das Gelände, und wir folgen den Markierungen ohne viel Höhengewinn. Der Weg dreht nach links und führt unterhalb der nicht sichtbaren Straße weiter. Die letzten Meter bis zur Straße sind sehr steil. Oben auf der Schotterstraße bei **Morfa** ❸ können wir erst einmal durchschnaufen. Nun folgen wir der Straße nach links, vorbei an einer Antennenanlage bis in einen weiten **Sattel** ❹. Von hier bietet sich ein schöner Blick auf den Avgo auf der anderen Talseite.
Links von der Straße setzt eine deutliche rote Markierung an. Nach ein paar Metern sehen wir auch ein Schild, das in griechischen Buchstaben zum Koukouroutzos weist. Wir wandern noch kurz über freies Gelände und tauchen dann in den Wald ein. Wir lassen uns von den Markierungen durch den Wald leiten. Teilweise ist der Steig gut sichtbar, teilweise müssen wir ein wenig aufpassen. Nach einer Wiese ist das erneute Betreten des Waldes nicht ganz übersichtlich. Hier gehen wir idealerweise in der gleichen Richtung weiter und treffen bald im Wald wieder auf die Markierungen. Jetzt folgt der undeutlichste Wegabschnitt. Wir achten genau auf die Markierungen. Zum Schluss führt der Steig steil auf eine Wiese. Wir wandern gerade-

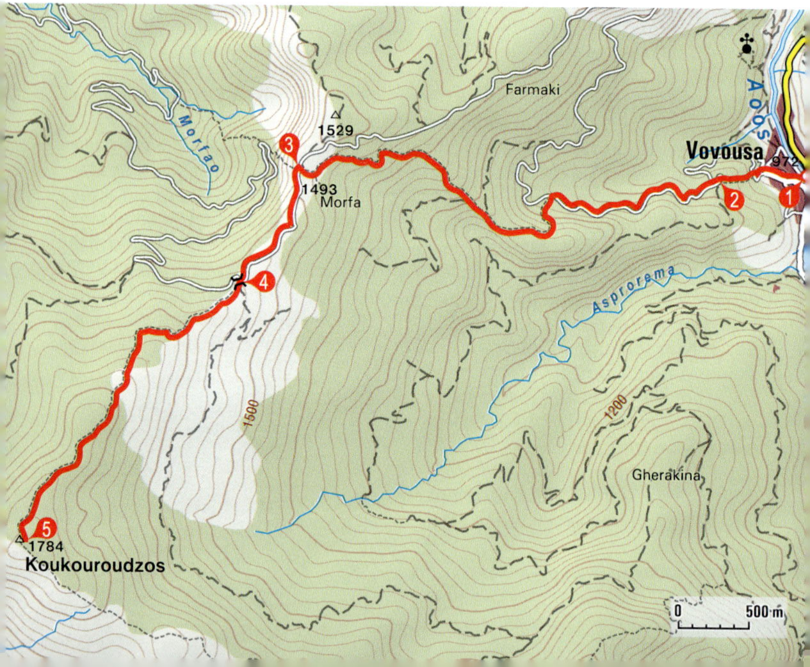

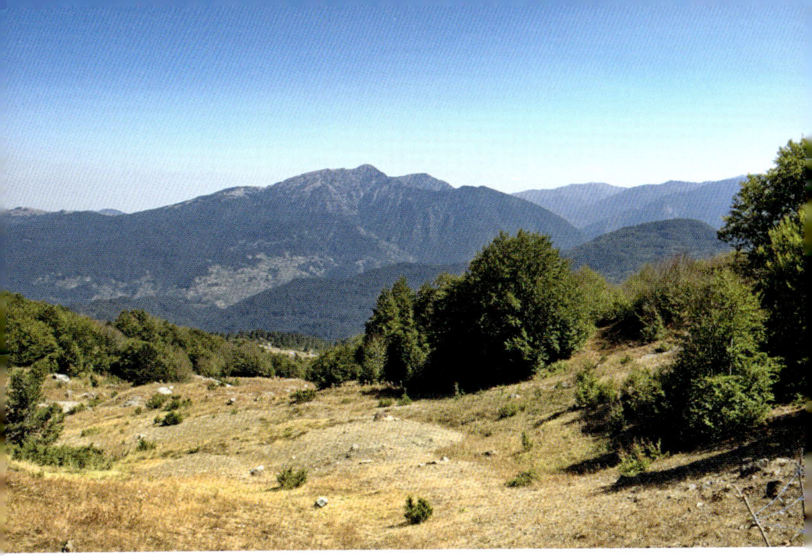

*Schöner Blick zum Avgo.*

aus bergauf über den freien Rücken und erreichen eine kleine Erhebung. Hier bietet sich uns ein wunderschöner Blick auf das Tymfigebirge und auf die andere Talseite zum Avgo.

Wenig später tauchen wir wieder in den Wald ein, den wir durchqueren. Anschließend erwarten uns eine Hangquerung über freies Gelände und bald schon ein Waldabschnitt. Hier ist der Weg inzwischen ziemlich deutlich und führt immer wieder mit schönen Ausblicken auf den freien Gipfelrücken. Wir wandern nach rechts hinüber zum höchsten Punkt des **Koukouroutzos** 5 und genießen die herrliche Aussicht. Vor allem der Blick hinüber zum nahen Tymfigebirge ist beeindruckend. Der Abstieg erfolgt am Anstiegsweg zurück zur Schotterstraße. Auf dieser gehen wir zurück zum Steig und wandern teilweise auf der Straße zurück nach **Vovousa** 1.

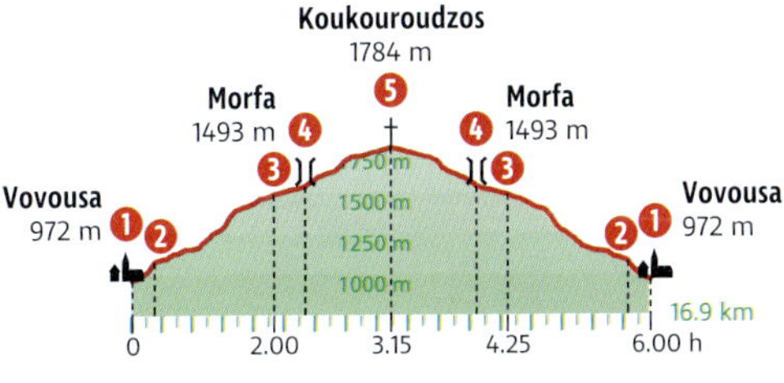

↗ 630 m | ↘ 630 m | 12.6 km

# 31 Zu den Drachenseen am Flega

**5.00 h**

## Juwel zwischen dem Hochplateau von Metsovo und dem Valia Kalda

*Der Gipfel des Flega steht oberhalb der Hochebene von Metsovo. Nördlich von ihm befindet sich das verwunschene Tal Valia Kalda. Von der Berghütte oberhalb von Metsovo zum Flega verläuft ein aussichtsreicher Wanderweg bis zum Gipfel des Flega. Beeindruckend ist die Sicht – sie reicht bis zum Smolikas im Norden. Einen schönen Abstecher gibt es dann noch zu den Flegaseen auf der Nordseite des Gipfels.*

**Ausgangspunkt:** Berghütte Mavrovouni, Anfahrt auf schmaler Schotterstraße. Auto mit größerer Bodenfreiheit erforderlich, Allrad ideal, aber bei trockenen Verhältnissen nicht zwingend notwendig. N039°50.774' E021°08.900'.
**Talort:** Metsovo.
**Anforderungen:** Gut markierter Wanderweg ohne technische Probleme. Teilweise etwas steiler Abstieg zu den Seen. Achtung, der Weg führt über Weidegebiet. Die Herden sollten in dem weitläufigen Gelände unbedingt umgangen werden.

**Einkehr:** Unterwegs gibt es leider keine Einkehrmöglichkeit. Die Hütte ist nicht bewirtschaftet.
**Variante:** Aufstieg von der Teerstraße zur Berghütte in 1.30 Std. auf gut markiertem Wanderweg.
**Karte:** Anavasi Wanderkarte 1:50.000, Blatt 6.4 Valia Kalda – Vasilitsa.
**Tipp:** Wer sich in dem Weidegebiet unsicher fühlt und sich lieber einem Führer anvertraut, der kann sich an Lefteris Fafalis aus Metsovo wenden. Er spricht deutsch und kennt die Berge sehr gut, goactive-metsovo.gr.

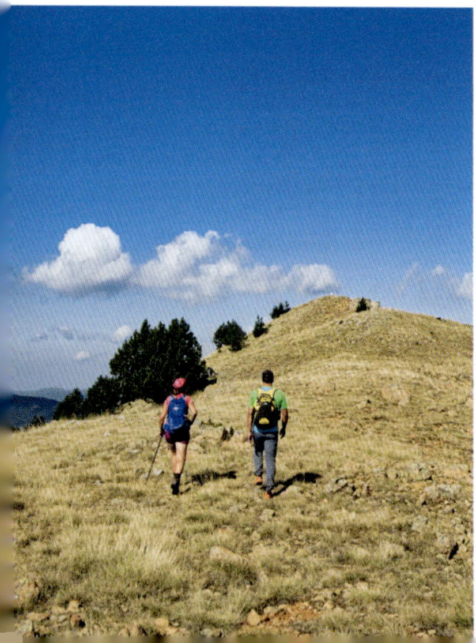

Von der **Berghütte Mavrovouni** ❶ gehen wir zurück zum Hauptschotterweg und folgen den gelb-roten Markierungen nach links. Wir wandern auf der Schotterstraße bergauf bis zu einer Wegteilung. Hier wenden wir uns nach links und an einer kleinen Hütte vorbei. Der Weg wird bald zu einem Steig und führt leicht bergab in ein Tälchen. Wir erreichen eine **Quelle** ❷ und gehen ziemlich flach weiter. Durch ein schönes Tal geht es in Richtung Flega. Hier grast häufig eine große Pferdeherde aus Pindos-Ponys, die von einigen Hunden streng bewacht wird. Die Herde umgehen wir besser großräumig.

*Am Gipfelrücken des Flega.*

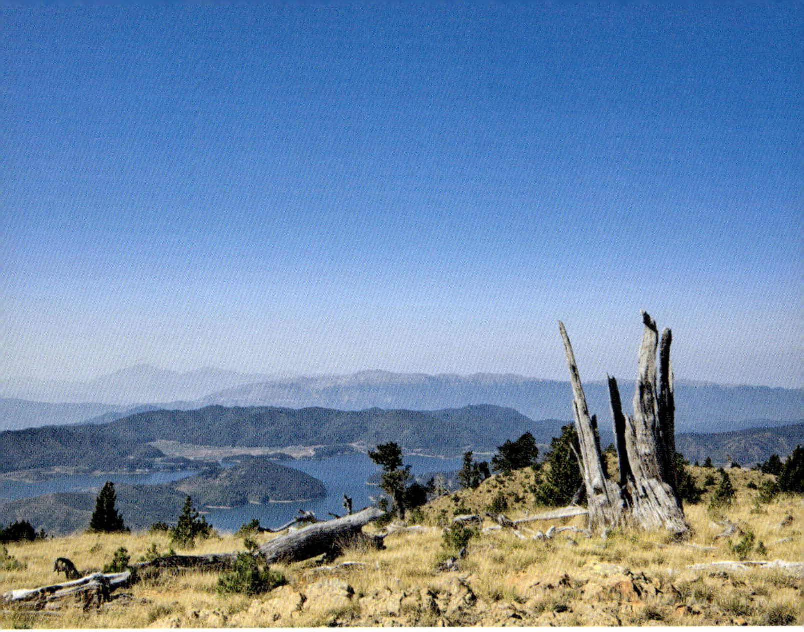

*Gipfelblick zum Aoos-Stausee.*

Bald schon biegen wir aber nach links ab und gehen hinauf zu einem schönen Hochplateau. Wir blicken hinüber zum Peristeri und genießen die Aussicht zum Aoos-Stausee. Der Weg bringt uns hinüber in einen Sattel. Nun folgt der Schlussanstieg zum **Flega**. Wir folgen den Markierungen über den mit Bäumen bestandenen Rücken bergauf bis zu einer kleinen Einschartung. Hier gehen wir nach links zum nahen **Gipfel** ❸. Großartig ist die Aussicht von hier oben. Wir erblicken den Smolikas, im Westen steht das Tymfigebirge, aber auch der nahe Gipfel des Avgo über dem Valia Kalda zieht unsere Blicke auf sich. Im Süden blicken wir hinunter zum Stausee und gegenüber steht das Peristerigebirge.
Nach der Gipfelpause wandern wir zurück in die Einschartung und folgen dem markierten Weg nach Norden in Richtung Flegaseen. Wir gehen hin-

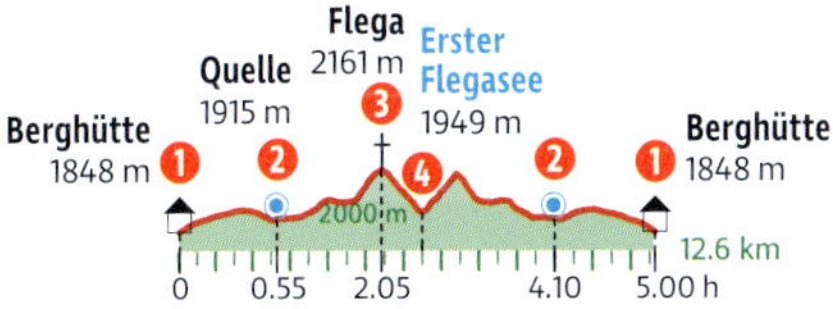

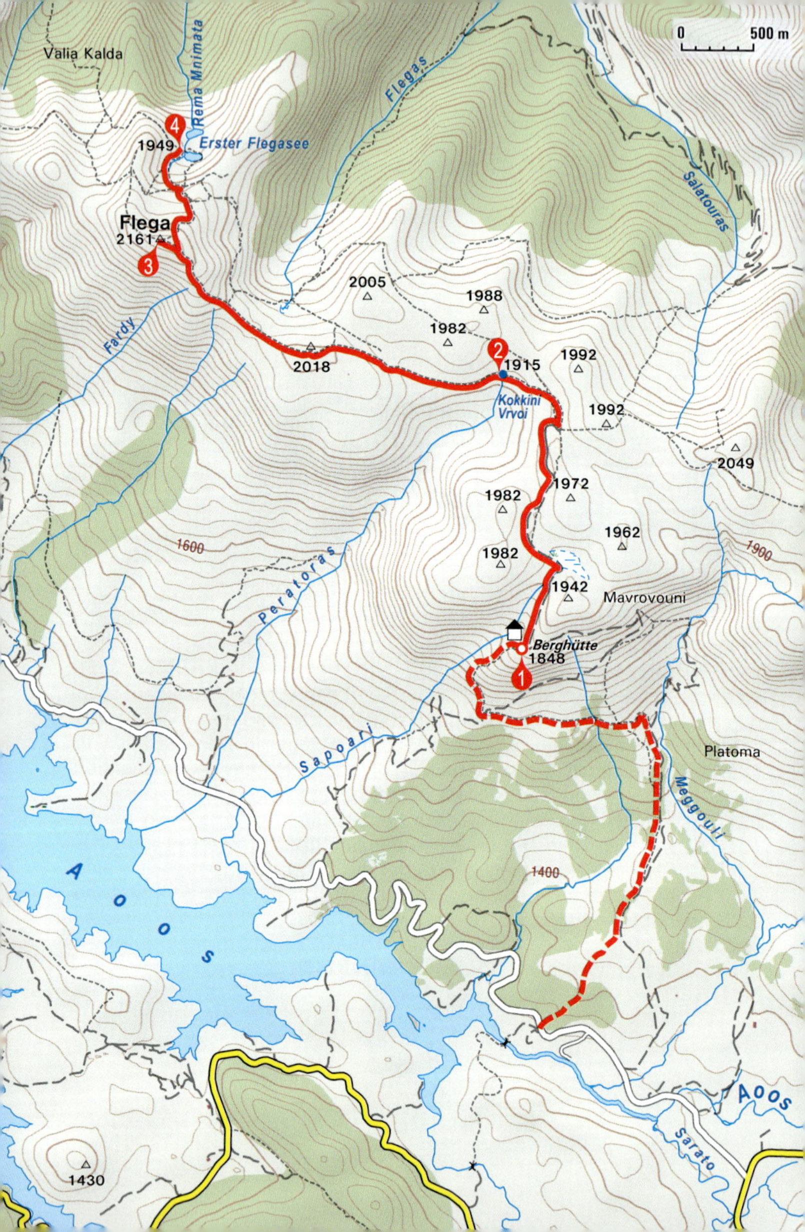

0 500 m
Valia Kalda
Rema Mnimata
Erster Flegasee
1949
Flega
2161
Flegas
Salatouras
2005
1988
1982
2018
1915
Kokkini Vrvoi
1992
1992
2049
Fardy
1972
1982
1962
1982
1600
1900
Peratoras
1942
Mavrovouni
Berghütte
1848
Sapoari
Platoma
Meggouli
1400
Aoos
Aoos
Sarato
1430

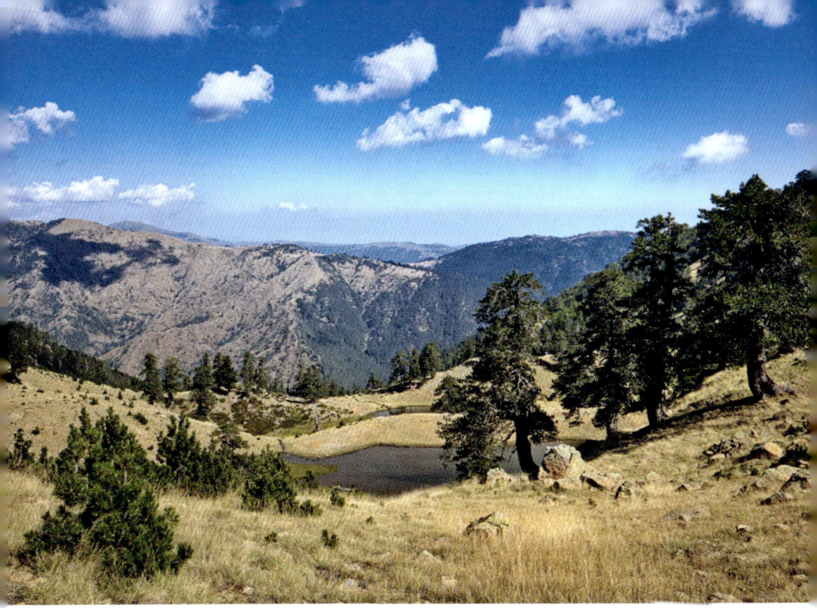

*Blick zum Avgo und den Flegaseen.*

unter zu einem Absatz, halten uns hier leicht links und steigen steil hinunter zum **ersten See** ❹. Wunderschön ist die Landschaft hier oben. Der See bietet sich für eine Rast regelrecht an. Gemäß einer Legende ist er aus Tränen eines Drachen entstanden. In Wahrheit war ein Gletscher für die Entstehung verantwortlich. Der markierte Wanderweg zieht weiter hinunter ins Valia Kalda. Aber der Weg nach Vovousa ist sehr weit. Daher empfiehlt sich der Rückweg zur Berghütte.

Auf der Karte sind noch mehrere Wege vom See zurück eingezeichnet. Diese sind aber alle nicht markiert und schwierig zu finden. Daher empfehlen wir den Rückweg bis kurz vor dem Flegagipfel. Von dort geht es am bekannten Weg zurück zur Berghütte.

**Zu Fuß zur Berghütte**

Zusätzlich 1.30 h, 4,6 km, ↗ 180 m, ↘ 180 m.

Wollen wir nicht mit dem Auto auffahren, so können wir auch zur Hütte aufsteigen. Dadurch wird die Tour allerdings deutlich länger. Der Weg zweigt von der Teerstraße auf der Zufahrt bereits vor dem Abzweig der Schotterstraße zur Hütte ab. Er führt gut markiert bergauf zur Straße, überquert diese und bringt uns hinauf zur Hütte, die aussichtsreich über dem Hochplateau liegt.

↗ 600 m | ↘ 600 m | 10.7 km

# 32 Auf dem Ursa Trail

**5.00 h**

## Gemütliche Rundtour in der Nähe von Metsovo

*Der Ursa Trail ist eine 40 Kilometer lange Rundwanderung in der Umgebung von Metsovo. Wir stellen hier die knapp 11 Kilometer lange Runde vor, die in der Ortsmitte von Metsovo beginnt. Der Weg ist gut markiert, abwechslungsreich und bietet herrliche Ausblicke auf das Peristeri-Gebirge.*

**Ausgangspunkt:** Start in der Ortsmitte von Metsovo (1149 m) N039°46.178′ E021°10.956′.
**Anforderungen:** Gut ausgebauter Wanderweg, nur eine Stelle etwas steiler (mit kurzem Seil). Sehr gut markiert.
**Einkehr:** Unterwegs keine. In Metsovo gibt es viele Einkehrmöglichkeiten.
**Karte:** Anavasi Wanderkarte 1:50.000, Blatt 6.4 Valia Kalda – Vasilitsa.

**Hinweis:** Wir stellen hier eine der Schleifen des Ursa Trails vor. Es gibt insgesamt vier Schleifen mit jeweils rund 10 Kilometern Länge. Alle Schleifen können empfohlen werden. Der gesamte Weg wurde zertifiziert. Informationen zu dem Trail unter ursatrail.com. Die hier vorgestellte Runde ist die Kombination aus Schleife 1 und 2 auf der Homepage.

Wir starten am zentralen Platz in **Metsovo** ❶ und folgen den Markierungen des Ursa Trails in südwestlicher Richtung. Nach einer gewissen Zeit auf der Durchgangsstraße schicken uns die Hinweise nach rechts. Wir steigen nun steil durch die Gassen bergauf. Die Markierungen bringen uns an der Kirche vorbei zu einem Parkplatz. Jetzt wandern wir auf einem Weg hinauf

*Der Ursatrail ist leicht und gut zu begehen.*

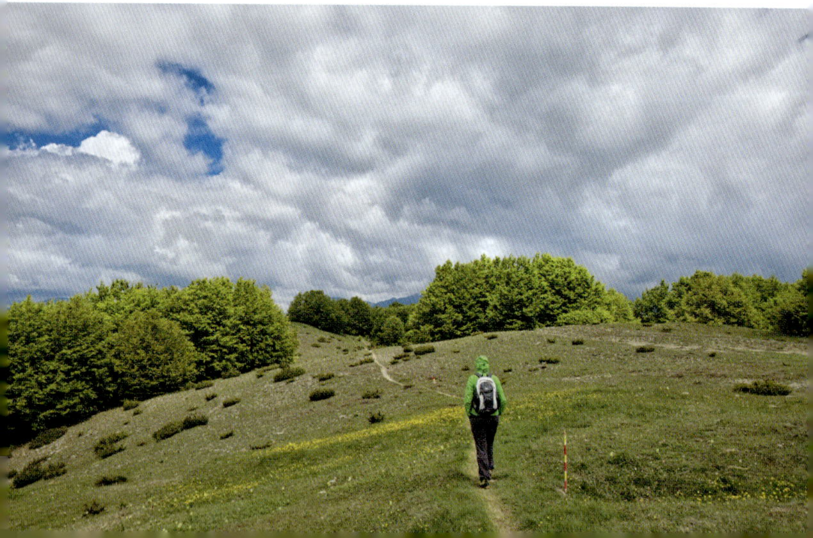

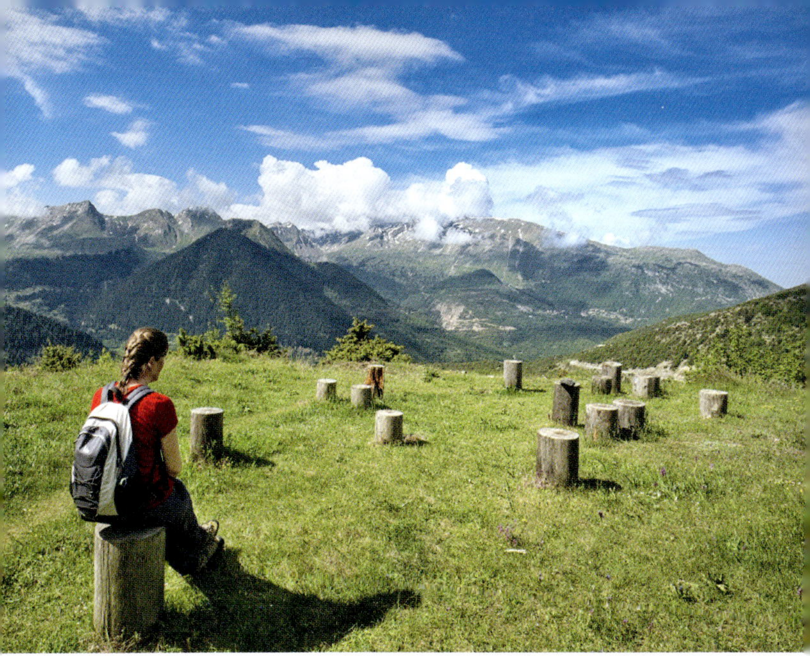

*Blick vom Ursatrail zum Peristeri Gebirge.*

zur Hauptstraße, die wir vorsichtig überqueren. Schräg links von uns sehen wir das **»Eingangsportal«** 2 des Ursa Trails. Der Steig führt steil bergauf zu einer freien Wiese, von der wir einen tollen Blick auf das Gebirge des Peristeri erhalten. Nach der ersten kurzen Verschnaufpause folgen wir dem gut angelegten Steig durch den lichten Wald nach rechts aufwärts. Immer wieder bewundern wir kleine Kunstwerke am Wegesrand.

Wir erreichen die **Bergstation eines Sesselliftes** 3. Der Steig führt links an ihr vorbei. Gleich danach geht es steil im Wald bergab. Wir kommen in freies Gelände und kommen an einen Aussichtspavillon und ein paar weitere Bänke.

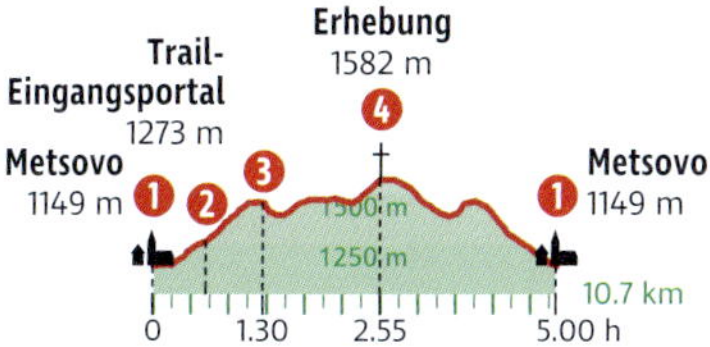

*Bunte Sammlung von Schildern zur Wegmarkierung.*

Nach einer Pause gehen wir zu einer nahen Schotterstraße und wenden uns dort nach links. Wir wandern dann wieder auf einem Weg durch den Wald. Nach einer schönen Wiese geht es erneut in den Wald. Der Weg wird bald zu einem Steig, der nach rechts aufwärts führt. Kurz geht es wieder über freies Gelände, dann tauchen wir wieder in den Wald ein, den wir bald wieder verlassen. Wir gehen hinauf zu einer freien **Erhebung** ❹ und genießen die schöne Aussicht auf das Gebirge des Peristeri und die Region Valia Kalda.

Nach der Pause folgen wir den Markierungen des Trails über eine weitere Wiese in den Wald. Beim Verlassen des Waldes teilt sich der Trail. Die 11-Kilometer-Runde zweigt nach rechts ab. Wir gehen durch den Wald nach rechts. Der Weg fällt teilweise ziemlich steil ab. Wir überqueren auf einer Brücke einen kleinen Bach und wandern über schöne Wiesen zu einem kleinen Teich mit Informationstafeln.

Anschließend folgen wir der Schotterstraße nach links, die wir gleich wieder nach rechts verlassen. Mit Hilfe von Stufen geht es steil bergauf. Der Weg verflacht kurz, wird breiter, aber wieder ziemlich steil. Wir gehen auf der alten Straße nach links und dann nach rechts durch den Wald bis zu einem Skilift. Nun wandern wir auf dem Steig steil bergab entlang der Skipiste, bis wir die Talstation des Sesselliftes erreichen. Wir gehen nach rechts auf der Straße, bis ein Steig nach links abzweigt. Dieser bringt uns zu einer Straße, die wir überqueren. Nun folgen wir den Markierungen des Trails durch die Gassen von **Metsovo** ❶ bis zum Ausgangspunkt am zentralen Platz.

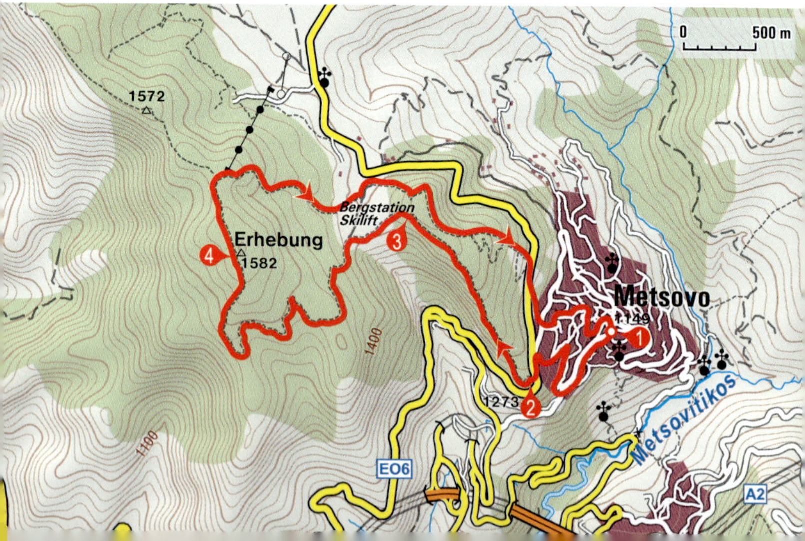

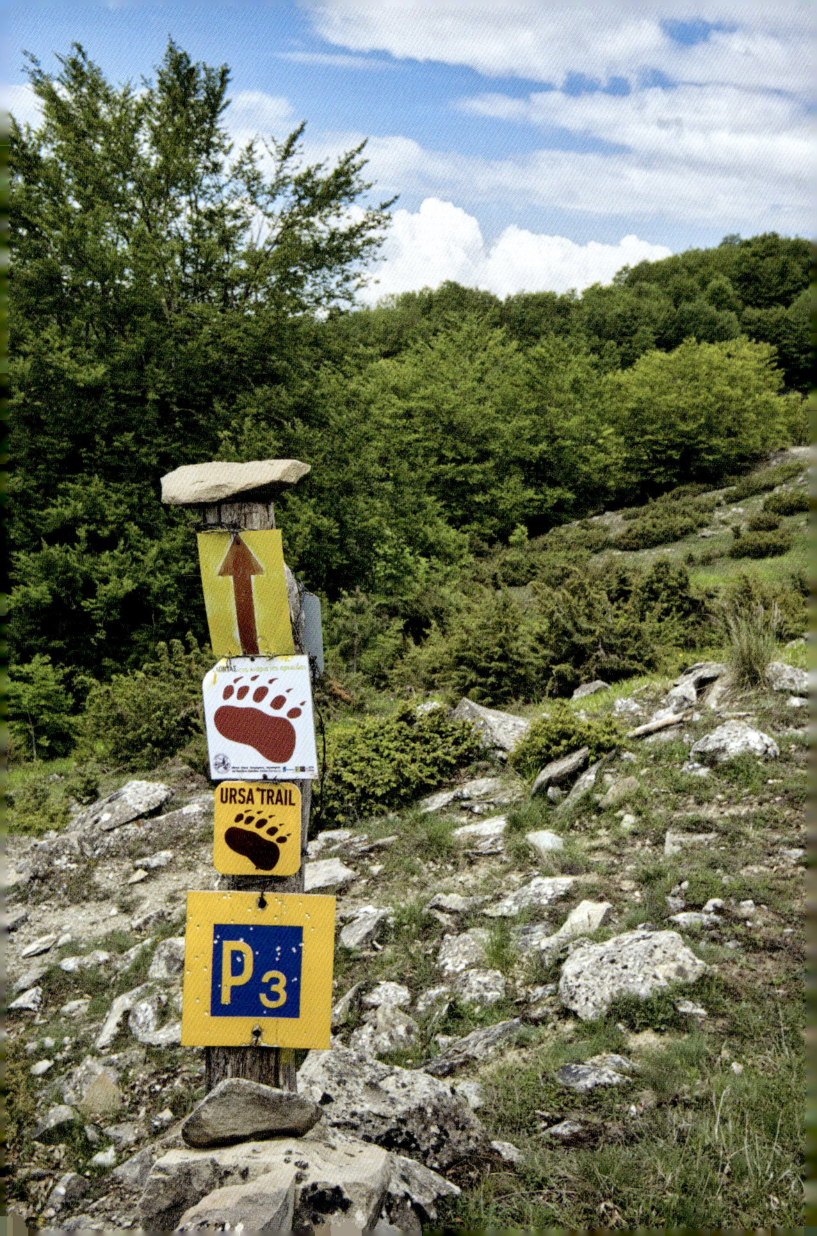
URSA TRAIL
P3

TOP

↗ 950 m | ↘ 950 m | 15.6 km

# 33 Von Chaliki zum Verlinga-See

**7.00 h**

## Kleinod im Peristerigebirge

*Der Verlingasee liegt traumhaft unterhalb des höchsten Gipfels im Peristerigebirge, dem Tsoukarela. Von Chaliki führt ein Weg, der teilweise markiert ist, zum See. Gerade im Frühjahr, wenn die Wiesen um den See blühen, ist der Ort geradezu magisch. Dann sind auf den Hängen oberhalb des Ortes auch noch keine Schafe, und wir haben gute Chancen, keinem Hirtenhund zu begegnen.*

**Ausgangspunkt:** Start in Chaliki (1125 m) N039°40.951' E021°11.498'.
**Anforderungen:** Markierter Wanderweg, der sich zwischendurch mal verliert. Gut auf die Markierungen achten. Technisch nicht schwierig.
**Einkehr:** Keine Einkehr auf der Strecke. Nach der Tour in Chaliki einkehren.
**Variante:** Besteigung des Tsoukarela, von der Schäferhütte in 5.30 Std.
**Karte:** Anavasi Wanderkarte 1:50.000, Blatt 3.2/4.2 South Pindos.
**Tipp:** Die Tour kann durch eine Auffahrt auf der Schotterstraße bis zu einer Schäferhütte verkürzt werden. Dann ist auch die Besteigung des Tsoukarela gut möglich. Allerdings ist für die Auffahrt ein geländegängiges Fahrzeug notwendig.
**Hinweis:** Im unteren Teil verläuft der Weg über Schafweiden.

Von **Chaliki** ❶ wandern wir auf der Schotterstraße in östlicher Richtung in das schöne Tal. Wir folgen dabei dem Bach, bis nach links ein Weg abzweigt (Markierung Steinmann). Die Markierungen bringen uns über das freie Ge-

*Blick zum Verlinga See.*

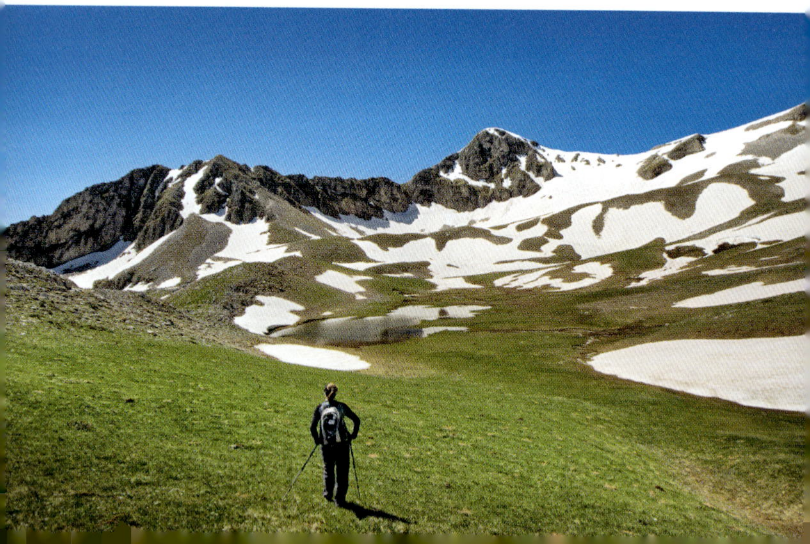

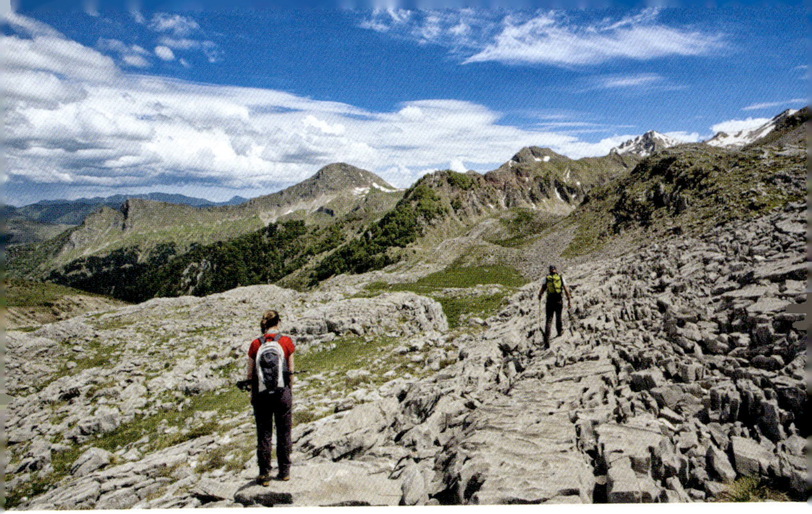

*Abstieg durch eine grandiose Landschaft.*

lände. Wir gelangen wieder zur Schotterstraße, die wir überqueren. Beim nächsten Aufeinandertreffen der Straße bleiben wir ein Stück auf ihr, verlassen sie aber bald wieder nach rechts. Es folgt noch eine kurze Berührung der Straße, wir biegen aber gleich wieder nach rechts in einen Pfad ein. Nun lassen wir uns von den Markierungen weiter leiten, zuerst durch den Wald, später über freies Gelände bergauf bis zu einer **Schäferhütte** ❷. Hier gehen wir auf der Schotterstraße kurz nach links bis in die Nähe der Hütte. Wir verlassen die Schotterstraße nach rechts und wandern über die Wiese bergauf zu leicht felsigerem Gelände. Ab hier finden wir deutliche rote Markierungen. Die liegen zwar nicht überall auf dem besten Weg, dienen aber der Orientierung. Mit etwas Blick fürs Gelände können wir aber auch gut links und rechts ein wenig abweichen. Wir berühren kurz die Straße, verlassen sie aber gleich wieder und gehen über schönes felsdurchsetztes Gelände weiter bergauf. Beim nächsten Aufeinandertreffen mit der Straße folgen wir ihr kurz nach links, biegen aber gleich wieder nach rechts in ei-

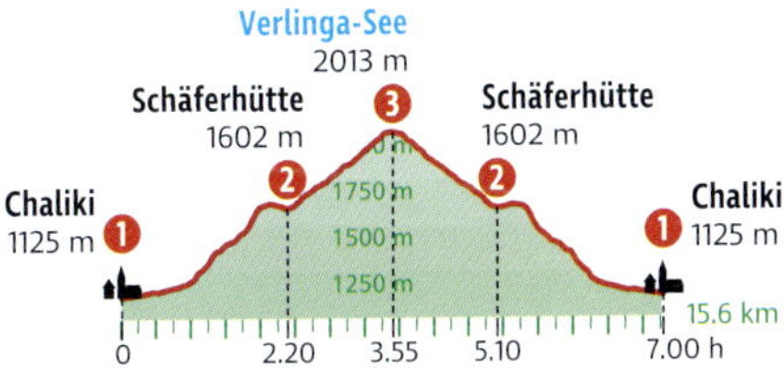

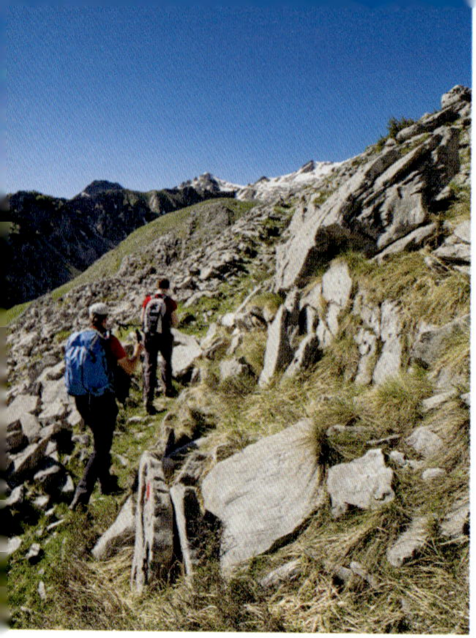

*Kurz nach der Schäferhütte führt der Weg über freies Gelände zum Verlinga See.*

nen Pfad ein. Wir wandern über eine schöne Wiese, gehen wenig später nach links in Richtung einer steileren Felspassage. Vor den Felswänden drehen wir nach links ab und umgehen in einem weiten Rechtsbogen die Felsen. Bald werden die roten Markierungen undeutlicher, und wir lassen die Steigspuren nicht aus den Augen. Im Wesentlichen geht es geradeaus aufwärts, bis wir am Rand des wunderschönen Sees **Verlinga** 3 stehen. Ein wunderbarer Platz zum Rasten. Oberhalb dominieren die Felsen des Gipfels Megas Trapos. Der Abstieg erfolgt am Anstiegsweg.

### ■ Variante von der Schäferhütte zum Tsoukarela

5.30 h, 10,4 km, ↗ 760 m, ↘ 760 m.

Mit einem Allradfahrzeug können wir bis zu der Schäferhütte fahren (ca. 1600 m), an der der Aufstieg von Chaliki vorbeiführt.

Dann können wir die Runde noch ausweiten und eine Gipfeltour einbau-

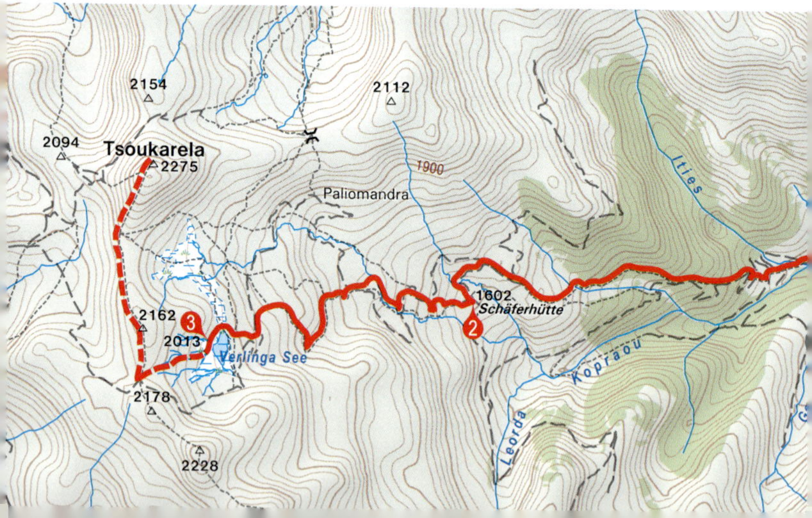

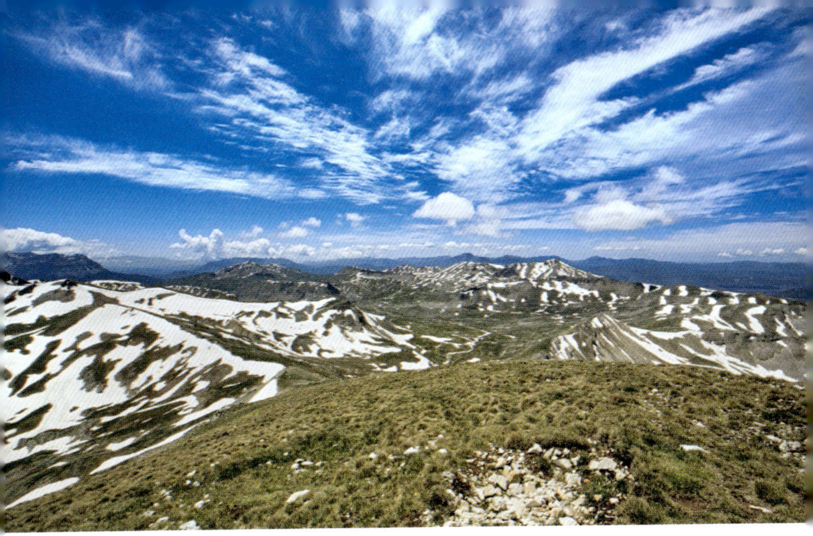

*Gipfelblick vom Tsoukarela.*

en. Hierfür steigen wir hinter dem See zu einem Rücken auf. Über diesen gehen wir ins Joch nordwestlich vom Gipfel Megas Trapos. Hier wenden wir uns nach rechts und wandern über den Kamm (Steinmänner) in die Einsattelung vor dem Tsoukarela. Über den harmlosen Rücken steigen wir hinauf zum höchsten Punkt des Peristerigebirges, dem Gipfel des Tsoukarela. Grandios ist die Aussicht von hier oben. Im Norden reicht sie bis zum Tymfi-Gebirge und zum Smolikas. Im Süden beeindrucken vor allem Kakarditsa und das Tzoumerka. Wir könnten den Gipfel auch überschreiten, allerdings ist dann guter Orientierungssinn erforderlich. Besser ist es, am Anstiegsweg zurück zu gehen. Von der Einsattelung unterhalb des Gipfels können wir auch nach links absteigen und dann nach rechts zum See queren.

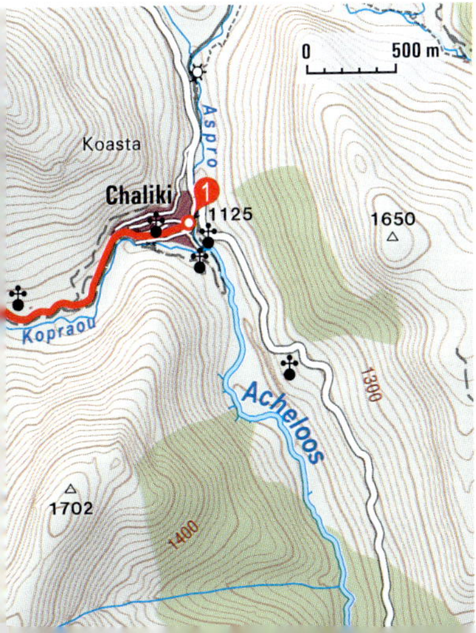


Vom See wandern wir auf dem Anstiegsweg zurück zur Schäferhütte. Vom Tal ist die Runde zum Gipfel sehr weit, daher empfiehlt sich die Anfahrt mit einem Allradfahrzeug.

↗ 760 m | ↘ 760 m | 11.0 km

# 34 Von der Hütte Katarraktis auf den Katafidi 5.30 h

## Auf den höchsten Gipfel des Tzoumerka

*Der Katafidi ist der höchste Gipfel des Tzoumerkagebirges. Er bietet eine wunderschöne Aussicht auf die umliegende Region. Sein Anstieg ist zudem überraschend einfach, nur auf den letzten Metern ist der Steig etwas ausgesetzt. Der Zustieg vom Tal ist aber sehr lang, sodass wir besser mit dem Auto zur Hütte Katarraktis hinauffahren.*

**Ausgangspunkt:** Parken am Refuge Katarraktis (1649 m, auch Refuge Tzoumerka). Die Anfahrt erfolgt auf einer langen Schotterstraße. Sie zweigt von der Teerstraße ab, die aus Katarraktis in Richtung Süden führt. Der Abzweig befindet sich an einer Kapelle. Für die Auffahrt wird ein geländegängiges Allradfahrzeug benötigt. N039°26.672' E021°08.122'.
**Talort:** Katarraktis.
**Anforderungen:** Teilweise weglos, teilweise Schotterstraße. Gipfelanstieg steil und zum Schluss etwas ausgesetzt und felsig. Orientierungssinn im weglosen Gelände erforderlich.
**Einkehr:** Die Hütte ist aktuell nicht bewirtschaftet, sodass es keine Einkehrmöglichkeit gibt.
**Karte:** Anavasi Wanderkarte 1:50.000, Blatt 3.2/4.2 South Pindos.
**Hinweis:** Auch wenn beim Abstieg rote Markierungen unterhalb des Schotterweges auftauchen, besser auf der hier beschriebenen Route bleiben. Die Markierungen stammen von einem Trailrunning Rennen und führen in ziemlich unangenehmes Block- und Steilgelände.

Von der **Hütte Katarraktis** ❶ wandern wir mit den gelben Markierungen auf der Schotterstraße leicht abwärts, bis nach links Steigspuren in den Grashang leiten. Wir queren hinüber zu einem etwas ausgeprägteren Pfad.

*Die letzten Meter zum Gipfel.*

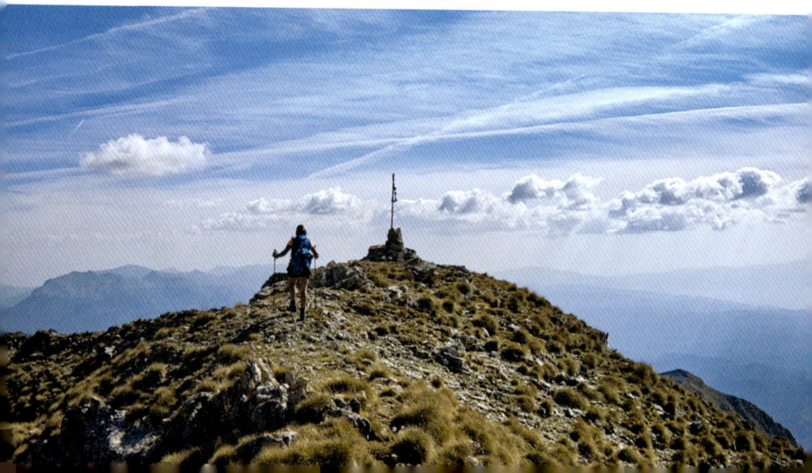

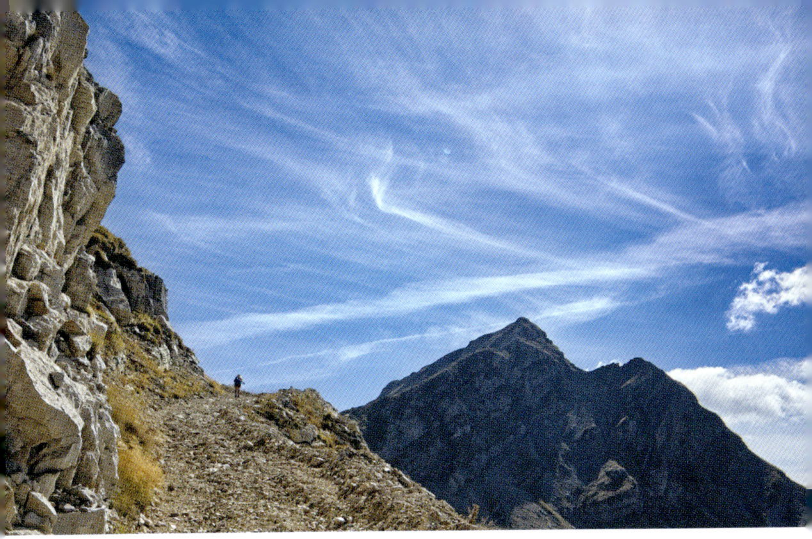

*Hinten rechts erblicken wir den Katafidi.*

Vereinzelt gibt es alte Markierungen, so richtig deutlich ist das aber nirgendwo. Die Steigspuren führen hinauf zu einem Rücken und von dort leicht links haltend zu zwei Felsblöcken mit roten Markierungen. Hier verlieren sich die Markierungen wieder. In Kehren steigen wir, das Gelände ausnutzend, auf einem weiteren Rücken hinauf und bleiben auf diesem nun deutlich flacher in Richtung eines Gatters bei einer Kehre der Schotterstraße. Rechts des **Gatters** 2 wandern wir weglos hinauf zur nächsten Kehre. Ab hier geht es nun die gesamte Forststraße bergauf. Dabei kommen wir unterhalb von eindrucksvollen Felswänden vorbei. Wir erreichen einen Sattel, an dem wir kurz verschnaufen und die Aussicht genießen. Von dem Sattel folgen wir der Forststraße ein Stück abwärts, bis rechts an einem **Schotterband** 3 ein kleiner Steinmann steht. Hier steigen wir nun mit den Steigspuren schräg links ansteigend hinauf zum Grat. Dort treffen wir auf rote Markierungen, die von links über den steilen Grashang heraufkom-

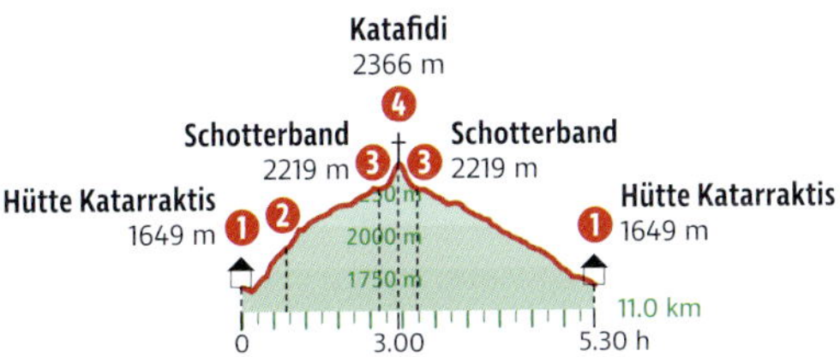

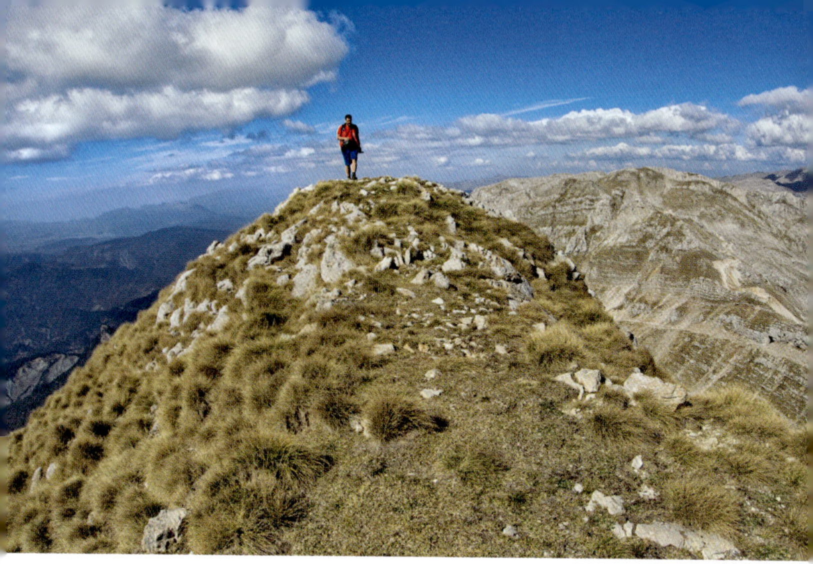

*Am Gipfelgrat des Katafidi.*

men. Der Grat wird schlagartig schmaler und felsiger. Vorsichtig kraxeln wir hinauf bis kurz unterhalb des Vorgipfels. Der Steig weicht nach rechts aus und führt dann steil hinauf zum Steinmann am Vorgipfel. Über einen unschwierigen Grat erreichen wir den Hauptgipfel des **Katafidi** ❹ mit seiner grandiosen Aussicht. Wir blicken nach Ioannina und weiter bis zum Meer.

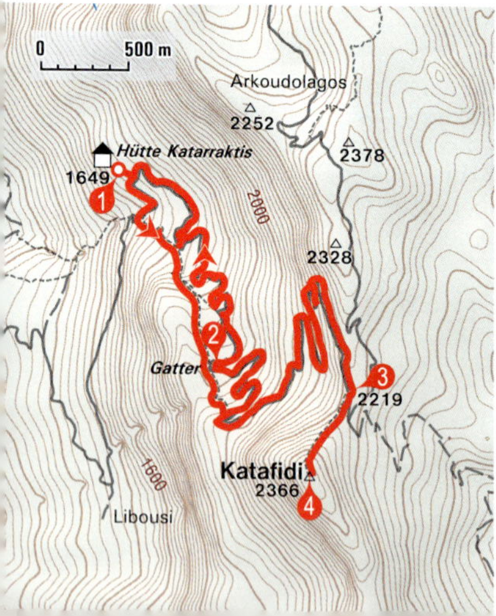


Nach der Gipfelpause gehen wir zurück, bis die Markierungen nach rechts abzweigen. Der Grashang ist ziemlich steil, daher empfehlen wir, den Anstiegsweg zurückzugehen.

Wir erreichen wieder die Schotterstraße und wandern am gemütlichsten auf dieser zurück zur Hütte. Alternativ können wir auch den Anstiegsweg für den Abstieg nehmen.

Wie bereits erwähnt, ignorieren wir die Markierungen unterhalb der Forststraße. Das Gelände, in das sie führen, ist wirklich sehr unangenehm.

↗ 1090 m | ↘ 1090 m | 11.3 km

TOP

**6.00 h**

# Vom Refuge Melissourgoi auf den Strogoula

35

## Die Wächterin von Pramanta

*Die Strogoula erhebt sich direkt über dem Ort Pramanta. Die Felshänge des Berges streben fast senkrecht in die Höhe. Umso überraschender ist es, dass der Anstieg zum Gipfel gar nicht so schwer ist. Trittsicherheit und trockene Verhältnisse benötigt man, dann steht dem grandiosen Gipfelerlebnis überhaupt nichts im Wege.*

**Ausgangspunkt:** Parken am Refuge Melissourgoi. Die Hütte kann auf einer kurzen Schotterstraße ohne Probleme erreicht werden. N039°30.305′ E021°08.473′.
**Talort:** Pramanta.
**Anforderungen:** Steiler Anstieg, der teilweise gute Trittsicherheit erfordert. Gut markiert. Aufgrund des Höhenunterschieds gute Kondition erforderlich.
**Einkehr:** Im Refuge Melissourgoi und im Refuge Pramanta ist eine Einkehr möglich. Die obere Hütte ist allerdings nur im Sommer geöffnet.
**Variante:** Auch von Tsopelas gibt es einen direkten Steig zum Refuge Pramanta. Der Anstieg ist ähnlich lang wie die beschriebene Route. Siehe auch Tour 36.
**Karte:** Anavasi Wanderkarte 1:50.000, Blatt 3.2/4.2 South Pindos.
**Tipp:** Das Hotel Anavasi Mountain Resort in Tsopelas ist ein toller Stützpunkt in der Region, anavasihotel.gr.

Vom **Refuge Melissourgoi** ❶ wandern wir vom Ende des Parkplatzes den roten Markierungen folgend durch den Wald aufwärts zu einem gepflasterten Sträßchen. Auch wenn die Pfeile nach rechts zeigen, so können wir auf einem Weg geradeaus gehen.

*Die Passage unterhalb des Gipfels ist einfacher als sie aussieht.*

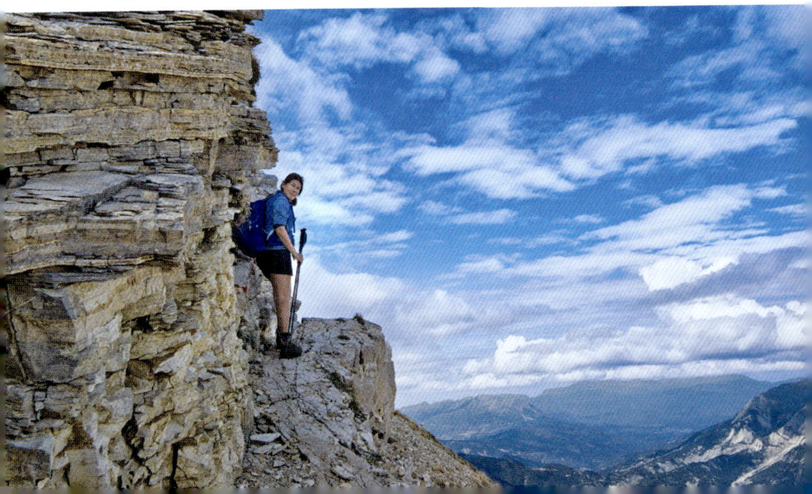

Wir erreichen einen breiten Weg, dem wir nach links folgen. Wenig später zeigen mehrere Pfeile und Markierungen, sowie die Aufschrift »Waterfall« nach links. Der geradeaus führende Weg ist teilweise abgerutscht und kann daher nicht mehr empfohlen werden.
Wir gehen durch den Wald zu einem kleinen Geröllfeld. An dessen Ende steigen wir nach links über einen steilen Hang bergauf. Dann wenden wir uns nach rechts und lassen uns von den Markierungen bergab zu einer Wegteilung leiten. Jetzt kommt von rechts der alte Weg herauf.
Wir gehen geradeaus, ignorieren den Abzweig zum Wasserfall, und wandern durch das trockene Flussbett bergauf. Markierungen führen nach rechts hinaus und in leichtem Auf und Ab wandern wir durch den Wald zu einer weiteren Abzweigung in Richtung Wasserfall. Nun ist es nicht mehr weit bis zum **Refuge Pramanta** ❷, das im Sommer bewirtschaftet ist.
Von der Hütte spazieren wir kurz auf der Schotterstraße weiter, bis hinter dem Fußballfeld ein Weg nach links abzweigt. Gleich nach dem Feld geht es nach rechts und hinauf zu einem Rücken. Nun erwartet uns ein aussichtsreicher Höhenweg durch die Hänge unterhalb der Strogoula. Der Weg führt bald hinauf zu einem weiteren **Rücken** ❸. Über diesen steigen wir steil bergauf bis unter noch steileres Gelände. Wir queren nach links zu einer Einschartung. Der Steig bringt uns nun am rechten Hang leicht ausgesetzt sanft ansteigend aufwärts. Eine zwischendurch eingelagerte Felsstelle wird ohne besondere Probleme überwunden. Wir queren nach links hinaus zu einem Steinmann und gehen über den Rücken hinauf zu einer Kuppe. In der folgenden Senke steht eine kleine Steinummauerung. Der

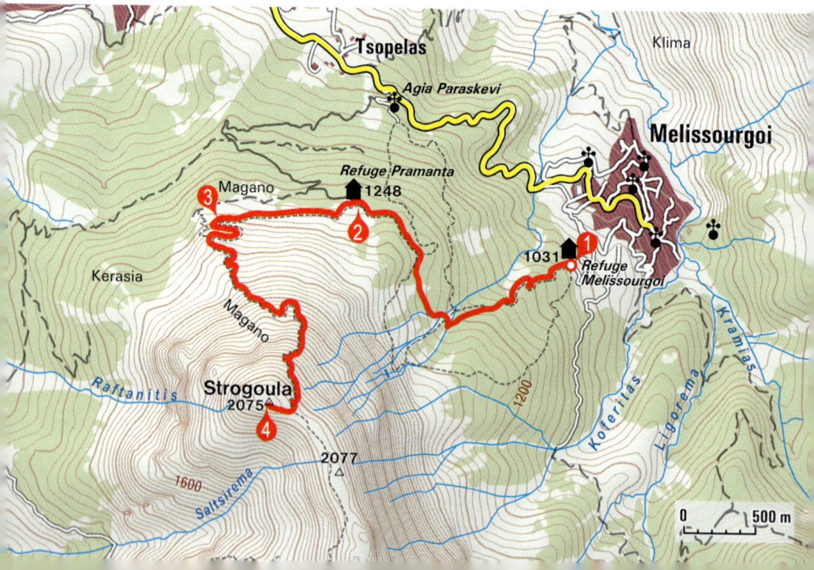

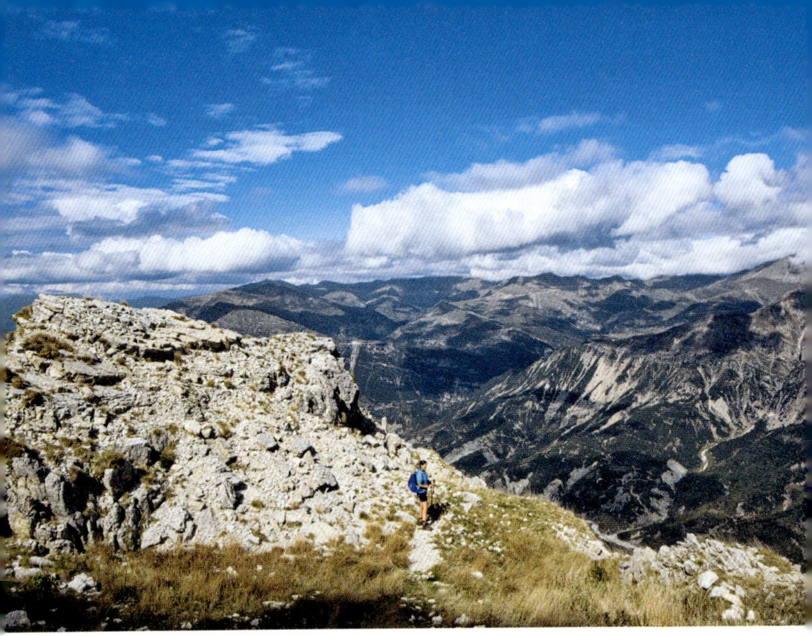

*Das Gelände flacht endlich mal ab.*

Weg führt nun immer auf der linken Seite aufwärts. Ein schmales Band erfordert etwas Vorsicht – die Stelle sieht aber schwieriger aus, als sie ist. Wir queren nach links zum Grat, drehen uns hier scharf nach rechts und steigen über dem Kammrücken zum höchsten Punkt der **Strogoula** ❹. Hier oben erwartet uns eine grandiose Aussicht auf die umliegenden Berge des Tzoumerkagebirges, Ioannina und das tief unter uns liegende Pramanta. Auch wenn am Grat Steigspuren weiterführen, sollten wir uns davon nicht verleiten lassen und am Anstiegsweg zurückgehen.

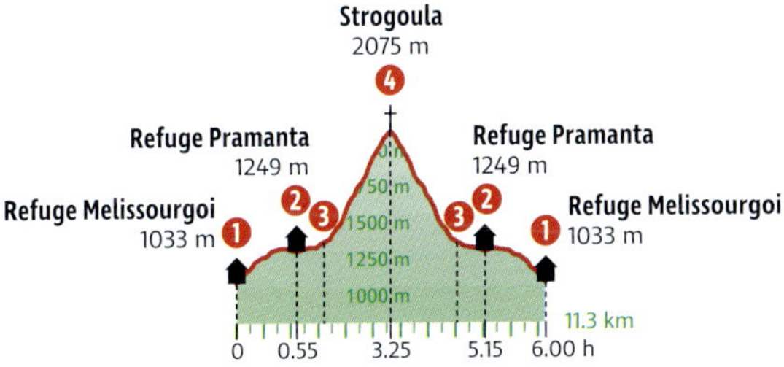

↗ 750 m | ↘ 750 m | 11.0 km

# 36 Von Tsopelas zum Wasserfall bei Melissourgoi

**5.30 h**

## Unter der beeindruckenden Felswand

*Oberhalb des Ortes Melissourgoi im Tzoumerka erhebt sich die mächtige Strogoula. Durch die Felswände stürzt ein beeindruckender Wasserfall. Dieser ist Ziel dieser grandiosen Rundwanderung. Unterwegs genießen wir zudem großartige Blicke auf die umliegende Region des Tzoumerkagebirges.*

**Ausgangspunkt:** Tsopelas, beim Hotel Anavasi (915 m). N039°31.257′ E021°07.101′.
**Talort:** Pramanta.
**Anforderungen:** Mittelschwerer Wanderweg mit einigen steilen Passagen.

**Einkehr:** In den beiden Hütten Pramanta und Melissourgoi ist eine Einkehr möglich. Das Refuge Pramanta ist nicht immer geöffnet.
**Karte:** Anavasi Wanderkarte 1:50.000, Blatt 3.2/4.2 South Pindos.

In **Tsopelas** ❶ beginnt ein ausgeschilderter Wanderweg, der nach Pramanta führt. Ein großes Schild zeigt uns den Wegverlauf. Entlang eines Bächleins wandern wir hinauf zur Fahrstraße, die wir überqueren. Wir tauchen mit dem Weg in den Wald ein und schlängeln uns in vielen Kehren teilweise ordentlich steil bergauf. Zwischendurch kommen wir in ziemlich sandiges Gelände. Auch wenn wir rechts unterhalb von uns rote Punkte sehen,

*Blick hinauf zur Strogoula.*

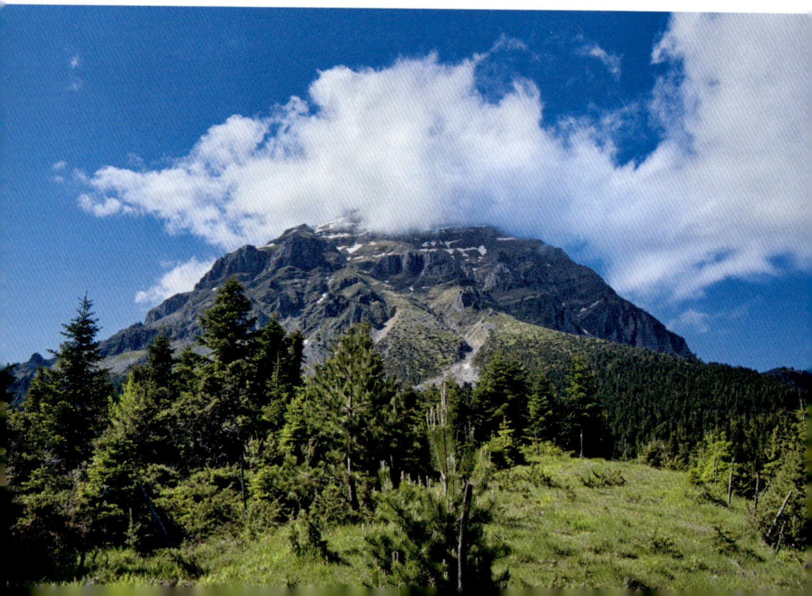

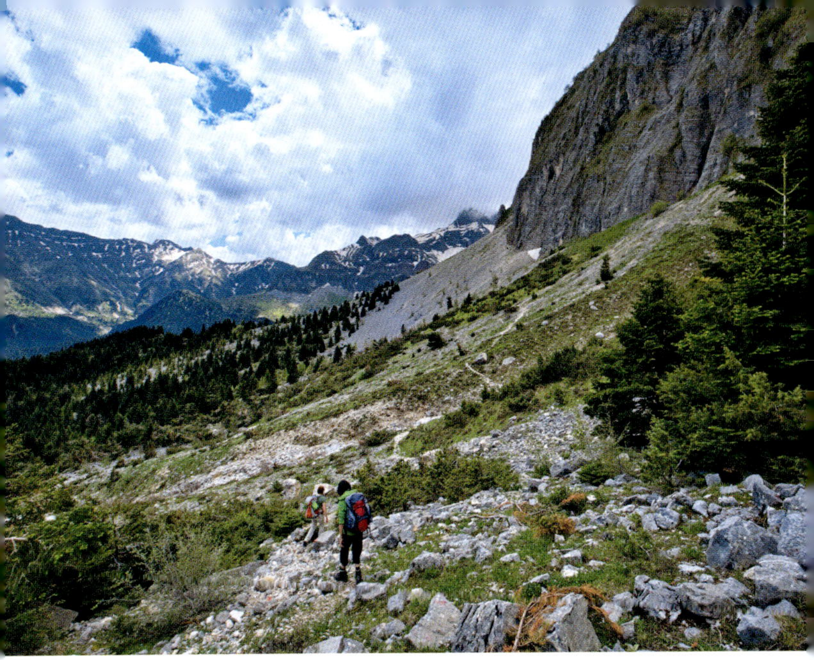

*Am Weg zum Wasserfall.*

gehen wir geradeaus weiter, bis wir auf einen Querweg treffen, der nach links zieht. Immer wieder öffnet sich der Wald, und wir blicken hinauf zur Strogoula, dem mächtigen Berg oberhalb von Pramanta. Der schöne Weg endet auf einer **Forststraße** 2. Wir folgen dieser nach rechts in Richtung einer Quelle.

An einer weiteren Wegteilung ginge es geradeaus zur Pramanta Hütte. Wir nehmen aber den rechten Weg weiter in Richtung Quelle. Nach wenigen Minuten leiten deutliche Markierungen nach links in den Wald. Der Weg bringt uns teilweise durch den Wald, weiter oben dann über mit Nadel-

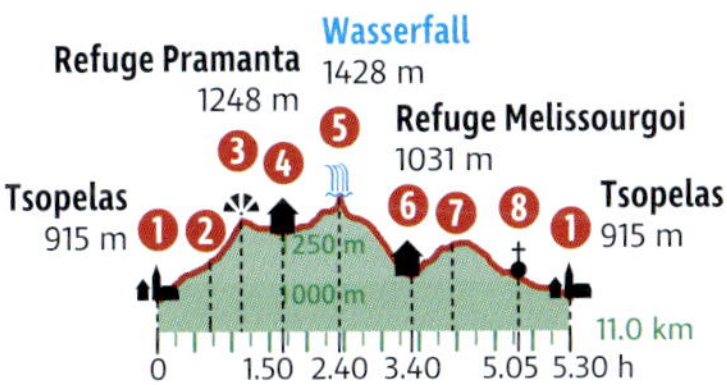

holz bewachsene Wiesen. Die Markierungen sind deutlich, auf die Wegspur müssen wir teilweise ziemlich achten. Auch waren bei der Erkundung einzelne Passagen ziemlich zugewachsen. Wir erreichen einen deutlicheren **Querweg** ❸. Bevor wir auf diesem nach links einbiegen, sollten wir einmal die Aussicht genießen. Die Umgebung liegt uns regelrecht zu Füßen, und wir blicken ehrfürchtig hinauf zu den steilen Hängen der Strogoula.
Anschließend folgen wir dem Weg nach links in Richtung Pramanta Hütte. Dabei handelt es sich um einen gut begehbaren Panoramaweg. Kurz vor der Hütte wandern wir auf einem Rücken nach links, um dann nach rechts vorbei an alten steinernen Tribünen zum **Refuge Pramanta** ❹ zu gelangen. Hier machen wir eine Pause. An der Hütte setzen zwei Wege an. Wir nehmen den oberen Weg, der in den Wald hineinführt. An der folgenden Wegverzweigung gehen wir auf dem rechten Weg in Richtung Wasserfall. Der Weg zieht hinaus in ein Schotterfeld. Nach dem Überqueren einer Rinne steigen wir steil nach rechts bergauf. Nach diesem schweißtreibenden Abschnitt queren wir nach links bis zu einer Wegteilung. Nun stehen wir direkt unter dem **Wasserfall** ❺. Wir gehen noch geradeaus hinauf zur Felswand, über die das Wasser gerade im Frühjahr eindrucksvoll herabstürzt. Im Herbst ist der Wasserfall leider oft trocken.
Anschließend machen wir uns an den Abstieg zur Melissourgoi-Hütte. Geradeaus über das Schottergelände steigen wir bergab. Bald queren wir

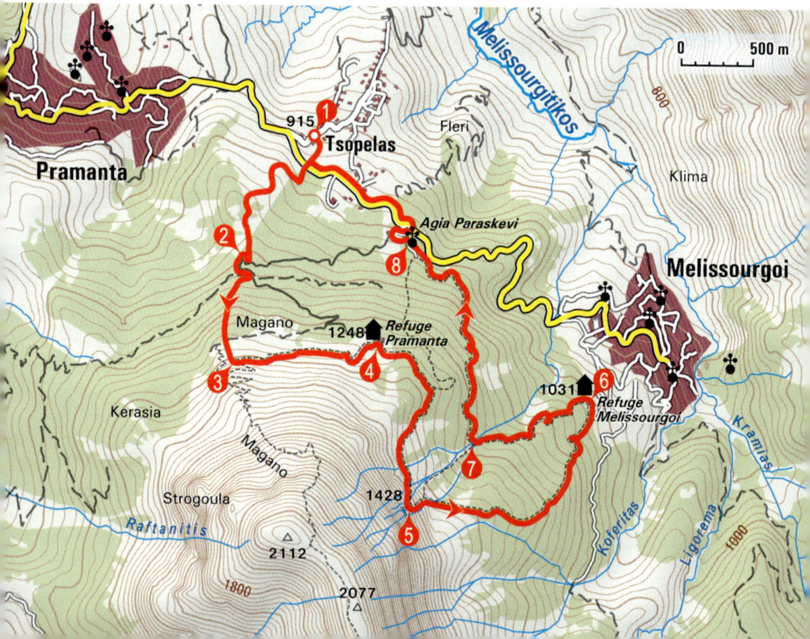

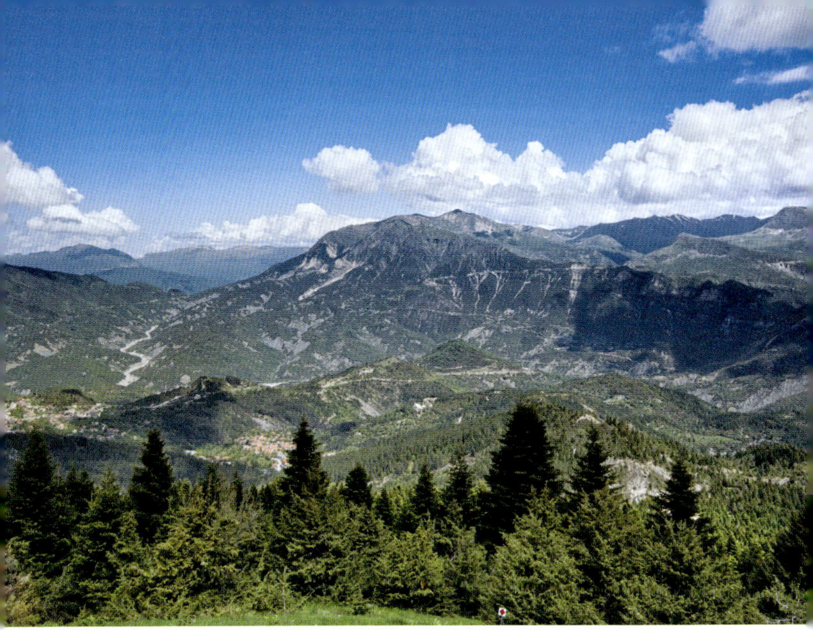

*Schöner Blick ins Tal.*

nach rechts und erreichen wenig später den Wald. Nun gehen wir sehr steil teilweise über einen Rücken bergab, bis wir bei einer Quellfassung einen breiten Weg erreichen. Auf diesem wandern wir hinunter, bis uns ein Wegweiser nach links zur Hütte schickt. In wenigen Minuten gehen wir durch den Wald hinüber zum nahen **Refuge Melissourgoi** 6, das zu einer Einkehr einlädt.

Nach der Pause folgen wir dem Weg in Richtung Pramanta-Hütte. Durch den Wald schlängelt sich das Steiglein bergauf, bis wir an einen breiten Querweg kommen. Deutliche Markierungspfeile schicken uns nach links auf einen Rücken. Über diesen steigen wir bergauf bis zu einer Wegteilung. Hier gehen wir geradeaus und lassen uns von den Markierungen zum Rand einer Schlucht leiten. Wir wandern nach rechts hinunter zum **Bach** 7, den wir überqueren. Steil führt der Weg auf der anderen Seite nach oben. Nun erwartet uns ein abwechslungsreiches Steiglein, das zuerst immer im Auf und Ab durch den Wald zieht. Erst am Schluss fällt der Weg deutlich ab und bringt uns zum **Kloster Agia Paraskevi** 8. Wir gehen hinunter zur Straße und biegen in diese nach links ein. Schließlich treffen wir auf den Anstiegsweg. Auf diesem wandern wir nach rechts hinunter zum Ausgangspunkt in **Tsopelas** 1.

↗ 740 m | ↘ 740 m | 10.3 km

# 37 Von Melissourgoi zum Bergrücken Afti

5.30 h

## Versteckt an einem alten Übergang

*Von Melissourgoi nach Theodoriana führt eine alte Passstraße über den Übergang zwischen Tzoumerka und Kakarditsa. Wir nutzen diese, um den Bergrücken des Afti zu besteigen. Der kleine unscheinbare Gipfel ist verhältnismäßig einfach zu erreichen und bringt uns in eine wunderschöne Umgebung. Wir befinden uns auf einem Bergrücken in einem eindrucksvollen Bergkamm, der vom Kakarditsa südwärts zieht.*

**Ausgangspunkt:** Parkplatz an einem Bachlauf oberhalb von Melissourgoi. Bei der Anfahrt von Pramanta nicht nach links in den Ort, sondern die rechte Straße in Richtung Hütte nehmen. Die Teerstraße geht in eine Schotterstraße über bis zu Parkmöglichkeiten an einem Bach mit Brunnen. N039°29.082′ E021°08.502′.
**Talort:** Pramanta.
**Anforderungen:** Einfacher Wanderweg in den Sattel, zum Gipfel teilweise weglos, aber ohne Schwierigkeiten. Markierungen vorhanden.
**Einkehr:** Unterwegs keine Einkehrmöglichkeit. Unweit des Ausgangspunktes befindet sich das Refuge Melissourgoi (siehe Tour 35).
**Karte:** Anavasi Wanderkarte 1:50.000, Blatt 3.2/4.2 South Pindos.
**Hinweis:** Wer nur eine kleine Runde gehen möchte, der findet mit dem Almgelände im unteren Teil der Tour auch eine schöne, kurze Wandermöglichkeit. Dabei ist auch eine Besteigung des kleinen Hügels Kastania noch möglich.

*Blick hinüber zur Strogoula.*

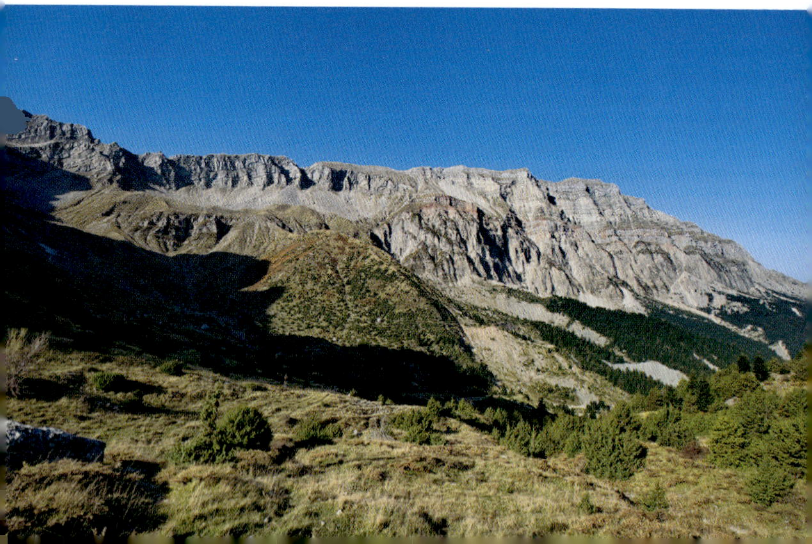

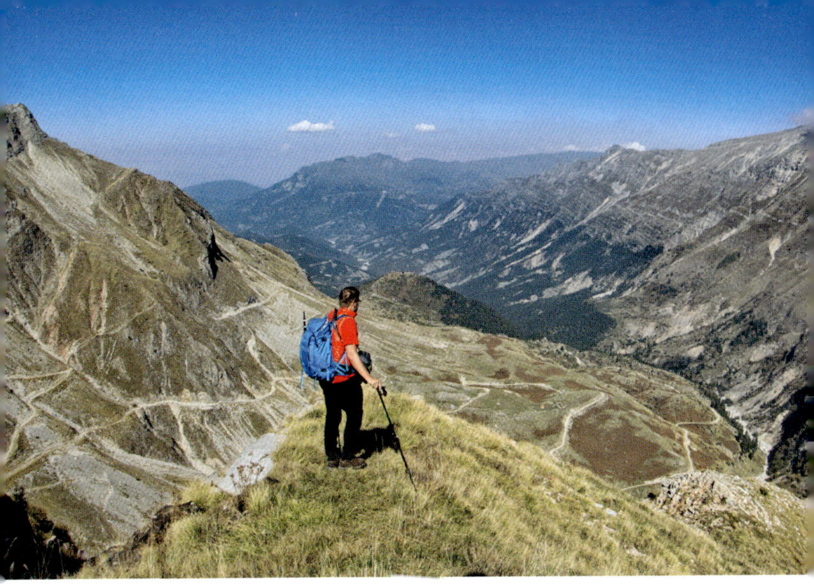

*Auf dem Gipfel des Afti.*

Wir gehen vom **Parkplatz 1** über den Bachlauf. Hier beginnen orange Markierungen, die nach rechts auf einen kleinen Rücken führen. Wir folgen den Markierungen zu einer Schotterstraße, die wir überqueren und gehen weiter zu einer kleinen Hütte. Die Markierungen bringen uns bergauf zu einer weiteren Schotterstraße, auf der wir nun ziemlich flach geradeaus wandern. Links erhebt sich der kleine Hügel des Kastania. Nach einer gewissen Weile leiten uns die Markierungen steil nach rechts bergauf zu einer Kehre einer weiteren **Schotterstraße 2**. Nun gehen wir auf dieser nach rechts zu einer Felswand und weiter in östlicher Richtung. Steil zieht die Straße in ein paar Kehren bergauf. Vereinzelt sehen wir noch orange Markierungen an den Steinen. Nun erwartet uns eine lange Querung nach links. Am Ende dieser Querung bei der nächsten Kehre gehen wir auf deut-

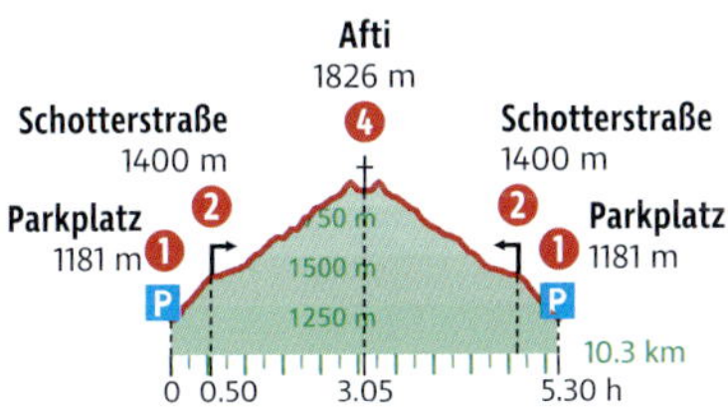

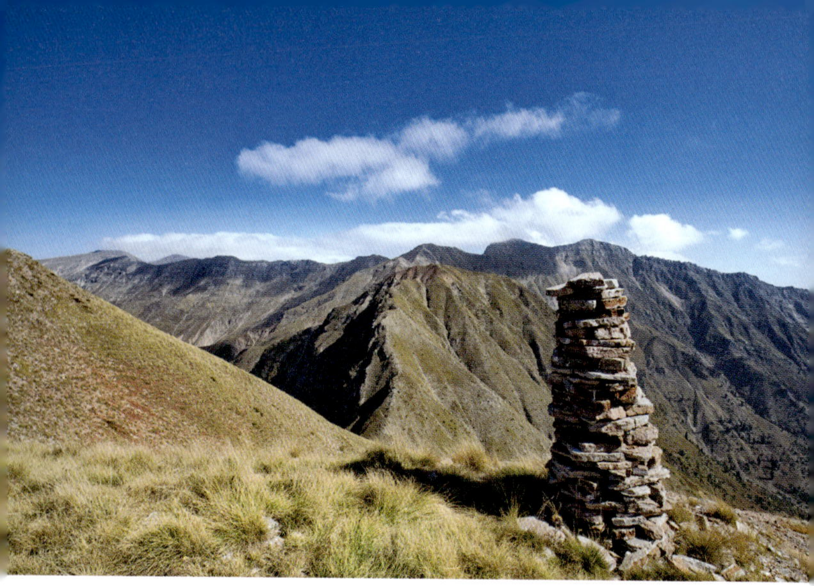

*Steinmann im letzten Abschnitt.*

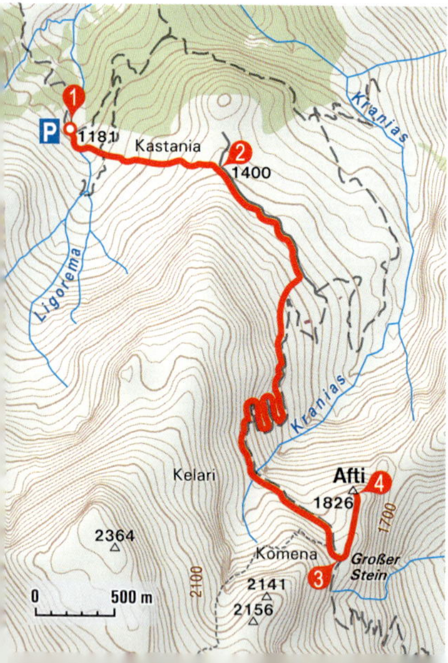


lichen Steigspuren geradeaus und kürzen so die Straße ab. Auch den nächsten Abschnitt kürzen wir noch einmal ab. Wir folgen nun noch kurz der Straße, bis bei einem **großen Stein** ❸ nach links Steigspuren in den Grashang führen. Diesen queren wir zu einer ersten Erhebung mit einem großen Steinmann. Von hier ist es nicht mehr weit bis zum Gipfel des **Afti** ❹. Im Gras setzen wir uns hin und genießen die Aussicht auf die einsamen Gipfel des Tzoumerkagebirges und des Kakarditsastockes. Der Rückweg erfolgt am Anstiegsweg. Auf der Karte ist ein Weg vom Gipfel nach Norden in Richtung Stavros eingezeichnet. Es gibt aktuell aber keinen Weg und das Gelände ist sehr steil. Daher raten wir von einer Begehung ab.

↗ 570 m | ↘ 570 m | 3.2 km

3.15 h

# Kurzer Weg auf den Kakarditsa 38

## Straßenabenteuer und kurzer Anstieg

*Der Kakarditsa ist mit über 2400 Meter Höhe ein gewaltiges Massiv im südlichen Pindosgebirge. Die Anstiege aus den Tälern, egal ob von Matsouki im Westen oder Agia Paraskevi im Osten, sind weit. Abhilfe schafft die Passstraße, die von Matsouki über Baros nach Chaliki führt. Allerdings ist auch von der Straße der Weg weit. Mit einem Allradauto können wir allerdings noch auf einer Schotterstraße bis unterhalb des Gipfels fahren und dann den höchsten Punkt auf kurzem Wege erreichen.*

**Ausgangspunkt:** Parkplatz an einem Stall auf der Schotterstraße in Richtung Stavros Koukouli (1848 m). Anfahrt von Matsouki in Richtung Baros. Kurz vor einem ersten Pass zweigt nach rechts eine Schotterstraße ab. Auf dieser an einer Kapelle vorbei fahren und weiter bis zu einem kleinen Stall mit Pferden. Hier beginnt die rote Markierung. N039°32.064' E021°11.228'.
**Talort:** Matsouki.
**Anforderungen:** Gut markierter Steig, der trotzdem manchmal etwas Aufmerksamkeit in der Wegfindung benötigt. Teilweise steil, aber nie wirklich schwierig.
**Einkehr:** Keine Einkehrmöglichkeit unterwegs.
**Karte:** Anavasi Wanderkarte 1:50.000, Blatt 3.2/4.2 South Pindos.
**Tipp:** Die Schotterstraße war bei der Erkundung in gutem Zustand. Trotzdem erfordert die Befahrung etwas Vorsicht und Geduld. Wer das nicht auf sich nehmen möchte, kann sich an Apostolis Tsimpanakos wenden. Er ist als Führer im Pindosgebirge tätig und kann die Anfahrt sowie die Führung auf den Gipfel übernehmen. Kontakt unter exp-trek.gr.

*Gutmütiges Gelände am Weg zum Kakarditsa.*

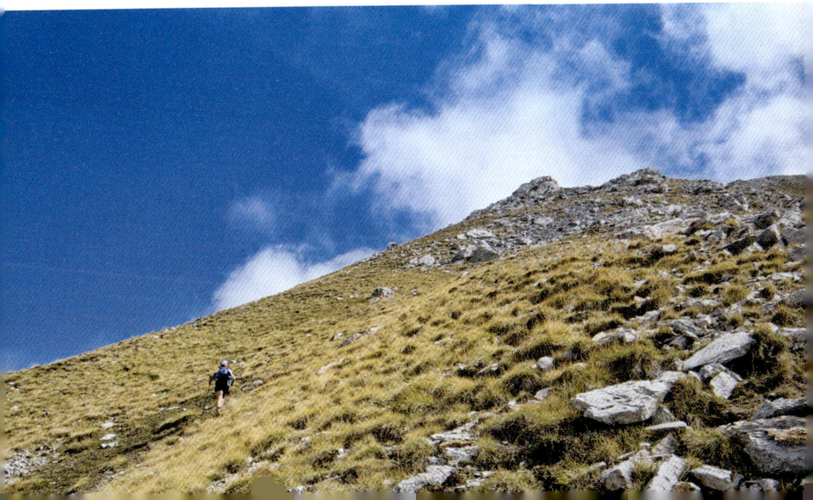

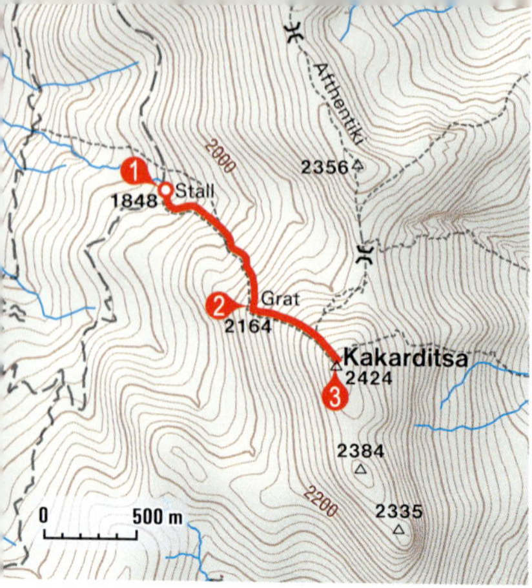


Die Wanderung beginnt am **Stall** ❶ direkt an der Schotterstraße. Hier zweigen wir nach links von der Straße ab. Hinter dem Zaun befindet sich gleich auf der linken Seite ein roter Markierungspunkt. Eine weitere Markierung ist erst einmal nicht zu sehen. Wir gehen einfach geradeaus weiter in Richtung Berghang und sehen bald oberhalb an einem großen Stein einen weiteren roten Punkt. Nun folgen wir den roten Markierungen, die teilweise weit auseinander liegen. Der Weg zieht den Hang hinauf, führt dann nach links zu einer offenen Fläche. Zuerst

*Blick in Richtung Nordwesten.*

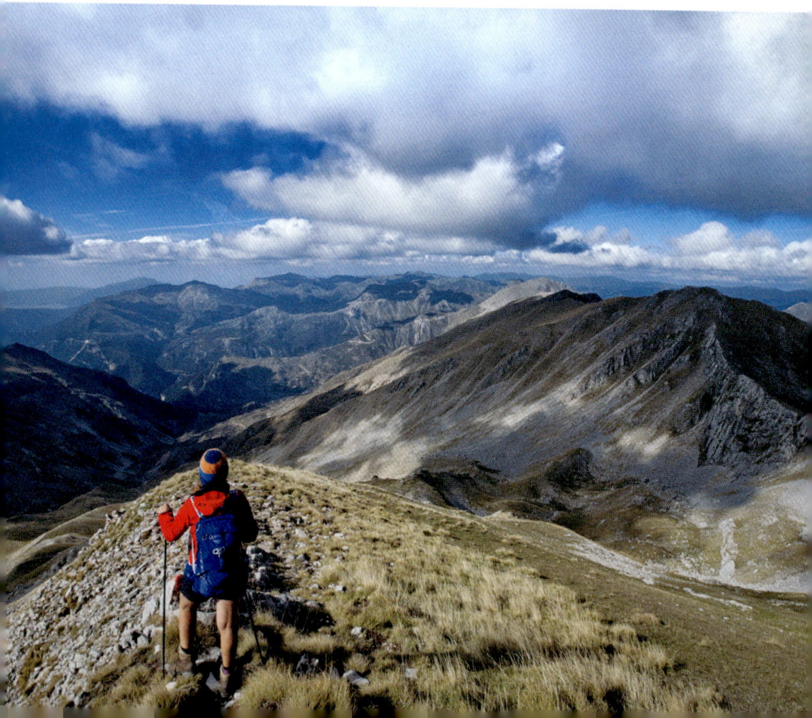

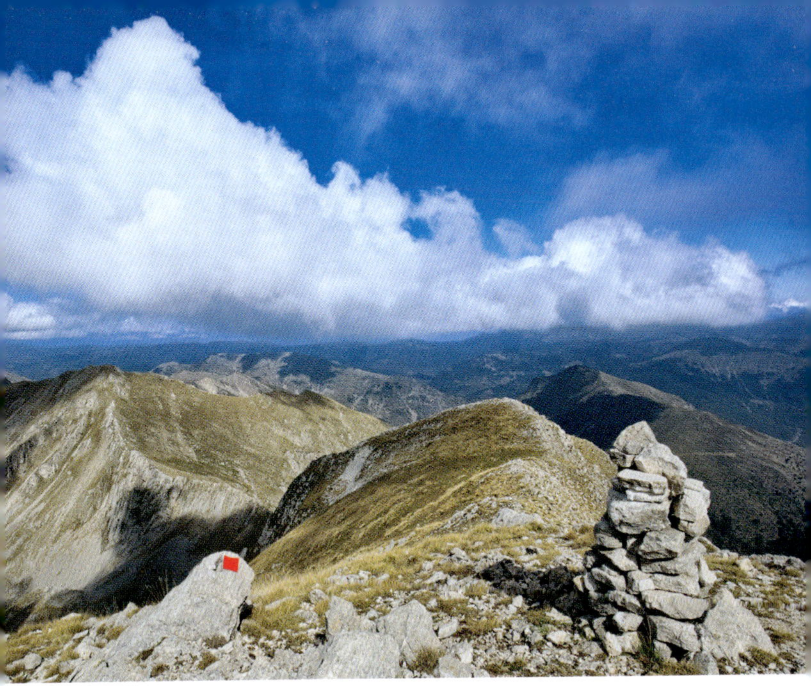

*Gipfelaussicht vom Kakarditsa.*

sind die Markierungen noch recht deutlich, dann wird es etwas schwieriger mit der Orientierung. Wir halten uns grob links an einen Rücken, dann sehen wir von rechts unten wieder Markierungen heraufkommen. Diese bringen uns über einen steilen Hang und ein kleines Tälchen zum **Grat** ❷. Nun steigen wir steil auf dem Grat hinauf zum Gipfel des **Kakarditsa** ❸, dem höchsten Berg in der nahen Umgebung.

Hier oben können wir eine traumhafte Aussicht auf die umliegenden Berggipfel im südlichen Pindos genießen. Wir merken deutlich, dass wir auf einem zentralen Gipfel in diesem Gebirge stehen. Gerade an klaren Tagen reicht der Blick ziemlich weit. Der Abstieg erfolgt am Anstiegsweg hinunter zum Standpunkt des Autos am Pferdestall. Vorsichtig fahren wir auf der langen Schotterstraße zur Teerstraße, die uns zurück nach Matsouki bringt.

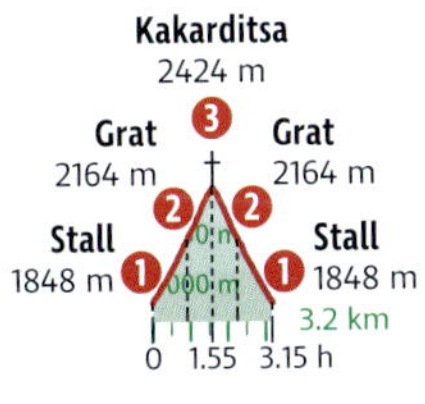

↗ 1010 m | ↘ 1010 m | 17.0 km

# 39 Überschreitung des Kakarditsa

7.45 h

## Grandioses Bergabenteuer im südlichen Pindos

*Neben dem Kurzanstieg auf den Kakarditsa (Tour 38) gibt es noch eine großartige Überschreitung. Diese ist teilweise aber anspruchsvoll. Es ist ein kurzer Felsgrat zu überwinden und zudem kosten die vielen Auf- und Abstiege über die Gipfel am Rückweg einiges an Durchhaltevermögen. Bei gutem Wetter und mit entsprechender Kondition eine der großartigsten Tagestouren in der Region.*

**Ausgangspunkt:** Parken an der Passstraße von Matsouki in Richtung Baros (1792 m). Anfahrt von Matsouki in Richtung Baros. Kurz vor einem ersten Pass zweigt nach rechts eine Schotterstraße ab. Hier parken. N039°35.123′ E021°10.375′.
**Talort:** Matsouki.

**Anforderungen:** Zuerst Schotterstraße, dann gut markierter Weg zum Gipfel. Der Rückweg führt über einen langen Grat und ist vorrangig weglos. Ein kurzer Abschnitt zieht über einen ausgesetzten Felsgrat. Trittsicherheit erforderlich.
**Karte:** Anavasi Wanderkarte 1:50.000, Blatt 3.2/4.2 South Pindos.

Wir wandern vom **Abzweig der Schotterstraße** ❶ diese entlang zu einer Wegteilung. Hier nehmen wir die rechte Straße, die leicht bergab führt. Später geht es wieder bergauf und wir erreichen nach einem längeren Wandern auf der Straße eine kleine **Kirche** ❷, die aussichtsreich über Matsouki steht. Der Tiefblick zum Ort ist sehr beeindruckend.

*Sonnenuntergang beim Abstieg vom Kakarditsa.*

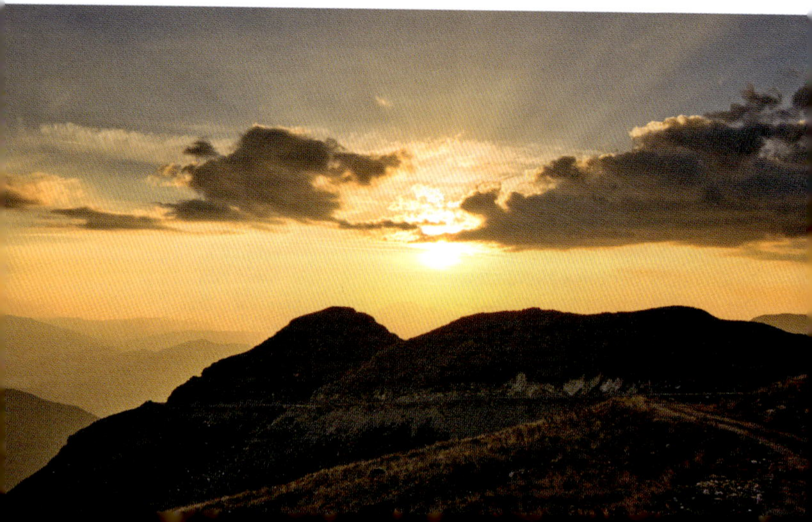

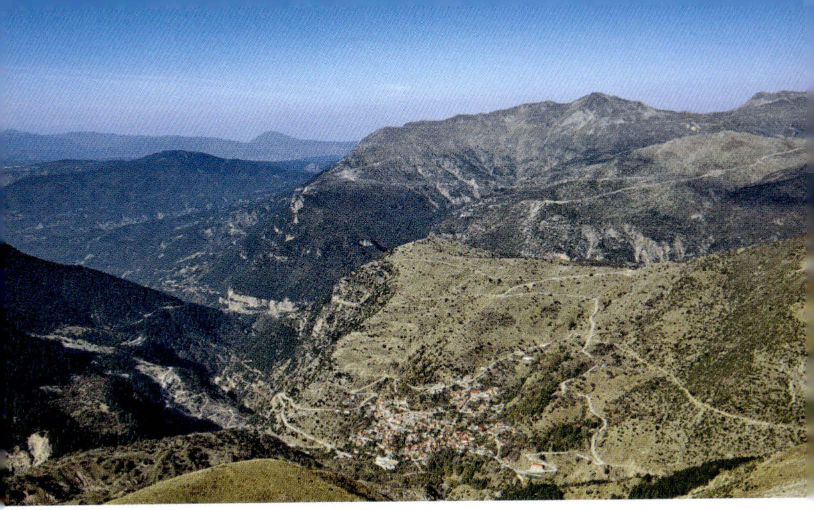

*Tiefblick nach Matsouki.*

Anschließend folgen wir der flachen Schotterstraße noch bis zu einem kleinen **Stall** ❸ mit Pferden. Hier entdecken wir erstmals rote Punkte. Nun folgen wir den Markierungen wie bei der Tour 38 beschrieben zum Gipfel des **Kakarditsa** ❹. Der höchste Gipfel der Umgebung bietet eine beeindruckende Rundumsicht auf die Gipfel des südlichen Pindosgebirges.
Für den Abstieg wählen wir nun die Überschreitung nach Norden. Vom Gipfel gehen wir ein Stück am Grat zurück bis zu einem kleinen Absatz bei ein paar Felsen. Hier biegen wir weglos und ohne Markierungen nach rechts ab. Über eine steile Rampe gehen wir geradeaus bergab und queren dann ziemlich weit unten an geeigneter Stelle nach rechts zu einem Schuttfeld. Dieses durchqueren wir und steigen über einen steilen Hang nach rechts hinauf zum felsigen Grat. Wir gehen nach links und kraxeln vorsichtig über den schmalen Grat weiter. Dieser stellt sich bald als gutmütig heraus und führt an den Grashang vor einem weiteren Gipfel. Wir steigen hinauf zum

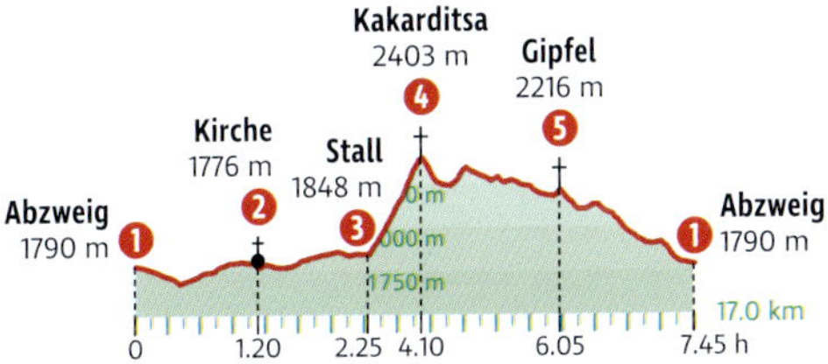

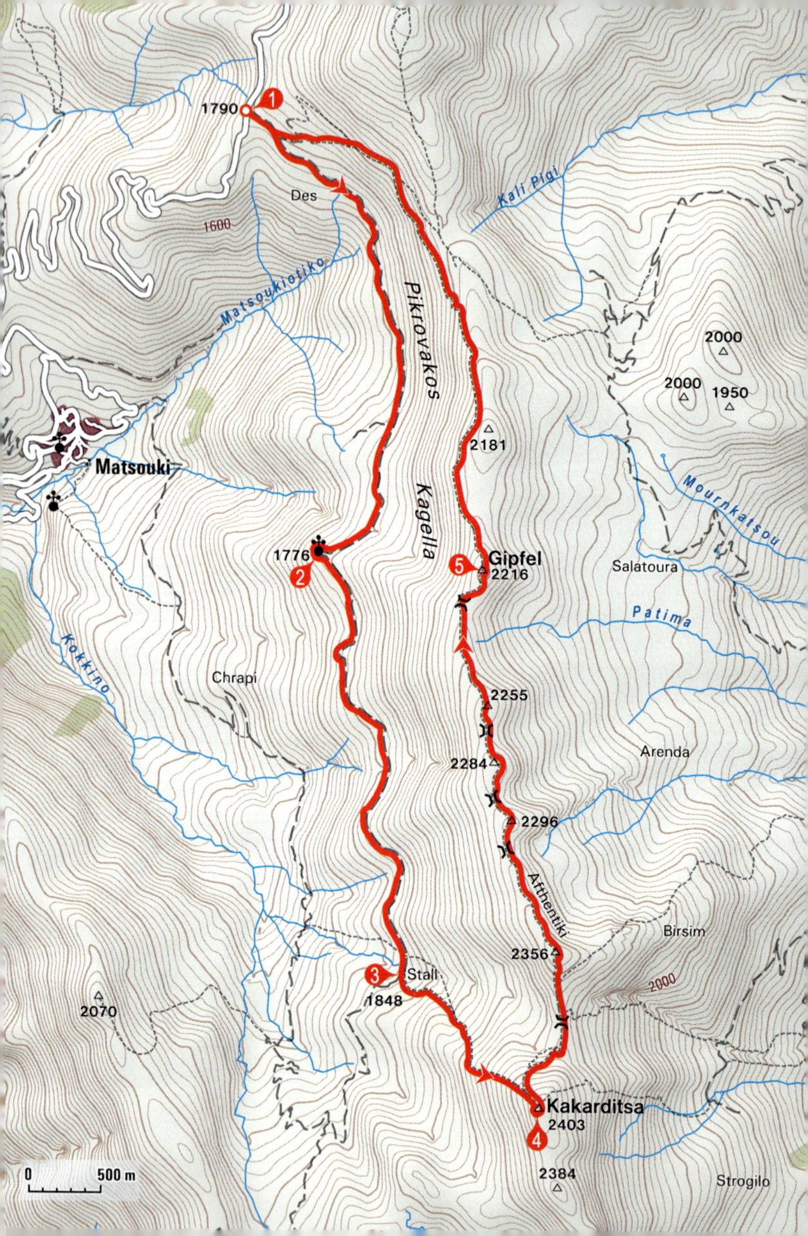
1790
1
Des
1600
Pikrovakos
Matsoukiotiko
Kali Pigi
2000
2000
1950
2181
Mourgkatsou
Matsouki
1776
2
Kagella
5
Gipfel
2216
Salatoura
Patima
Kokkino
Chrapi
2255
Arenda
2284
2296
Afthentiki
Birsim
2356
2000
3
Stall
1848
2070
Kakarditsa
2403
4
2384
Strogilo
0
500 m

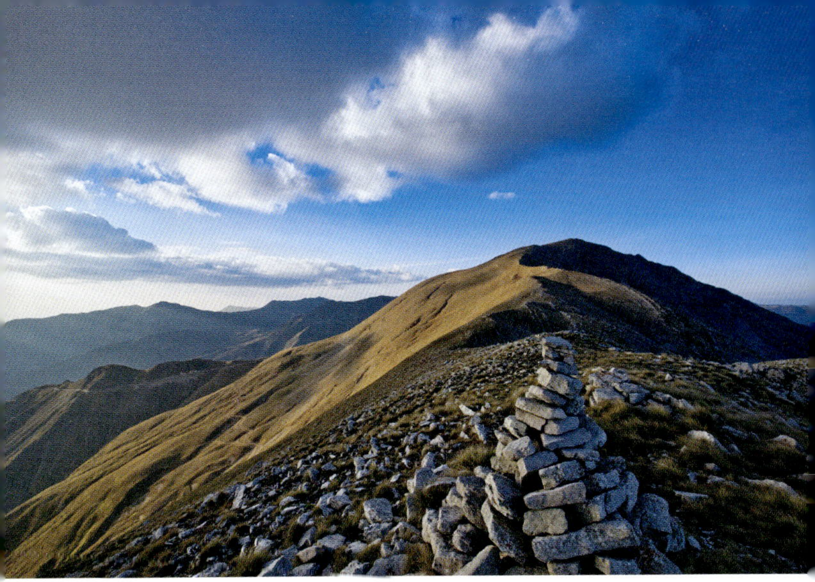

*Am Gratweg in der Abendstimmung.*

höchsten Punkt und genießen die Aussicht, vor allem aber dem Rückblick zu unserem Gipfel, dem Kakarditsa. Nun wandern wir über den gutmütigen Grat weiter. Den nächsten Gipfel können wir besteigen oder etwas links umgehen. Danach gehen weiter nach rechts zu einem Plateau. Hier halten wir uns links und treffen auf einen großen Steinmann vor einem weiteren Gipfel. Jetzt fällt nach links eine gutmütige Rampe zu der kleinen Kirche ab. Wir könnten auch an der Kirche unseren Geländewagen abstellen und die Tour somit abkürzen. Oder auch auf der Forststraße zurückwandern. Das ist zwar nicht kürzer, aber etwas einfacher.

Bei entsprechender Kondition gehen wir aber natürlich weiter über den Grat. Wir steigen hinauf zum mit einem Steinmann geschmückten **Gipfel** **5**. Über den linken Grat gehen wir wieder bergab bis kurz vor den nächsten Gipfel. Wir können ihn überschreiten, aber auch auf schmalen Steigspuren in der linken Flanke umgehen. Bei der Umgehung ist etwas Vorsicht und Trittsicherheit erforderlich. Wir erreichen wieder einen Gratrücken und steigen hinunter in eine Senke mit einem Steinmann. Hier beginnt ein gut sichtbarer Steig, der links den nächsten Aufschwung umgeht und schräg hinunter zu einer kleinen Steinhütte führt. Wir nehmen die Schotterstraße, die wir hier betreten und wandern auf ihr nach rechts. Bald kommen wir an die Straße, die wir vom Aufstieg kennen. In wenigen Minuten sind wir zurück am Parkplatz an der Passstraße.

TOP

↗ 700 m | ↘ 700 m | 6.5 km

# 40 Von Matsouki nach Kalarrytes

4.30 h

## Besuch des Klosters Viliza

*Diese Wanderung von Matsouki nach Kalarrytes führt entlang einer eindrucksvollen Schlucht zum Kloster Viliza. Das Kloster sollte man unbedingt besichtigen. Ein schöner Wanderweg bringt uns danach hinunter zu einem Fluss und hinauf zum kleinen Örtchen Kalarrytes. Für die Rückkehr ist es ideal, wenn man sich von jemand abholen lässt. Ansonsten muss man die gesamte Strecke noch einmal zurückwandern.*

**Ausgangspunkt:** Parken an der scharfen Rechtskurve unter Matsouki (991 m), wenn hier kein Platz ist, dann am Ortseingang parken. N039°33.525′ E021°09.241′.
**Anforderungen:** Zu Beginn gut ausgebauter Weg, danach schmaler Wanderweg. Gut markiert. Teilweise Trittsicherheit erforderlich.
**Einkehr:** Café in Matsouki, in Kalarrytes Einkehrmöglichkeiten in der Dorfmitte.
**Karte:** Anavasi Wanderkarte 1:50.000, Blatt 3.2/4.2 South Pindos.
**Varianten:** Wer eine gute Ausdauer hat, kann die Tour mit der Tour 41 kombinieren. Von der **Steinbrücke** ③ steigen wir zur Straße hoch, gehen nicht direkt nach Kalarrytes, sondern wandern auf der Straße nach links hinunter zur Kouiassa-Brücke. Dort beginnt der Weg nach Syrrako, der dann in Kalarrytes endet. Alternativ können wir von Kalarrytes nach Syrrako (umgekehrte Richtung zu Tour 41) weiterwandern und uns in Syrrako abholen lassen.
**Tipp:** Den Schlüssel für das Kloster Viliza können wir im Café Neo in Matsouki gegen Hinterlegung eines Passes ausleihen.
**Hinweis:** Bei Regen oder nassem Untergrund diese Tour meiden.

*Blick in Richtung Peristeri Gebirge.*

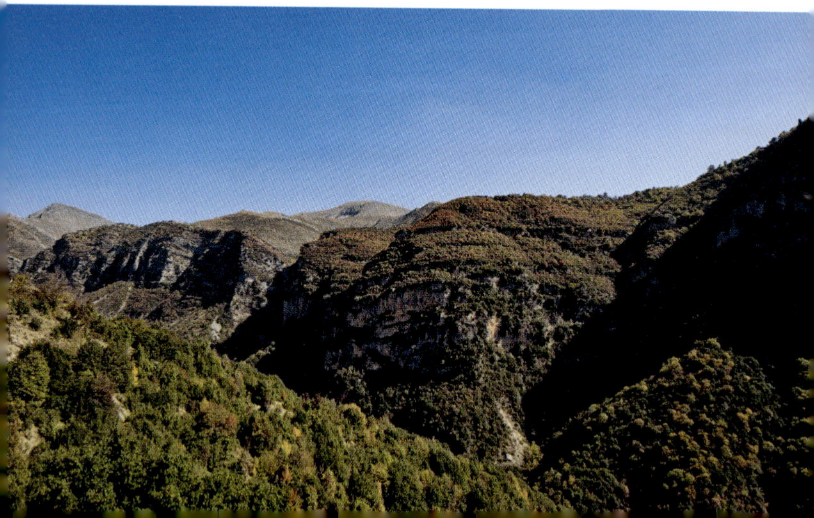

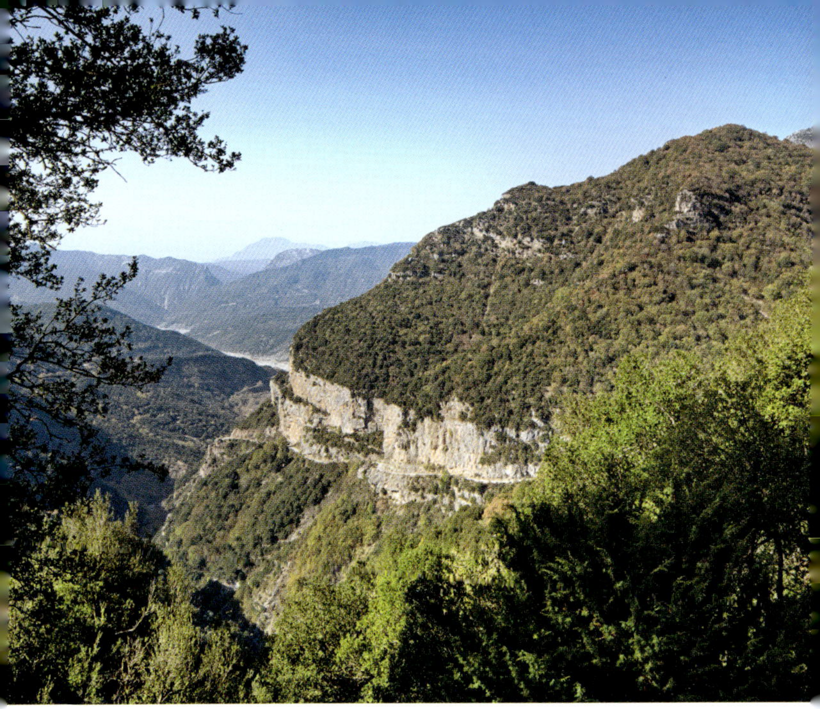

*Wir blicken hinüber zum Kloster Kipina.*

Vom kleinen Parkplatz am Ortseingang von **Matsouki** ❶ folgen wir dem Wegweiser in Richtung des Kloster Vilizas. Der gut ausgebaute Weg führt unter den eindrucksvollen Felswänden auf- und absteigend bis zum kleinen Kloster. Immer wieder genießen wir einen grandiosen Tiefblick in die Schlucht und blicken hinüber zu den schönen Bergen der Umgebung. Eine Besichtigung des **Klosters Viliza** ❷ und der dazugehörigen Kapelle lohnt sich. Dazu muss man sich im Vorfeld allerdings den Schlüssel besorgen (siehe Tipp).

Nach dem Kloster wird der Weg schmäler und taucht in den Wald ein. An einer deutlichen Weggabelung zeigen Markierungen nach links und bringen uns hinunter zu einem Absatz. Hier bietet sich ein toller Blick zum Kloster Kipina, das sich auf der gegenüberliegenden Talseite in einer Felsenhöhle versteckt. Der Pfad

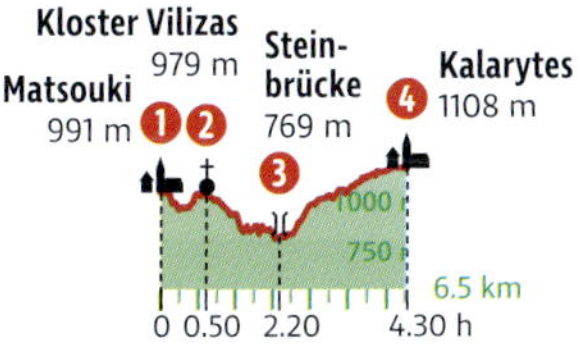

*Gut ausgebauter Weg zum Kloster Viliza.*

zieht nach rechts abwärts und nach zwei Kehren die ganze Zeit am Hang entlang in Richtung der Schlucht. Vereinzelt ist der Weg etwas abgerutscht und erfordert bei der Begehung Vorsicht. Trittsicherheit ist hier von Vorteil. Wir erreichen die Schlucht und überqueren diese auf einer ziemlich zugewachsenen **Steinbrücke** ❸. Am Steig wandern wir nach rechts durch den Wald aufwärts. Nach dem Erreichen einer Schutthalde biegt der Steig nach links um und bringt uns hinauf zur Straße unterhalb von **Kalarrytes** ❹. Hier wenden wir uns nach rechts und kommen über die Straße in das schöne Örtchen. Wir spazieren durch die schmalen Gassen und besuchen den Dorfplatz mit seinen schönen Cafés. Hier können wir uns wunderbar erholen und eine Erfrischung gönnen. Idealerweise lassen wir uns von jemand (z. B. dem Hotelier) abholen und zurück nach Matsouki bringen. Ansonsten wandern wir auf dem Hinweg zurück zum Ausgangspunkt der Wanderung.

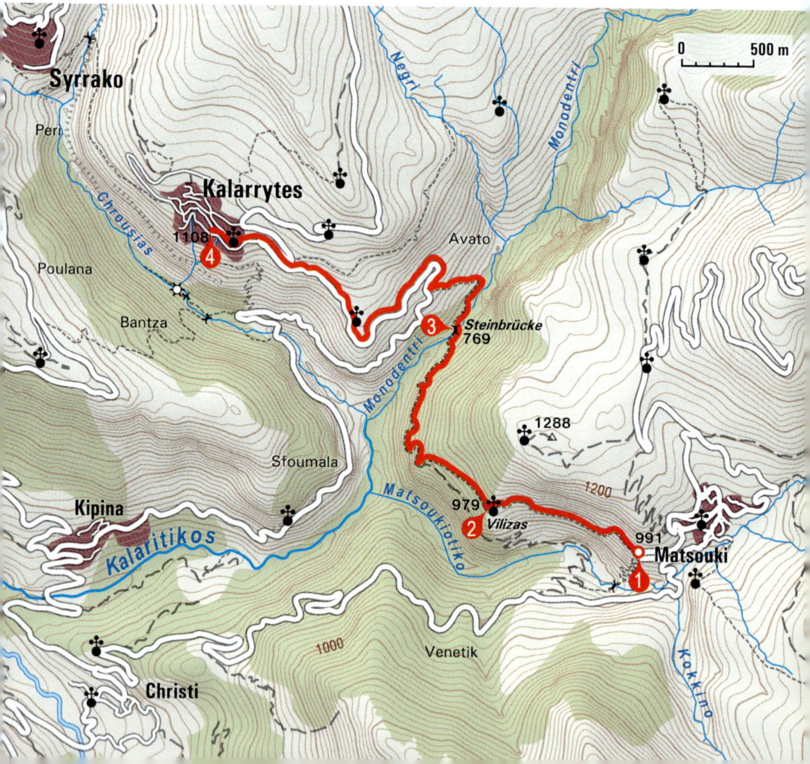

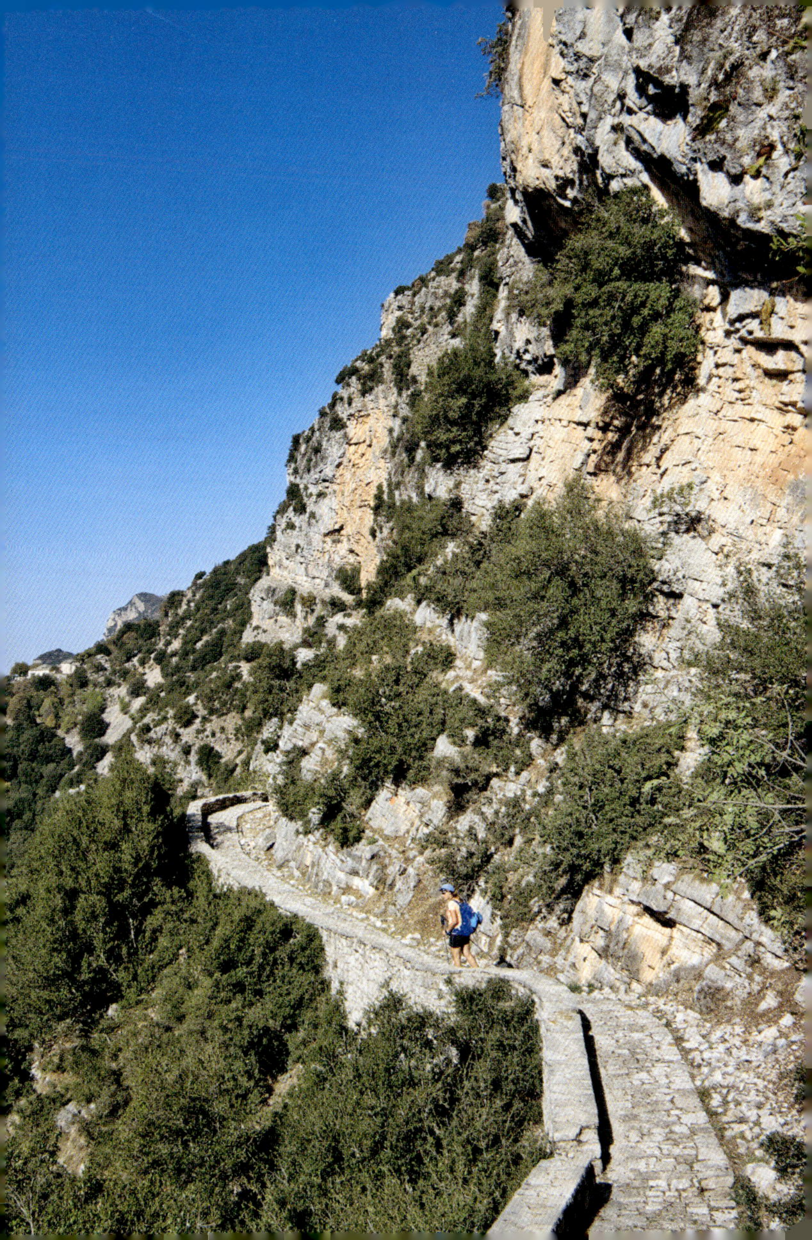

↗ 600 m | ↘ 600 m | 8.4 km

# 41 Zwischen Syrrako und Kalarrytes

3.45 h

## Zwei romantische Dörfer im südlichen Pindos

*Syrrako und Kalarrytes liegen am Fuße des Peristerigebirges und sind der Inbegriff von zwei romantischen Dörfern in den griechischen Bergen. Wir spazieren durch die herrlichen Gassen und spüren, wie hier die Zeit stehen geblieben ist. Zwischendrin erwarten uns eine wunderschöne Landschaft und die Erkundung einer wirklich eindrucksvollen Schlucht.*

**Ausgangspunkt:** Parken am Ortseingang von Kalarrytes (1108 m) N039°35.007' E021°07.207'.
**Anforderungen:** Gute Wanderwege, der Ab- und Aufstieg in die Schlucht zwischen den Dörfern ist ziemlich steil.
**Einkehr:** In beiden Dörfern gibt es schöne Einkehrmöglichkeiten.
**Variante:** Wer eine gute Kondition hat, kann diese Wanderung auch mit der Tour 40 verbinden. Entweder wandern wir nach der Ankunft in Kalarrytes einfach weiter nach Syrrako oder hängen die Tour wie hier beschrieben an die Tour 40 an.
**Karte:** Anavasi Wanderkarte 1:50.000, Blatt 3.2/4.2 South Pindos.
**Tipp:** Zwei Kilometer südlich der Kouiasa-Brücke befindet sich das Kloster Kipina, das in den Berg hineingebaut wurde. Ein Besuch des Klosters nach der Wanderung lohnt sich sehr, da die Anlage im Berg wirklich sehr eindrucksvoll ist.
**Hinweis:** Von der Kouiasa Brücke nach Norden, also entlang des Baches aufwärts, liegen sehr schöne Badegumpen. Der Abstecher lohnt sich vor allem im Sommer und ist markiert.

*Blick nach Syrrako.*

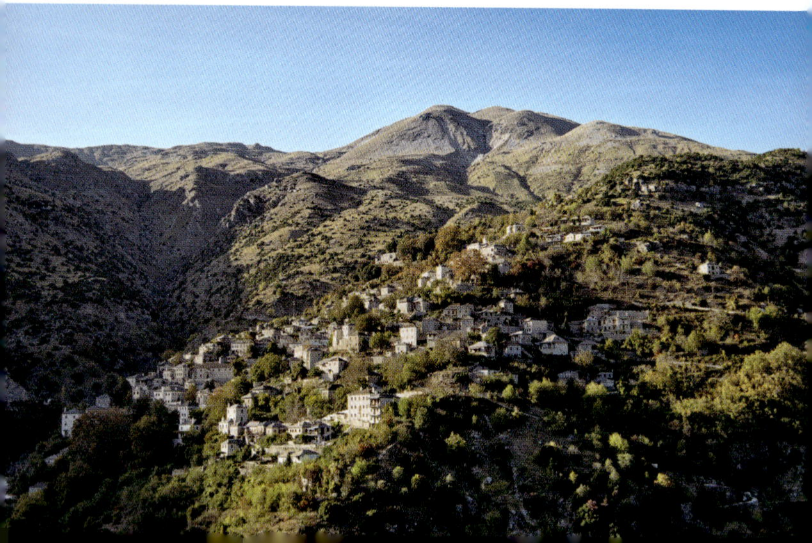

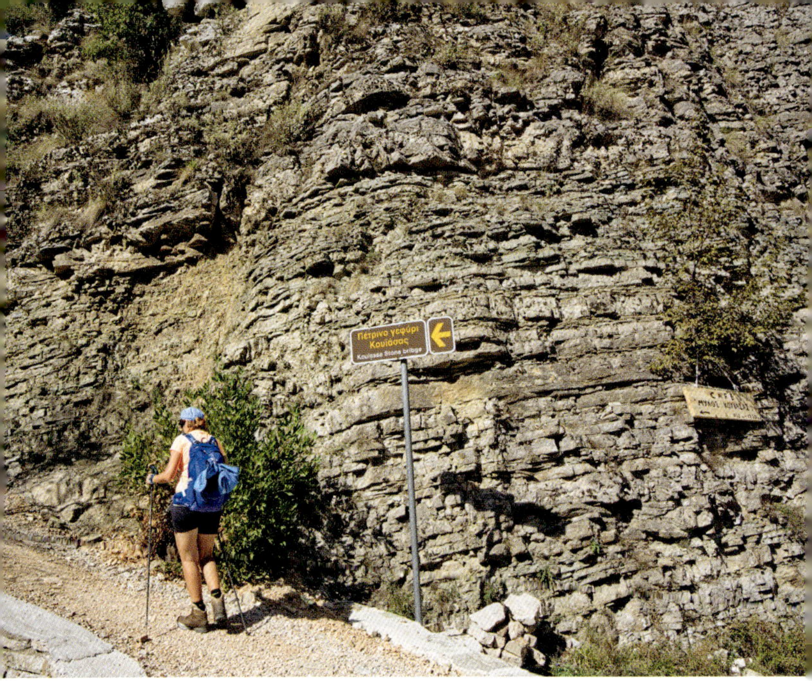


*Bei der Kouiasa-Brücke.*

Von **Kalarrytes** ❶ wandern wir auf einem schmalen Steig sehr steil hinunter in die Nähe der **Kouiasa-Brücke** ❷. Wir gehen kurz nach rechts und überqueren auf der alten Steinbrücke den Bach nach links. Danach schlängelt sich der Pfad durch den Wald in vielen Kehren bergauf. Immer wieder genießen wir dabei herrliche Ausblicke auf Kalarrytes. Wir gewinnen auf dem Weg schnell an Höhe und gelangen weiter oben in freieres Gelände. Der Steig bringt uns zu einem Pavillon, von dem sich ein wunderschöner Blick auf Kalarrytes und Syrrako bietet. Hier haben wir einen wunderbaren Platz für eine Pause gefunden.

Der Steig führt hinauf zur nahen **Straße** ❸, und auf dieser wandern wir nach rechts in Richtung von Syrrako. Kurz vor dem Ort nehmen wir die rechte Straße, die vor einer Schlucht endet. Wir gehen hinunter zu einer Steinbrücke und steigen über Stufen hinauf nach **Syrrako** ❹,

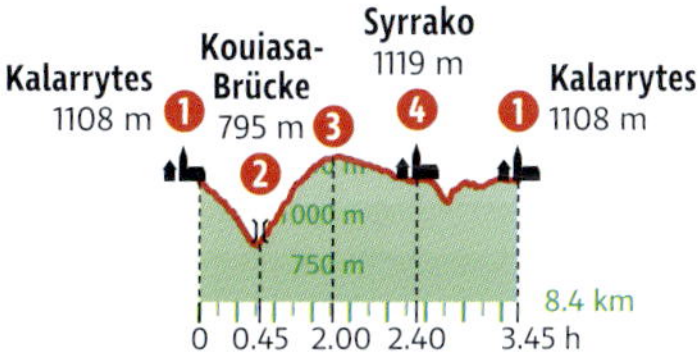

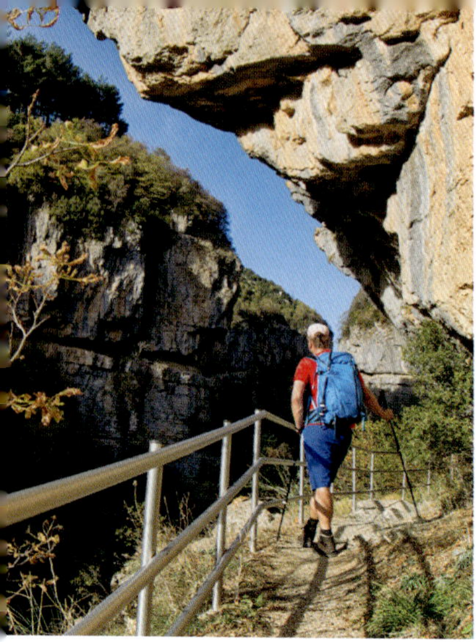

*Im Aufstieg nach Kalarrytes.*

in dem sich nette Cafés und Tavernen befinden.
Wir spazieren durch die engen Gassen des romantischen Ortes und folgen den Schildern in Richtung Kalarrytes. Kurz nach dem Ort führt ein steiler Steig in vielen Kehren hinunter in die Schlucht zwischen Syrrako und Kalarrytes. Auf einer Brücke überqueren wir den Bach. Hier beginnen Stufen, die uns über die steilen Abschnitte nach oben bringen. Ein Geländer schützt uns vor dem tiefen Abgrund. Immer wieder genießen wir grandiose Blicke in die Schlucht und auf Syrrako. Wir steigen hier über eine wirklich eindrucksvolle Weganlage. Endlich wird der Weg flacher, ist aber immer noch mit einem Geländer gegen den Absturz gesichert. Wir wandern weiter in Richtung von **Kalarrytes** ❶. Im Ort gibt es ebenfalls schöne Einkehrmöglichkeiten.

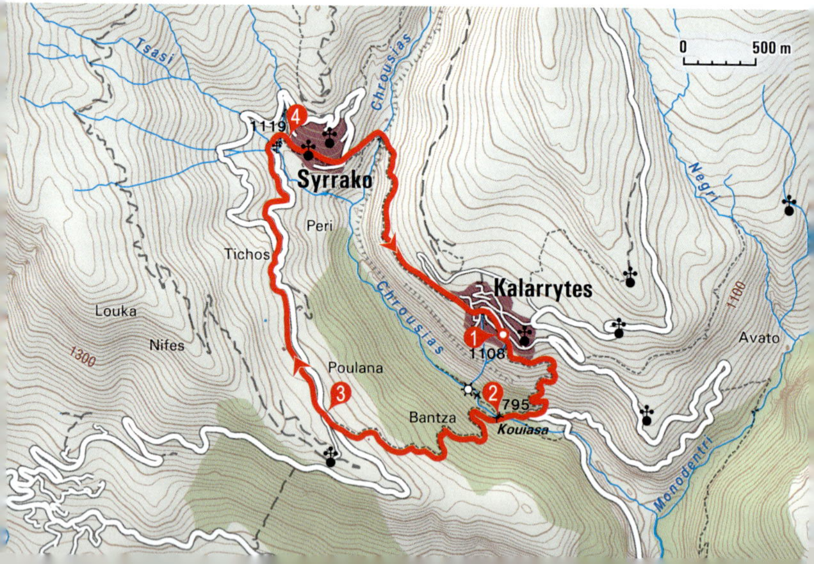

↗ 290 m | ↘ 290 m | 6.4 km

2.30 h

# Zwischen den Felstürmen von Meteora

42

## Eindrucksvolle Runde zu den Klöstern

*Die Felstürme von Meteora liegen am Rande des Pindosgebirges und sind ein weltberühmtes Touristenziel. Wir stellen hier eine grandiose Wanderung mitten zwischen den Felstürmen vor. Dabei kommen wir an einigen Klosteranlagen vorbei, die wie Vogelnester an die Felstürme geklebt sind. Ein Besuch lohnt auf jeden Fall.*

**Ausgangspunkt:** In Kastraki am nordwestlichen Ortsende N039°43.113′ E021°37.080′.
**Anforderungen:** Gute Wanderwege, markiert, aber nicht immer ganz eindeutig.
**Einkehr/Übernachtung:** In Kastraki gibt es viele Tavernen und Cafés. Übernachtungsempfehlung siehe Tour 43.
**Variante:** Verlängerung ab dem Kloster Ypapanti auf insgesamt 5 Std. wie unten beschrieben.
**Karte:** Anavasi Wanderkarte 1:10.000 Blatt 4.2.1 Meteora.
**Tipp:** Das kleine Kloster Ypapanti stammt aus dem Jahre 1347 und ist leider nicht immer geöffnet. Die Anlage versteckt sich in der Flanke des Dimitriossteins. Die Gründung des Klosters Varlaám geht auf das 14. Jahrhundert zurück. Das Kloster selbst wurde 1535 fertig gestellt und ist immer noch bewohnt. Das Kloster Megalo Meteoro ist mit einem Gebäudekomplex von 60.000 Quadratmetern das größte Meteorakloster. Am Eingang befindet sich die Einsiedlerhöhle des Klostergründers Athanasius. Für die Besichtigung des Klosters benötigt man entsprechende Kleidung: keine kurzen Hosen, Frauen Rock und keine Tops.

Von **Kastraki** ❶ folgen wir der Straße am Doupianifels vorbei bis zu einer **Rechtskurve** ❷. Direkt nach einem kleinen Wäldchen zweigt hier ein deutlicher Pfad nach links ab. Dieser Weg führt zuerst über Wiesen und durch ein kleines Wäldchen bergauf. Dabei gehen wir teilweise ganz nah an die Felsen heran. Wir wandern durch eine schmale Scharte und wenden uns gleich wieder nach rechts. Der Weg nimmt uns mit unterhalb der Felsen entlang. Es geht durch einen schönen Wald, und schließlich kommen wir an eine Schotterstraße. Wir gehen nach

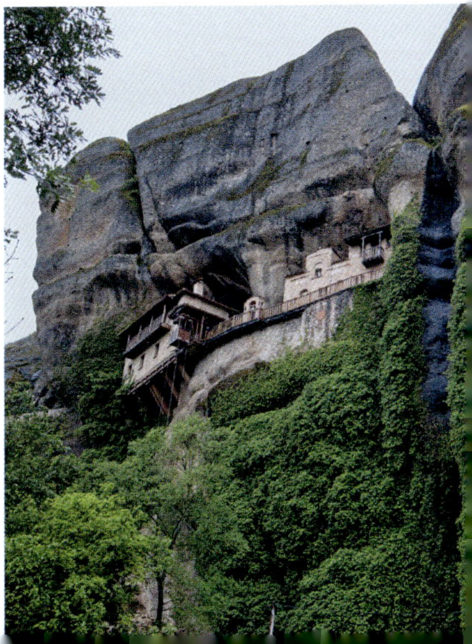

*Eindrucksvoll klebt das Kloster in der Felswand.*

rechts hinauf und stehen unterhalb des **Klosters Ypapanti** ❸. Wenn das Kloster geöffnet hat, lohnt ein Aufstieg über die 100 Stufen zur kleinen Anlage.
Anschließend gehen wir geradeaus weiter und folgen nicht dem deutlichen Pfad, der nach links zu einem Aussichtspunkt führt. Stattdessen wandern wir geradeaus weiter. Der Pfad steigt deutlich an und trifft auf einen Weg, der von links einmündet. Rote Markierungen begleiten uns. Der Steig zieht hinauf zu einer Anhöhe, von dem wir das Kloster Megalo Meteora sehen. An der Wegverzweigung nehmen wir den linken Pfad und steigen hinunter zur Straße zwischen dem Kloster und dem benachbarten Kloster Varlaám. Wir können nun eines oder auch beide Klöster besichtigen. Anschließend folgen wir der Straße zum **Kloster Varlaám** ❹. Rechts von der Eingangspforte beginnt ein Weg, der steil bergab in Richtung Kastraki führt. Zu Beginn ist der Weg gut ausgebaut, später wird er aber schmaler und immer steiler. Eindrucksvoll steigen wir zwischen den Felsen bergab. Die Vegetation ist sehr üppig. Wir fühlen uns teilweise wie im Urwald.
Wir erreichen die Straße, die wir überqueren und spazieren auf einem Weg geradeaus hinunter in Richtung Ort. An einer Straßenteilung können wir nach rechts zum Doupianifels und entlang der Straße zum Ausgangspunkt zurückkehren. Gehen wir stattdessen geradeaus, kommen wir bald in das Zentrum von Kastraki.

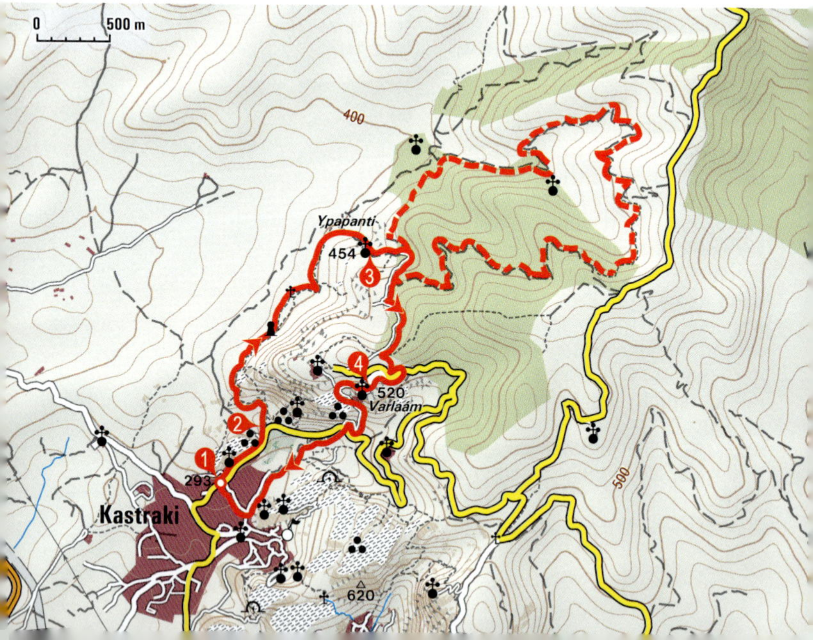

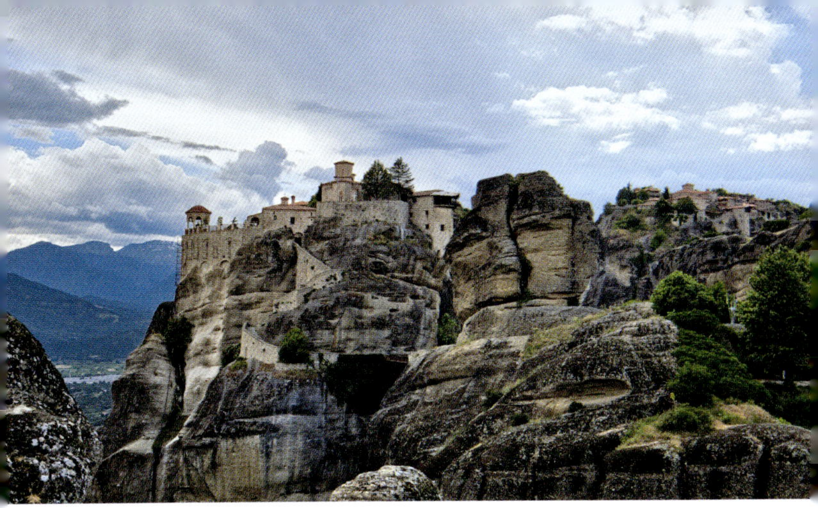

*Die Wanderung führt unter den Felstürmen hindurch.*

### Längere Variante

Insgesamt 5 h, 13,4 km, ↗ 700 m, ↘ 700 m.

Wer die Tour ein wenig ausdehnen möchte, kann dies tun. Zwar gibt es auf dieser Variante keine besonderen Highlights, wir können aber einfach eine ausgedehntere Wanderung in dieser herrlichen Landschaft genießen. Dafür benötigen wir in Summe fast fünf Stunden.

Vom Kloster Ypapanti wandern wir auf dem breiten Weg in einem Bogen zu einem Denkmal an einem schönen Aussichtspunkt. Dann folgen wir dem Steig auf der anderen Seite am Hang entlang durch den Wald. Wir erreichen eine Schotterstraße und bleiben auf dieser bis zu einer Wegteilung. Der rechte Weg führt zu einer einsamen Kirche im Wald. Wir aber wenden uns nach links und gehen auf dem Weg aufwärts bis zu einem kleinen Gebetsschrein. Hier biegen wir scharf nach rechts ab und spazieren nun immer auf dem Weg weiter. Dieser nimmt uns mit durch eine schöne Vegetation, bis uns ein Pfeil nach rechts schickt. Durch einen schönen Wald zieht ein Steig hinauf, bis wir auf einen breiten Schotterweg gelangen. Auf diesem gehen wir nach rechts und erreichen dann den Weg, der direkt vom Kloster Ypapanti heraufkommt. Wie oben beschrieben, wandern wir weiter zu den Klöstern Megalo Meteora und Varlaám. Von dort steigen wir auf dem steilen Felsenweg hinunter nach Kastraki.

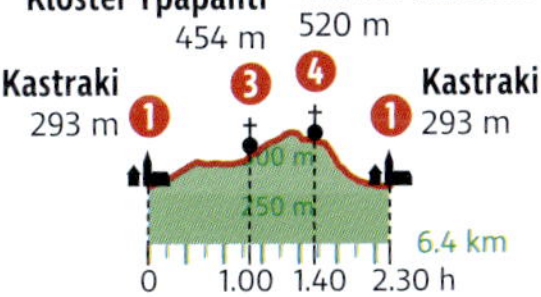

↗ 950 m | ↘ 950 m | 12.4 km

# 43 Von Kastania auf den Morava

**6.30 h**

## Der vergessene Berg

*Einst gab es am Morava einen gut markierten Steig. Diese Markierungen können wir immer noch sehen, leider wird der Steig aktuell nicht mehr gepflegt, sodass wir manchmal auch über kleine Hindernisse steigen müssen. Die Anstrengungen lohnen sich aber, bietet der Gipfel doch eine wunderbar freie Aussicht auf das Peristerigebirge, den Trigia und weiter unten auf Meteora.*

**Ausgangspunkt:** Hotel Manakos in Kastania (880 m) N039°42.381′ E021°22.242′.
**Anforderungen:** Mittelschwere Wanderung auf altem Steig mit alten roten Markierungen. Guter Orientierungssinn erforderlich. Der Steig wird aktuell nicht gepflegt, weshalb Äste im Weg liegen können.
**Einkehr:** Keine Einkehrmöglichkeit unterwegs. In Kastania gibt es ein paar Cafés.

**Karte:** Anavasi Wanderkarte 1:50.000, Blatt 3.2/4.2 South Pindos.
**Tipp:** Für die Übernachtung empfiehlt sich Kastraki bei Meteora. Die Anfahrt ist nicht besonders lang, und die Infrastruktur ist besser als in Kastania. Ideal ist das Guesthouse Vavitsas, meteoravavitsas.com. Dort ist es möglich, sich selbst seinen Kaffee in einer vorhandenen Kaffeemaschine zu kochen und somit frühzeitig aufzubrechen.

Direkt am Hotelparkplatz am oberen Ortsende von **Kastania** ❶ beginnt ein Steig, der gleich steil in die Höhe zieht. Durch die ostseitige Lage ist es hier am Morgen sehr sonnig und auch schon ziemlich warm.

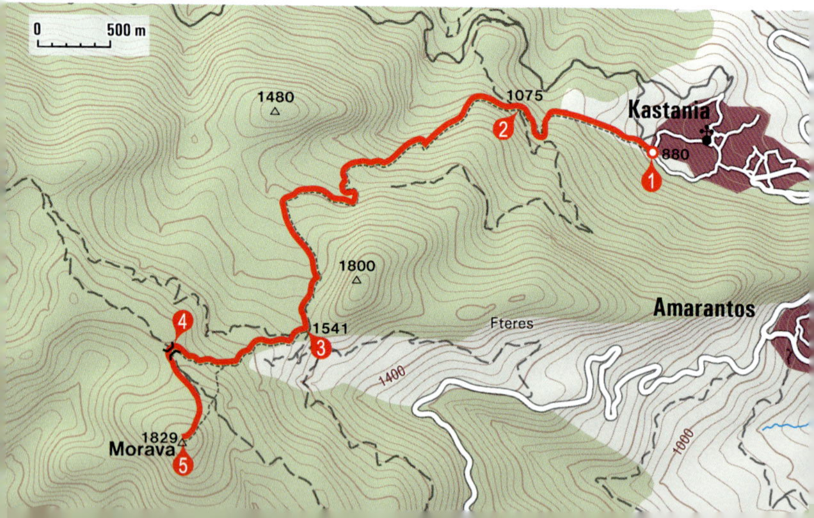

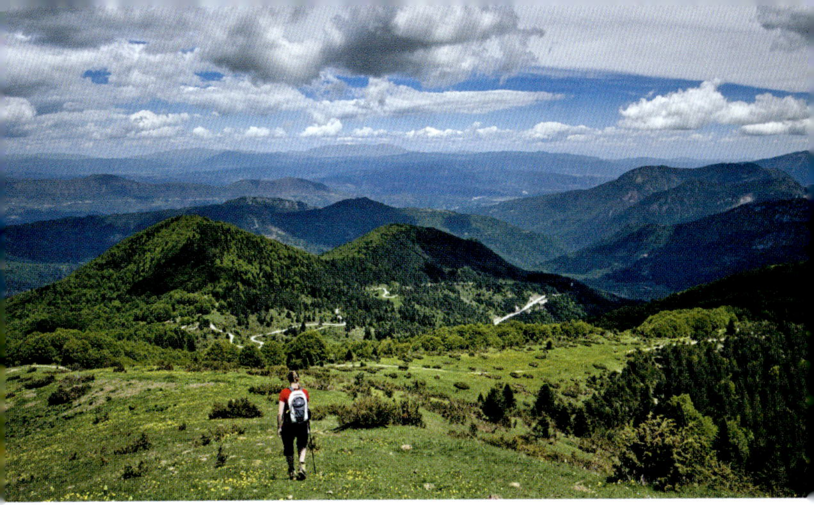

*Abstieg über den Wiesenrücken des Morava.*

Wir folgen diesem Steig bis in eine Höhe von 1000 Metern. Jetzt heißt es aufpassen, um den richtigen Steig zu finden: Hier führt geradeaus ein deutlicher Steig, der auch mit Absperrbändern markiert ist. Dieser Steig ist falsch.

An dieser Stelle zweigt nach rechts ein unscheinbarer Steig ab, der wenig später deutlicher wird. Eine alte rote Markierung befindet sich an einem Baum, die aber durch einen Zweig verdeckt ist. Der schmale Steig bringt uns zu einer felsigen Schlucht und zieht anschließend weiter bergauf zu einer **Schotterstraße** ❷, die wir geradeaus überqueren. Ein alter roter Pfeil befindet sich an einem Felsen. Wir folgen nun diesem Steig bergauf. Immer wieder entdecken wir dabei alte rote Punkte. Der Steig nimmt uns mit durch eine Schlucht und dann zu einem Bach, an dem wir wenige Meter entlang gehen. Wenig später wenden wir uns nach links und steigen durch eine Rinne bergauf. Wir wandern dann auf dem nach rechts führenden,

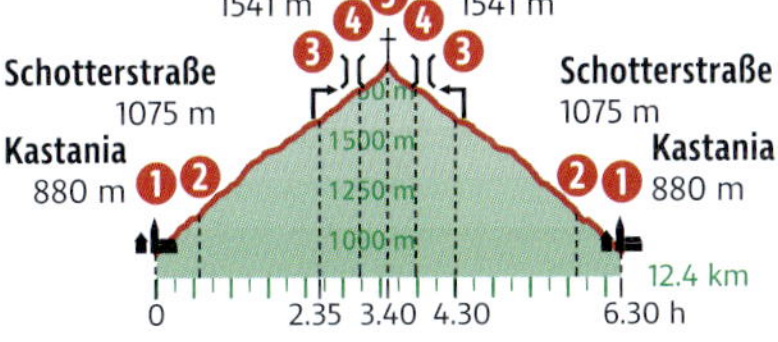

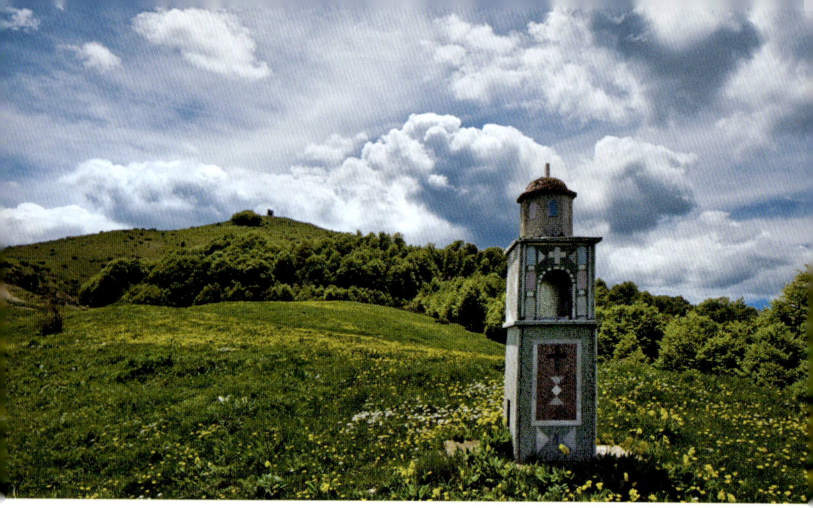

*Der Gipfel ist bereits sichtbar.*

etwas breiteren Weg bergauf. An einer scharfen Linkskurve folgen wir dem alten Weg nach links zu einer Wiese. Hier ist der Weg wieder undeutlicher. Wir überqueren die Wiese und kommen in etwas feuchtes Gelände. Hier setzt eine alte, breite Schotterstraße an, die nach links aufwärts zieht. An einer Kreuzung gehen wir nach rechts und weiter auf der breiten Schotterstraße. Auf dieser wandern wir ein Stück, bis nach links ein Steig abzweigt. Achtung, diese Abzweigung wird leicht übersehen! Der Steig bringt uns nach links aufwärts, macht einen kleinen Bogen und führt nun durch den Wald bergauf. Weiter oben verlassen wir den Wald und gehen über freieres Gelände. So erreichen wir einen Forstweg, auf dem wir nach links aufwärts zu einer **Kreuzung** 3 von drei Schotterstraßen wandern. Wir nehmen die rechte Straße, und bald schon zweigt nach links ein Steig ab. Über die mit Büschen durchsetzten Wiesen gehen wir aufwärts in den Wald. Der Weg biegt nach links ab und führt hinaus auf eine Wiese. Über diese wandern wir mit deutlichen Steigspuren bergauf zu einem kleinen Bächlein. Wir folgen immer dem deutlichen Weg in gleicher Richtung, der uns am Ende steil in einen **Sattel** 4 mit einem Schrein bringt. Von hier sehen wir hinauf zum Gipfel. Über den breiten Wiesenrücken wandern wir zu einer Einzäunung und steigen von dort steil über freies Gelände zum Gipfel des **Morava** 5 mit seiner seltsamen Konstruktion. Von hier oben genießen wir eine großartige Aussicht, vor allem auf den nahen Trigia und hinüber zum Peristerigebirge. Auch Meteora können wir tief unter uns sehen.
Nach der Pause steigen wir am Anstiegsweg ab. Der Weg ist jetzt fast einfacher zu finden, da wir auf die beiden Abzweigungen nicht achten müssen.

↗ 600 m | ↘ 600 m | 6.1 km

4.00 h

# Vom Golemipass zum Trigia 44

## Zentraler Gipfel im südöstlichen Pindosgebirge

*Der Trigia ist ein zentraler, weit ausladender Gipfel im südlichen Pindosgebirge. Durch den hohen Ausgangspunkt vom Golemipass ist die Tour relativ kurz, trotzdem aber sehr lohnenswert. Gerade der gut gangbare Gratrücken zum Gipfel ist ein richtiger Panoramaweg. Oben am Gipfel haben wir viel Platz für eine gemütliche Gipfelpause mit Blick auf das Peristerigebirge und die eindrucksvolle Nordflanke des Britsiasa.*

**Ausgangspunkt:** Parken am Golemipass (1599 m), gute Schotterstraße von Paleochori. N039°36.549' E021°24.079'.
**Talort:** Paleochori.
**Anforderungen:** Im Wesentlichen wegloses Gelände, teilweise mit alten Markierungen.
**Einkehr:** Unterwegs keine Einkehr. In Paleochori gibt es eine nette Taverne.
**Karte:** Anavasi Wanderkarte 1:50.000, Blatt 3.2/4.2 South Pindos.
**Tipp:** Als guter Stützpunkt bietet sich Meteora an, da es schwierig ist, im Ort eine Übernachtung zu bekommen. Wir können das Guesthouse Vavitsas empfehlen, Details siehe Tour 43.
**Hinweis:** Die Wanderung führt über Weidegelände, etwas Achtsamkeit auf Herden und Hirtenhunde ist wichtig. Die Nordostseite des Berges bietet auch eine Aufstiegsmöglichkeit. Hier befinden sich allerdings große Weideflächen mit einigen Schafherden. Wir hatten hier einigen Kontakt mit Hirtenhunden und möchten daher von diesen Anstiegsmöglichkeiten abraten.

*Start zum Trigia.*

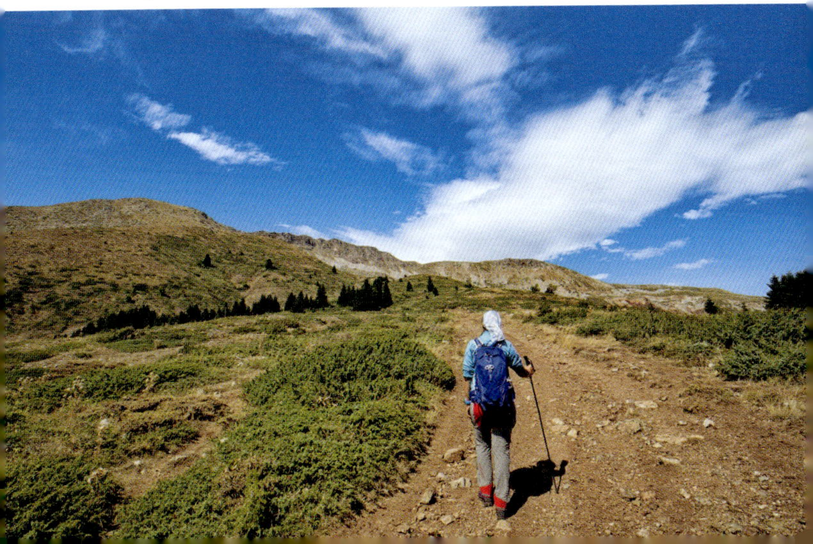

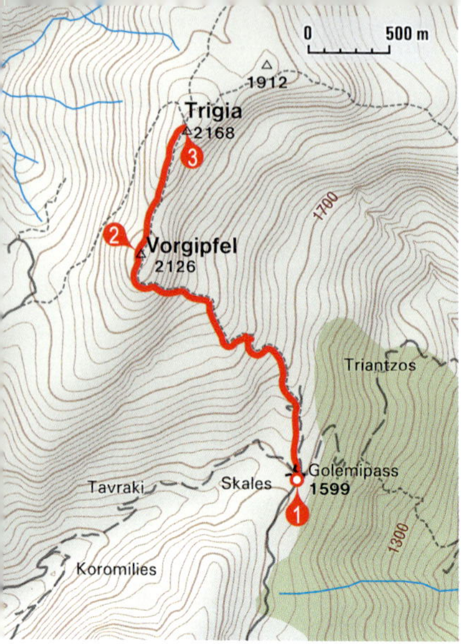


Wir parken an der kleinen Kapelle am **Golemipass** ❶ und folgen dem breiten Weg bergauf. Wenn er nach links wegzieht, wandern wir geradeaus weiter zusammen mit Steigspuren bergauf. Wir überqueren den Weg noch einmal. Danach gibt es mehrere Möglichkeiten. Im Wesentlichen gehen wir auf dem Bergrücken bergauf, um dann nach links zur steilen, schon seit langem sichtbaren Flanke zu gelangen. Wir sehen auch eine Steigspur nach links oben ziehen. Genau diese Steigspur peilen wir an. Es handelt sich dabei tatsächlich um einen gut sichtbaren Steig, an dem wir sogar alte, rote Markierungen finden. Ihm folgen wir steil nach oben, bis er sich verliert. Wir finden weitere rote Markierungen an Felsen oberhalb

*Am Gipfelgrat des Trigia.*

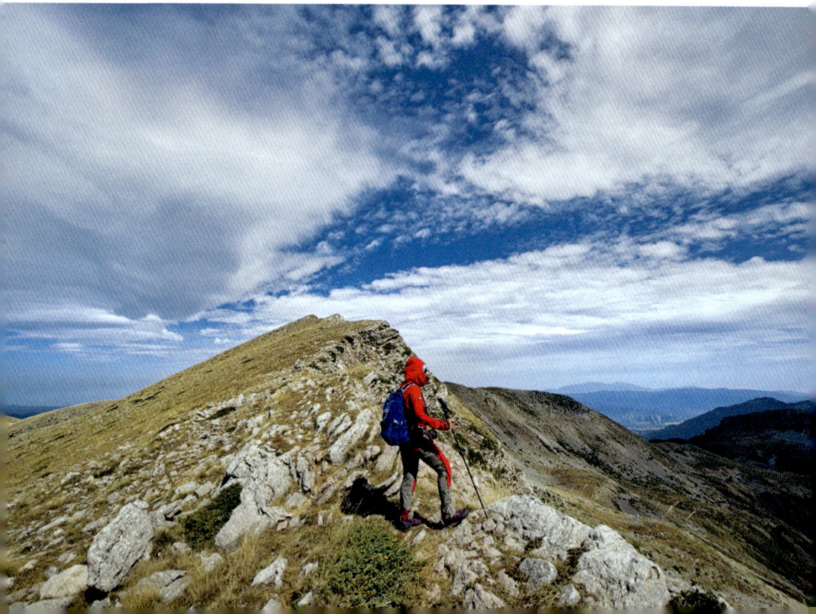

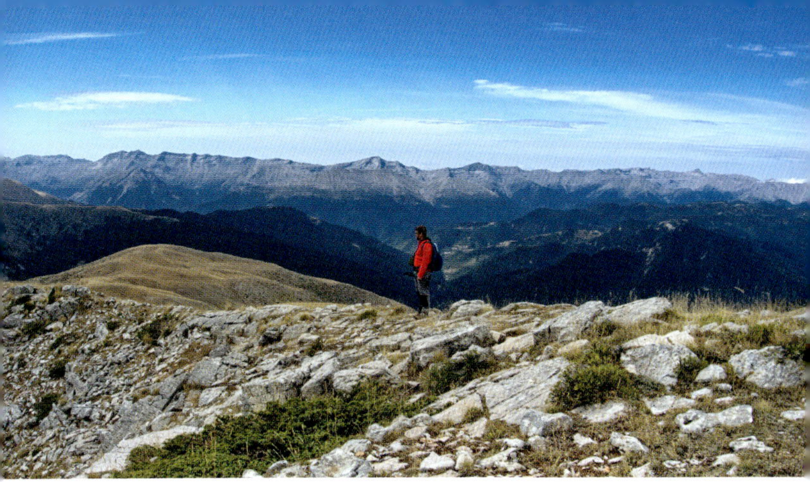

*Gipfelaussicht am Trigia.*

von uns. Deshalb steigen wir weiter bergauf und achten immer wieder auf die schlecht sichtbaren Markierungen. Im letzten Abschnitt erscheint es uns einfacher, nach links zum Grat hinaus zu queren und über diesen zum **Vorgipfel** ❷ aufzusteigen. Oben am Vorgipfel stehen wir vor dem Gipfelgrat, der nun hinauf zum Trigia zieht. Vorher müssen wir vor dem Vorgipfel noch ein paar Meter in einen Sattel absteigen. Dann wandern wir über den aussichtsreichen Grat hinauf zur weiten Gipfelfläche des **Trigia** ❸. Dabei können wir entweder auf der Gratschneide gehen, oder auch etwas links unterhalb. Oben am Gipfel genießen wir ein herrliches Panorama auf die umliegenden Berge. Im Süden begeistert die Kette vom Neraida zum Britsiasa mit der eindrucksvollen Nordflanke, im Westen reicht der Blick zum Peristeri und zum Kakarditsa.

Nach der Gipfelpause steigen wir über den Anstiegsweg zurück. Wir wandern über den Grat hinunter in den Sattel unterhalb des Vorgipfels. Wir erkennen geradeaus vor uns einen Steinmann, auf den wir zuwandern. Hier entdecken wir wieder alte rote Markierungen. Bergab ist es eine Möglichkeit, direkt über den steilen Hang abzusteigen. Dabei folgen wir den einzelnen Markierungen bergab, bis sie undeutlicher werden. Anschließend gehen wir weiter geradeaus bergab auf einen Steinmann zu, der zu dem deutlich sichtbaren Steig führt. Auf diesem geht es hinunter zum Rücken und weiter auf den Steigspuren zum Parkplatz am **Golemipass** ❶.

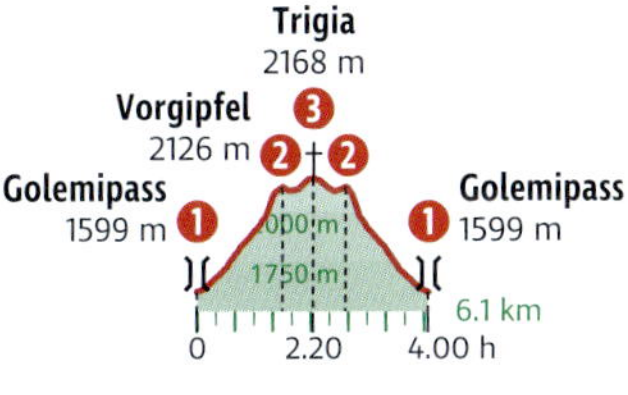

↗ 1210 m | ↘ 1210 m | 19.0 km

# 45 Von Drosochori zum Avgo

8.30 h

## Panoramagrat im südlichen Pindosgebirge

*Der Avgo ist ein weit ausladender Gipfel im südlichen Pindosgebirge. Nach einem etwas anstrengenden Waldabschnitt erwartet uns ein aussichtsreicher Gratgang bis unterhalb der Gipfelflanke. Wir wandern dabei über mehrere Kilometer auf dem Grat, der keine besonderen Schwierigkeiten aufweist. Die Gipfelrundumsicht vom Avgo ist grandios.*

**Ausgangspunkt:** Dorfplatz von Drosochori N039°32.184' E021°21.251'.
**Anforderungen:** Keine guten Markierungen. Lediglich Nylonbänder an den Bäumen im Wald. Hier ist Orientierungssinn erforderlich, auch das GPS hilft bei der Orientierung. Gipfelanstieg ebenfalls nicht markiert, aber auf Steigen von Weidetieren gut zu finden. Theoretisch kann der Steig im Wald auch auf der Schotterstraße umgangen werden, dies ist allerdings deutlich weiter.
**Einkehr:** Unterwegs keine Einkehrmöglichkeiten. Auch in den Orten, außer in Elati sind die Cafés und Tavernen nicht immer geöffnet.
**Karte:** Anavasi Wanderkarte 1:50.000, Blatt 3.2/4.2 South Pindos.
**Tipp:** In der näheren Umgebung von Drosochori ist ein Übernachten aktuell schwierig. Als Stützpunkt empfiehlt sich Elati. Gerade das Hotel Kroupi ist empfehlenswert. Der Inhaber Nikolaos Kroupis ist ein leidenschaftlicher Bergsteiger und kennt die Berge der Umgebung sehr gut.
**Hinweis:** Stabiles Wetter erforderlich. Rund um die kleine Hütte im Aufstieg gibt es Pferde und viele Kühe. Im oberen Bereich der Tour Vorsicht walten lassen bei Kontakt mit einer großen Schaf- und Ziegenherde und deren Hirtenhunden. Die Tiere besser großräumig umgehen.

Vom Dorfplatz in **Drosochori** ❶ steigen wir auf der steilen Straße bergauf rechts an der Taverne vorbei. Wir achten auf einen kleinen Steig, der nach links zu einem Haus hinaufzieht. Direkt unterhalb des Hauses wandern wir nach links und treffen auf einen deutlicheren Weg. Auf diesem schlängeln wir uns nach rechts in ein paar Kehren bergauf, bis wir wieder Häuser erreichen. Links von den Häusern wandern wir hinauf zu einer Schotterstraße.

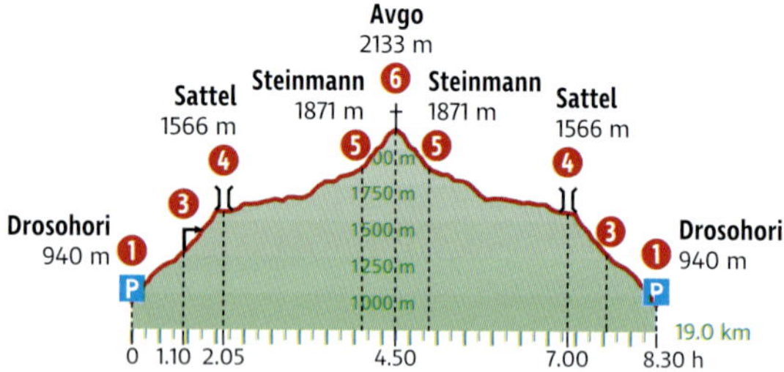

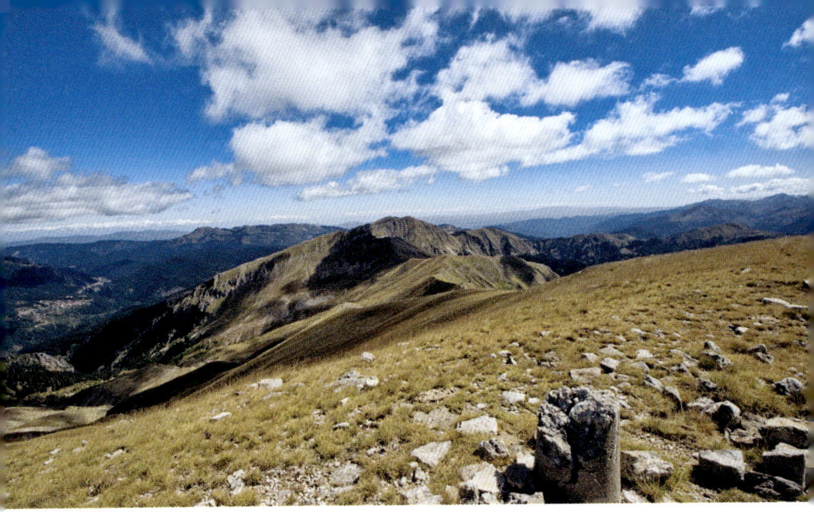

*Gipfelaussicht vom Avgo.*

Wir gehen geradeaus weiter, rechts an einem Wasserspeicher vorbei zum Wald. Hier beginnt ein Steig zunächst gerade aus und bald schon nach links, der manchmal recht deutlich, manchmal aber auch sehr undeutlich ist. Ein blauer Pfeil zeigt uns, dass wir richtig sind. Zur weiteren Orientierung helfen Nylonbänder an den Bäumen. Allerdings sind diese sehr ausgeblichen und sehr leicht zu übersehen. Wir treffen auf einen Hohlweg, dem wir nach oben zu einer **Forststraße** 2 folgen. Gegenüber taucht unser Steig wieder in den Wald ein. Dabei achten wir genau auf die Bänder, die bald nach rechts leiten. Anschließend queren wir nach links, kommen an einem kleinen Bächlein vorbei und lassen uns von den behelfsmäßigen Markierungen weiter aufwärts führen. Wir treffen wieder auf eine zweite **Forststraße** 3, wandern hier kurz nach rechts und folgen einem Steig nach links aufwärts. Es geht wieder im Wald aufwärts. Bei einem Feld mit Farn halten wir uns eher links, um dann wieder nach rechts abzubiegen. Wir wandern weiter bergauf, bis wir unterhalb einer Hütte sind. Hier gehen wir nach rechts hinaus zur Schotterstraße. Diese verlassen wir an ein paar alten Bäumen nach rechts und ziehen hinauf zum Rücken, der oberhalb der Hütte vorbeiführt. Hier treffen wir auf einen guten Viehsteig, über den wir zu einer Trinkstelle für Tiere gelangen. Diese umgehen wir und folgen dem Rücken bergauf, bis der Steig nach links in einen **Sattel** 4 quert. Jetzt genießen wir erstmals einen wunderbaren Blick auf die umliegenden Berge, wie dem mächtigen Kakarditsa und dem Chadzi.
Wir wandern auf dem deutlich sichtbaren Steig nach links und umgehen den nächsten Aufschwung. Den folgenden Nebengipfel können wir über-

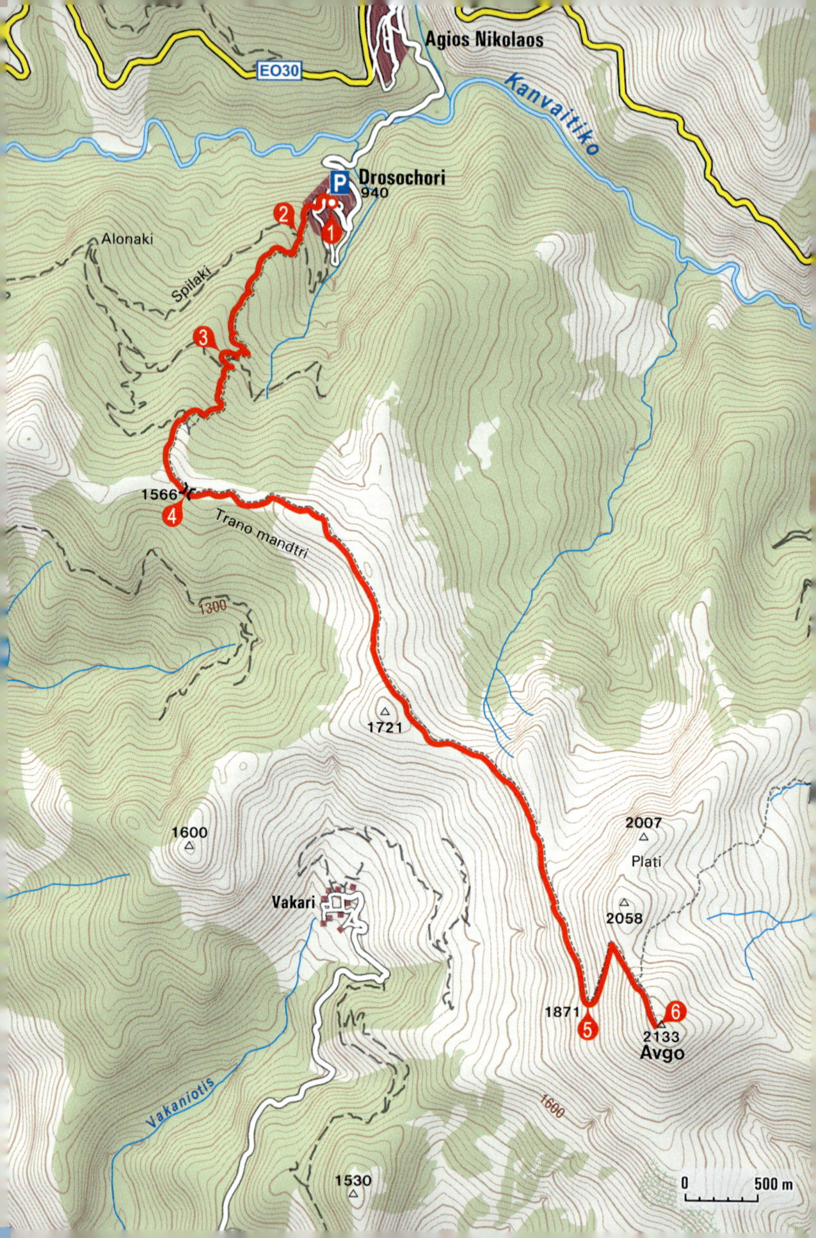

Agios Nikolaos
EO30
Kanvaitiko
Drosochori
940
Alonaki
Spilaki
1566
Trano mandtri
1300
1721
1600
Vakari
2007
Plati
2058
1871
2133
Avgo
1600
Vakaniotis
1530
0
500 m

schreiten oder ebenfalls links umgehen. Wir kommen in einen weiten Sattel. Der Avgo ist noch weit entfernt. Es folgt nun eine längere Querung auf guten Steigen in den nächsten Sattel. Wir umgehen einen kleinen Aufschwung auf der rechten Seite und erreichen eine schon lange sichtbare Querung. Der Steig führt durch den steilen Hang und erfordert etwas Trittsicherheit. Wir kommen auf einen Grat, auf dem wir weitergehen. Vor uns zieht ein Grat in die Höhe. Unser Steig zieht noch weiter geradeaus bis zu einem deutlich sichtbaren **Steinmann** 5. Hier biegen wir nach links ab und queren die Flanke des Avgo nach Norden. An einer Kehre queren wir wieder in die entgegengesetzte Richtung und kommen in den Sattel zwischen Haupt- und Vorgipfel des Avgo. Über einen steilen Rücken steigen wir hinauf zum breiten Gipfelkamm des **Avgo** 6. In wenigen Minuten erreichen wir den höchsten Punkt mit seinem Gipfelzeichen. Grandios ist die Aussicht von hier oben. Wir erkennen viele großartige Gipfel im Pindosgebirge wie Kakarditsa, Trigia, Koziakas, Strogoula oder Chadzi. Besonders beeindruckend sind die Nachbargipfel Marosa und Omio.

Am Anstiegsweg wandern wir zurück zu unserem Parkplatz in **Drosochori** 1. Im Wald heißt es auch beim Abstieg genau auf die Markierungsbändchen achten.

*Im unteren Bereich führt der Weg durch viel Wald.*

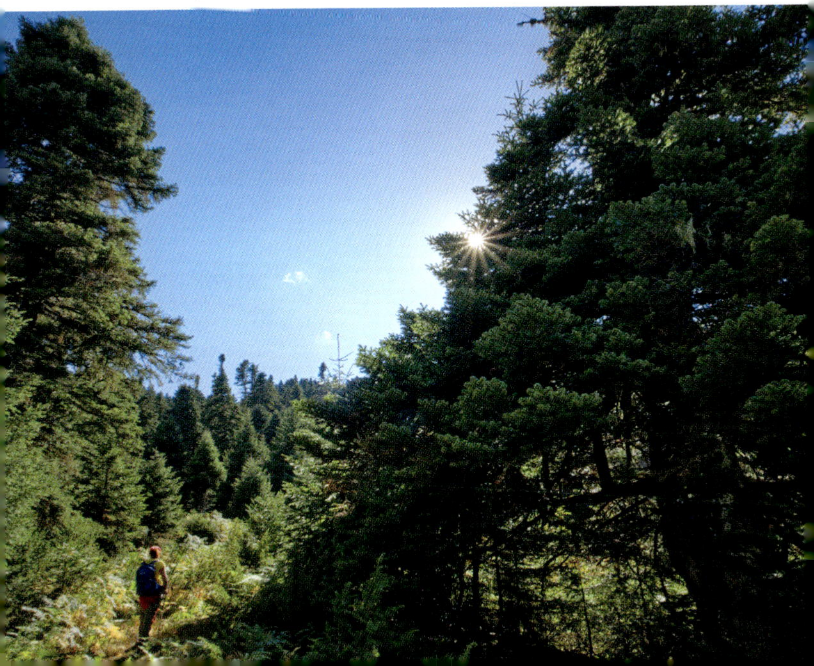

↗ 1060 m | ↘ 1060 m | 15.4 km

# 46 Von Desi zum Britsiasa

**7.30 h**

## Der höchste Gipfel im Kamm zwischen Neraida und Kap Gras

*Vom gegenüberliegenden Avgo fallen die weiten Flächen des Britsiasa auf. Es handelt sich um den höchsten Gipfel des vom Neraida nach Westen ziehenden Kamms. Dementsprechend großartig ist die Aussicht vom höchsten Punkt. Der Anstieg führt nur durch ein kurzes Waldstück und verläuft dann lange Zeit auf einem unschwierigen Grat.*

**Ausgangspunkt:** Parken vor Desi, bei Beginn einer Schotterstraße, die nach rechts hochzieht. N039°33.255′ E021°22.208′.
**Anforderungen:** Zu Beginn Forststraße, dann kurzes Waldstück auf gut sichtbarem Steig. Markierungen mit Nylonbändchen. Im waldfreien Gelände meistens weglos, bei guter Sicht aber sehr übersichtlich.
**Einkehr:** Unterwegs keine Einkehrmöglichkeiten. Auch in den Orten, außer in Elati sind die Cafés und Tavernen nicht immer geöffnet.
**Variante:** Für den Abstieg ist eine schwierige Alternative beschrieben.
**Karte:** Anavasi Wanderkarte 1:50.000, Blatt 3.2/4.2 South Pindos.
**Tipp:** In der Umgebung von Desi ist ein Übernachten aktuell schwierig. Als Stützpunkt empfiehlt sich Elati. Siehe auch Hinweis Tour 45

Wir wandern auf der von der Straße abzweigenden **Schotterstraße** ❶ bergauf, die in den Wald hinaufzieht. Vor der ersten Kehre sehen wir rechts oberhalb der Straße eine kleine Kapelle. Hier können wir weglos zur **Kapelle** ❷ gehen und so eine Kehre abkürzen. Nach drei weiteren Kehren müssen wir den Forstweg allerdings nach rechts in den Wald verlassen. An einer Fichte entdecken wir ein kleines Nylonband. Der Einstieg ist etwas schwierig zu finden. Wir gehen geradeaus bergauf und erreichen bald einen deutlich sichtbaren Steig, der nach rechts führt. Ab hier ist die Markierung mit Nylonbändern sehr gut. Wir queren ein Stück durch den Wald und steigen dann hinauf zu einem Gratrücken. Das Gelände wird steiler, die Bänder als Markierung sind aber immer

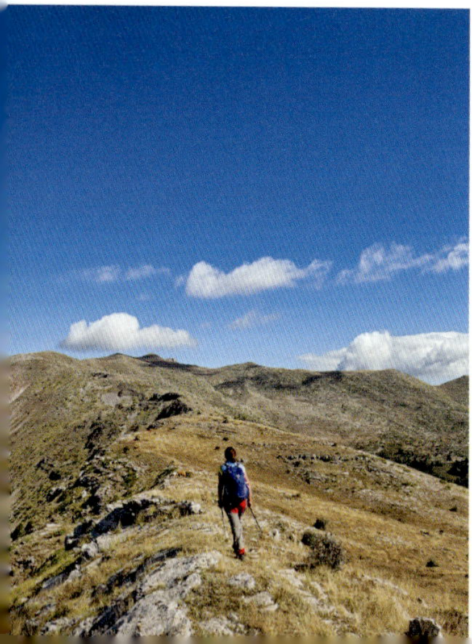

*Am langen Gratkamm von Sioula.*

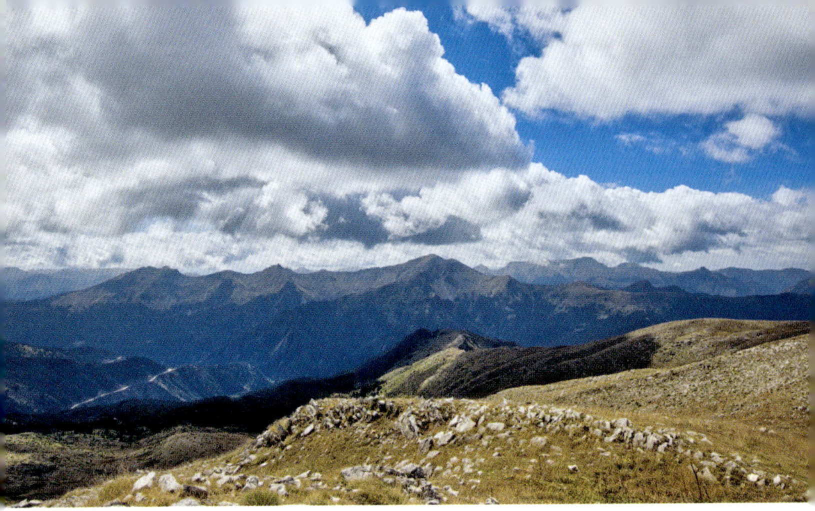

*Gipfelaussicht vom Britsiasa.*

noch sehr deutlich zu erkennen. Auch der Bewuchs wird mit der Zeit weniger und die Aussicht auf die umliegenden Gipfel großartiger. Immer wieder erkennen wir auch deutliche Steigspuren. Die Markierungen begleiten uns bis zu einer Verflachung im Gratrücken. Hier halten wir uns schräg links und wandern über den breiten Rücken bergauf, bis wir den Gratrücken von **Sioula** ❸ erreichen. Vom Gratrücken haben wir einen herrlichen Blick zum weiteren Verlauf unserer Grattour. Wir wenden uns nun in Richtung Norden und gehen hinunter in einen Sattel. Den nächsten Aufschwung können wir rechts auf Viehsteigen umwandern. Dann geht es sanft bergauf, bis der Weg auf die linke Seite des Grates führt. Wir spazieren durch ein schönes Tälchen und ziehen dann nach rechts hinauf auf den Gratrücken. Über diesen gehen wir in nördlicher Richtung weiter. Wir halten uns leicht rechts und folgen dem Grat über mehrere sanfte Erhebungen. Von einem Vorgipfel sehen wir den Steinmann auf dem Hauptgipfel. Durch eine Senke

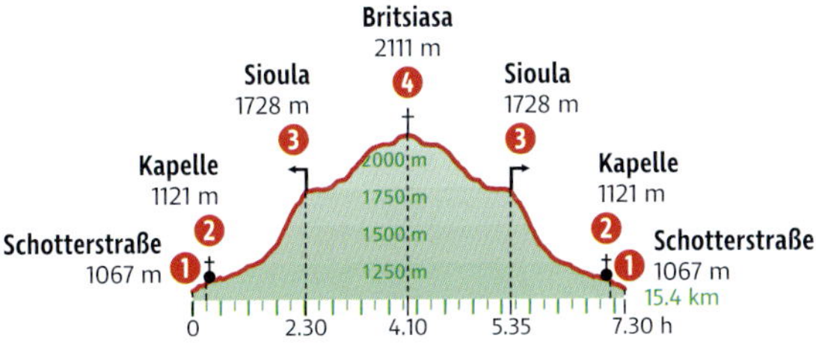

wandern wir hinüber und steigen weglos hinauf zum höchsten Punkt des **Britsiasa** ❹. Wir genießen eine wirklich prächtige Aussicht. Die südliche Gebirgskette vom Loupata zum Avgo beeindruckt uns. Aber auch der Tiefblick zur Straße zum Golemipass und weiter nach Meteora ist sehr schön. Nach der Gipfelpause wandern wir am Anstiegsweg zurück zum Parkplatz an der Straße vor Desi.

**■ Steile Abstiegsvariante**

3 h, 7 km, ↗ 40 m, ↘ 1080 m.

Es gibt die Möglichkeit, den Weg zu einer Rundtour auszuweiten. Der Abstieg führt dabei teilweise über wegloses Gelände, teilweise über einen alten Steig, der zwischenzeitlich etwas ausgeputzt und markiert wurde. Trotzdem immer noch eine anspruchsvolle Variante.

Vom Gipfel wandern wir über den Vorgipfel zurück und folgen bald einem Rücken nach rechts. Wir gehen hinauf zu einem weiteren Vorgipfel, von dem wir steil über wegloses Gelände in Richtung eines Sattels absteigen. Kurz vorher treffen wir auf einen deutlichen Viehsteig, der uns nach rechts

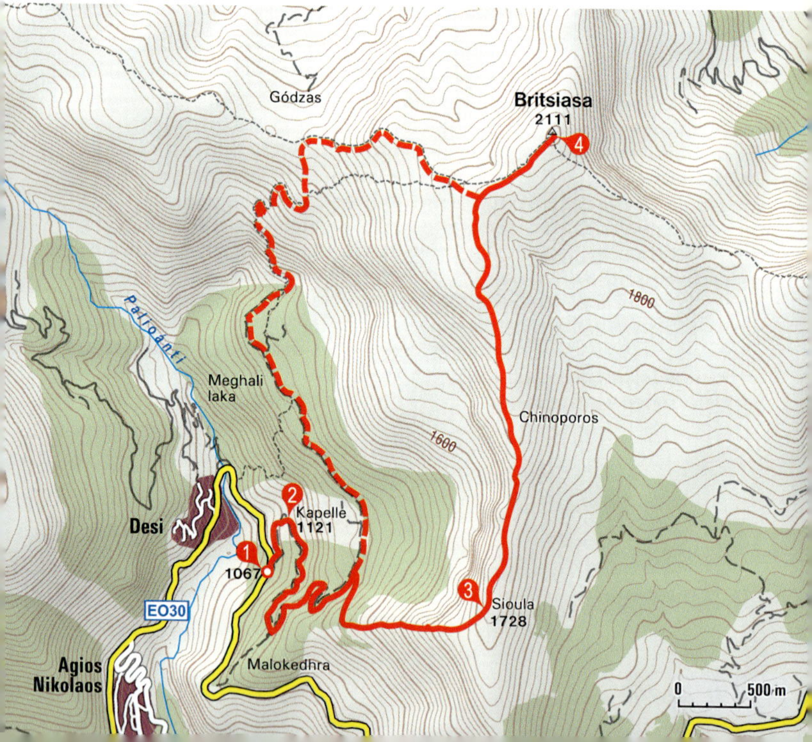

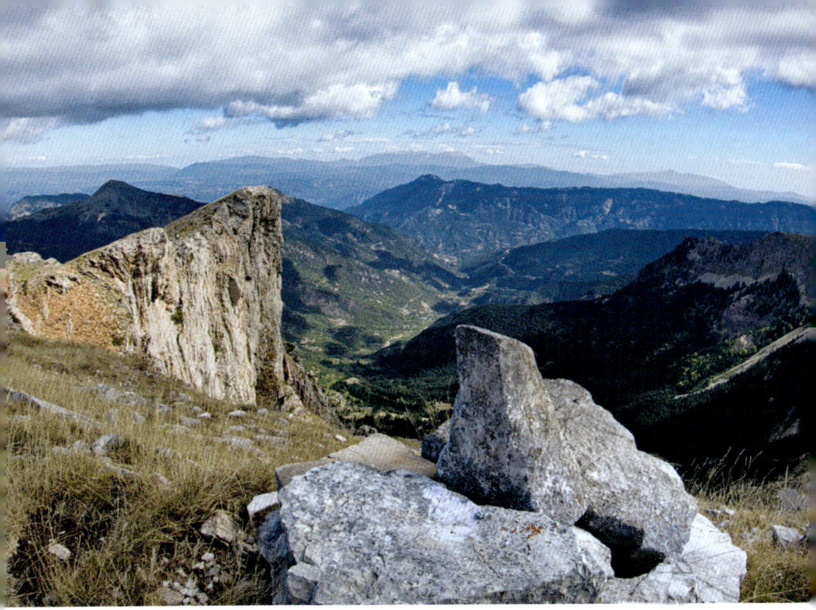

*Tiefblick in Richtung Nordosten.*

in den Sattel bringt. Hier gehen wir nach links und folgen den guten Steigspuren geradeaus über einen Rücken. Hier ist der Steig auch wieder mit Nylonbändern markiert. Am Ende des Rückens geht es nach rechts. Jetzt führt der alte Steig teilweise durch Wacholderbüsche, was etwas mühsam ist. Wir gehen hinunter zu einer Wassertränke, vor der wir direkt nach links absteigen. Nach einem weiteren steileren Abschnitt biegen wir scharf nach links ab und queren auf dem Steig den Hang. Anschließend windet sich der Steig steil in ein paar Kehren bergab bis zu einer Quelle. Der feuchte Steig biegt nach rechts ab und ist etwas unangenehm zu begehen. Wir wenden uns gleich wieder nach rechts und steigen bergab zu einer Wiese. Hier bringt uns der Steig nach links zu einer Schlucht. Links von uns befindet sich ein Wasserfall, der allerdings im Herbst nur ein kleines Rinnsal ist. Wir steigen hinunter zum Bach und überqueren ihn. Jetzt setzen mehrere Wege an. Wir empfehlen, flach nach rechts zu gehen. Der Steig wird bald zu einem breiten Forstweg, dem wir weiter folgen. Später mündet von links noch ein Weg ein. Gemeinsam mit diesem wandern wir weiter. Bald zeigen Nylonbänder einen Weg nach Desi an. Dieser ist allerdings sehr unangenehm zu begehen, sodass wir empfehlen, der Forststraße weiter zu folgen. Diese bringt uns zu unserem Abzweig vom Aufstiegsweg. Wir wandern nun auf der Forststraße bergab bis zum Parkplatz an der Straße.

↗ 900 m | ↘ 900 m | 11.0 km

# 47 Von Pertouli zum Neraida

**6.00 h**

## Herrlicher Aussichtsberg

*Obwohl auf den Neraida kein markierter Steig führt, ist der Anstieg deutlich einfacher zu finden als am benachbarten Loupata. Oben erwartet uns ebenfalls freies Wiesengelände mit einer großartigen Aussicht auf das eindrucksvolle Koziakas-Massiv.*

**Ausgangspunkt:** Parken an der Kirche Agia Kinaki (1168 m), kurz vor Pertouli von Elati kommend. N039°33.238′ E021°29.110′.
**Anforderungen:** Sehr schöne, nicht zu schwere Tour. Gute Sicht und Orientierungssinn erforderlich. Teilweise deutliche Steigspuren, teilweise weglos. Einzelne Markierungen im Waldstück mit Hilfe von Nylonbändern an Zweigen. Im unteren Teil neu markiert.
**Einkehr:** Unterwegs keine Einkehrmöglichkeiten. Auch in den Orten in der näheren Umgebung, außer Elati sind die Cafés und Tavernen nicht immer geöffnet.
**Karte:** Anavasi Wanderkarte 1:50.000, Blatt 3.2/4.2 South Pindos.
**Tipp:** Elati bietet sich als Stützpunkt für diese Tour an. Siehe auch Hinweis Tour 45.
**Varianten:** Bei Pertouli gibt es neue markierte Wanderwege. Einer dieser Weg nutzt auch den hier beschrieben Aufstieg im unteren Teil, biegt dann nach rechts ab und bleibt im Waldbereich. Die Wege sind gut angelegt und markiert. Die Länge ist 7,5, 5,8 und 2,6 km. Weitere Infos findet man auf pertoulitrails.gr.

Wir wandern von der **Kirche Agia Kinaki** ❶ auf der Fahrstraße kurz in Richtung Pertouli, bis nach rechts eine Schotterstraße mit Schranke abzweigt. Wir folgen nicht der Schotterstraße, sondern sehen geradeaus Stücke von Absperrbändern an Zweigen als Wegmarkierung hängen. Hier beginnt ein

*Ausblick vom Weg zum Neraida.*

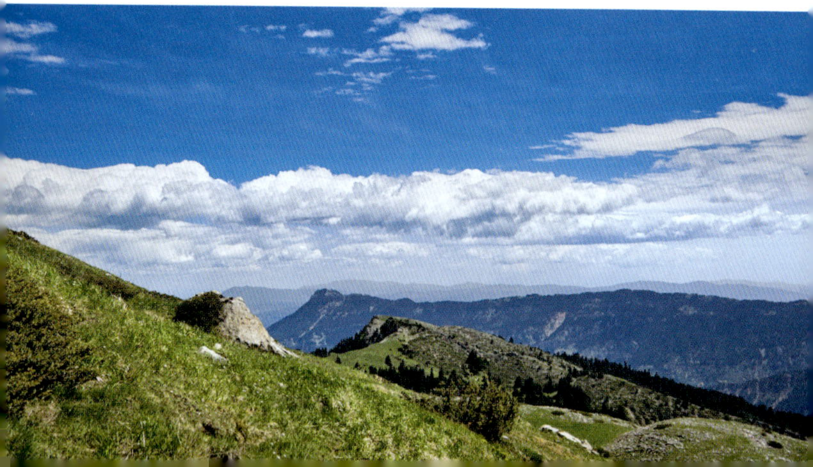

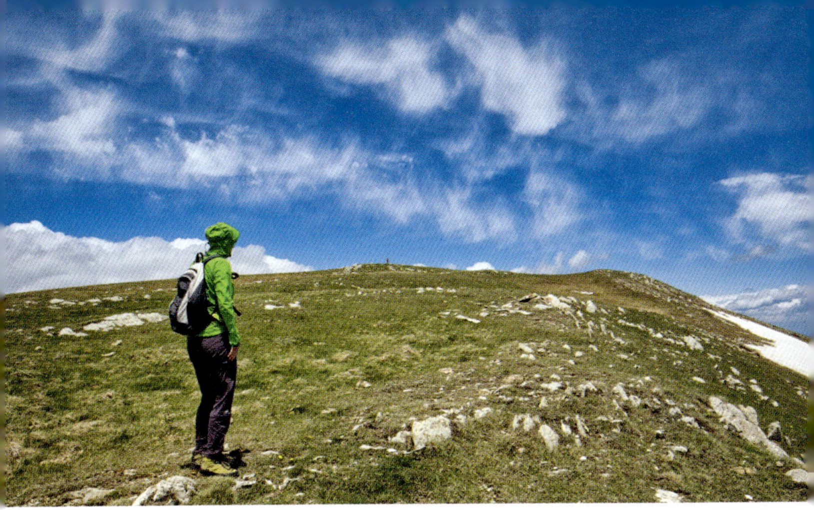

*Am Gipfeldach des Neraida.*

Steiglein, das ziemlich deutlich durch den Wald bergauf zieht. Immer wieder finden wir Nylonbänder an den Zweigen als Wegmarkierung, sodass wir den Weg, auch wenn er mal etwas undeutlich wird, gut finden können. Wir erreichen eine breite Schotterstraße ❷. Auf dieser wandern wir weiter aufwärts. Eine nach rechts abzweigende Schotterstraße ignorieren wir, und folgen der linken Straße weiter bergauf. Zwischendurch können wir eine Kehre auf einem steilen Pfad durch den Wald abkürzen. Auch hier sehen wir wieder Absperrbänder an den Zweigen. Wir können aber auch einfach auf der Straße bleiben. Nach einer Rechtskurve sehen wir auf der linken Seite deutliche Steigspuren und wieder die schon bekannte Markierung an den Bäumen. Hier befindet sich der **Abzweig des Gipfelanstiegs** ❸. Durch ein kurzes Waldstück erreichen wir eine Wiese. Hier wird der Pfad sehr undeutlich. Oberhalb an einem Busch hängt noch eine Markierung, wir halten uns aber leicht links, auch wenn weiter oben noch die Absperrbänder an den

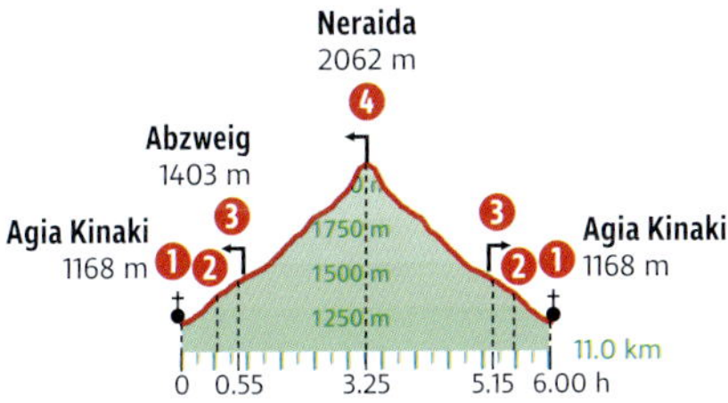

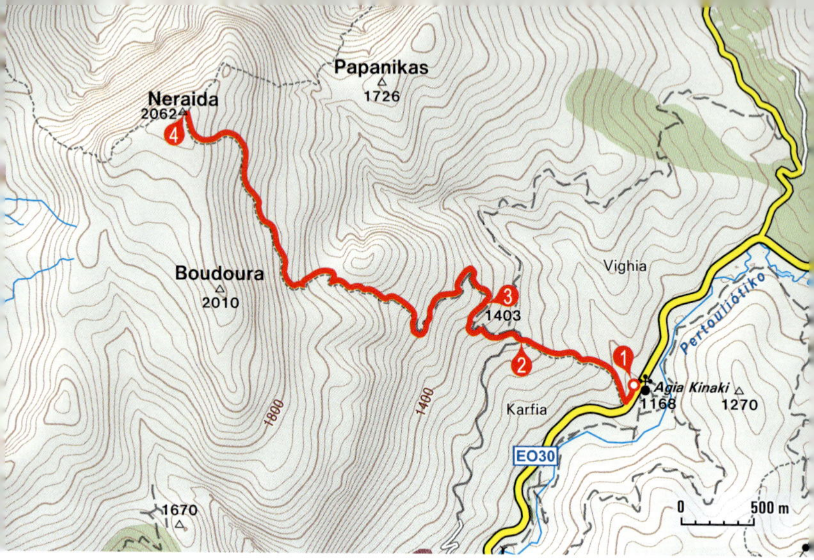


Bäumen sichtbar sind. Auf Pfadspuren queren wir ziemlich eben nach links in einen Bachgraben. Auf der linken Seite des Baches führt ein deutlich sichtbarer Steig hinauf zu einem Brunnen. Hier gehen wir nach rechts, bis das Gelände vor uns abfällt. Deutliche Steigspuren bringen uns nach links zu einer Schotterstraße. Auf dieser wandern wir nach rechts über einen Graben und zu einer Wegteilung. Wir nehmen den linken Weg hinauf zu einem weiteren Brunnen. Links hinter dem Brunnen ziehen Steigspuren nach oben. Das Steiglein wird etwas deutlicher und führt entlang des Hanges nach rechts. Wir genießen inzwischen eine wunderbare Aussicht auf das Massiv des Koziakas.

Bald kommen wir an einen Rücken und gehen auf diesem nach links steil aufwärts. Langsam verlieren sich die Steigspuren. Das Gelände ist aber nicht schwierig. Idealerweise wandern wir auf dem Rücken hinauf, queren dann leicht nach links und steigen wieder steil hinauf zum weiten Gipfeldach. Wir sehen bereits den Steinblock auf dem Gipfel des **Neraida** 4 und gehen hinüber zum höchsten Punkt.

Von hier oben genießen wir einen grandiosen Ausblick auf die umliegenden Berge des Pindosgebirges. Von Süden grüßt der Loupata herüber. Auch den Avgo können wir in der Kette gut ausmachen. Auf dem breiten Gipfelplateau setzen wir uns gemütlich ins Gras und genießen die Aussicht zusammen mit der Gipfelbrotzeit.

Nach der Gipfelpause wandern wir am Anstiegsweg zurück zum Auto. Der Weg ist im Abstieg fast etwas leichter zu finden als im Aufstieg.

# Von Geladaria auf den Loupata



## Einsame Tour für Orientierungskönner

*Bereits von Elati sehen wir den Loupata als formschönen Gipfel. Die freien Gipfelwiesen versprechen nicht zu wenig – grandios ist die Aussicht im oberen Teil des Anstiegs. Vorher heißt es, aber gut aufpassen. Der untere Teil führt uns durch einen dichten Wald und fordert von uns ein gutes Orientierungsvermögen und den GPS-Track.*

**Ausgangspunkt:** Geladaria (1221 m), Zufahrt von Elati über Vlacha. Parken an der Schotterstraße beim Abzweig einer Straße nach links. N039°29.533′ E021°28.528′.
**Talort:** Elati.
**Anforderungen:** Anspruchsvolle Tour. Technisch mittelschwer, aber schwierige Orientierung im Wald. Komplett wegloses Gelände. Teilweise markiert.
**Einkehr:** Unterwegs keine Einkehrmöglichkeiten. In Elati gibt es mehrere Cafés und Tavernen.
**Karte:** Anavasi Wanderkarte 1:50.000, Blatt 3.2/4.2 South Pindos.
**Tipp:** Elati bietet sich als Stützpunkt für diese Tour an. Siehe auch Hinweis Tour 45

Vom Abzweig bei **Geladaria** ❶ wandern wir auf der nach links abzweigenden Schotterstraße leicht abwärts. Dabei überqueren wir den Bach und gehen ein Stück an ihm entlang. An einer **Linkskurve** ❷ führt eine alte, breite Wegspur sehr steil geradeaus in die Höhe. Dieser folgen wir

*Im Abstieg vom Loupata.*

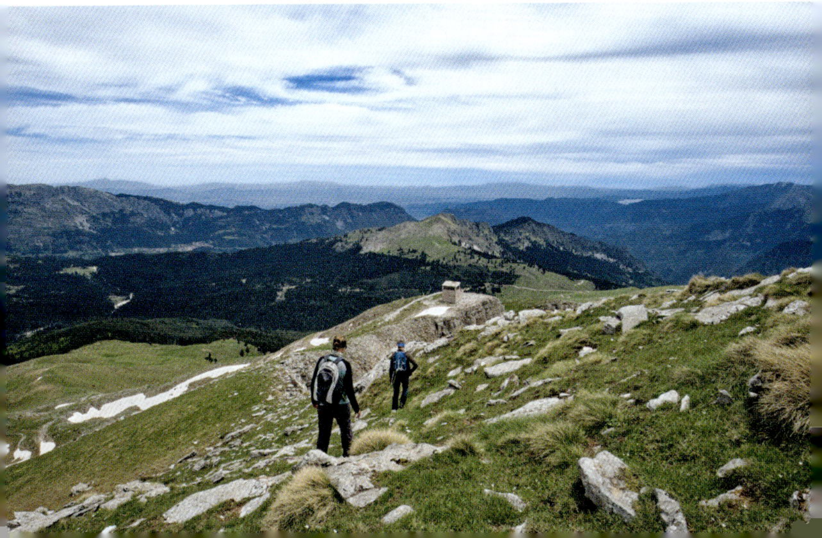

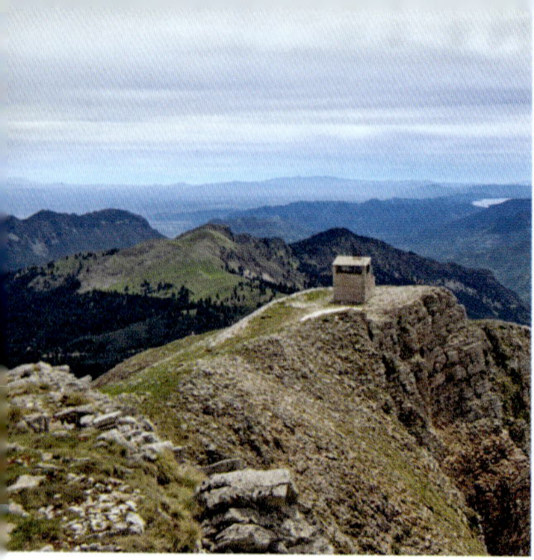

*Eine verlassene Feuerwache unterhalb des Gipfels.*

im Wald bergauf. Die Spur wird schmaler, die Steigspuren undeutlicher. Im Wesentlichen wandern wir aber geradeaus nach oben bis zu einer Schotterstraße. Wir überqueren diese und tauchen wieder geradeaus in den Wald ein. Hier ist nun keine Spur mehr vorhanden. Es geht im Wesentlichen immer über den Rücken geradeaus bergauf. Zwischendurch überqueren wir eine schöne Wiese und betreten direkt dahinter wieder den dichten Wald. Auf etwas deutlicheren Spuren gehen wir ein Stück nach rechts, um dann wieder nach links auf einem Rücken bergauf zu wandern. Die Schotterstraßen, auf die wir treffen, ignorieren wir und bleiben immer geradeaus, bis wir auf eine breite Lichtung kommen. Über diese spazieren wir geradeaus und verlassen den Wald. Wir erreichen eine weitere **Schotterstraße** ❸, der wir ein paar Meter nach rechts folgen und sie dann gleich wieder nach links verlassen. Nun beginnt der weglose Gipfelanstieg. Wir wenden uns nach rechts auf den deutlich ausgeprägten Rücken und steigen nun geradeaus bergauf. Einmal kurz berühren wir wieder den Schotterweg, wandern aber an einer scharfen Rechtskurve geradeaus weiter. Weglos und ordentlich steil erreichen wir einen Rücken mit ein paar Steinmännchen. Bereits von hier oben ist die Aussicht auf die umliegenden Berge des südlichen Pindos und zu den Gipfeln des Agrafa großartig. Durch einen Sattel gehen wir hinüber zum

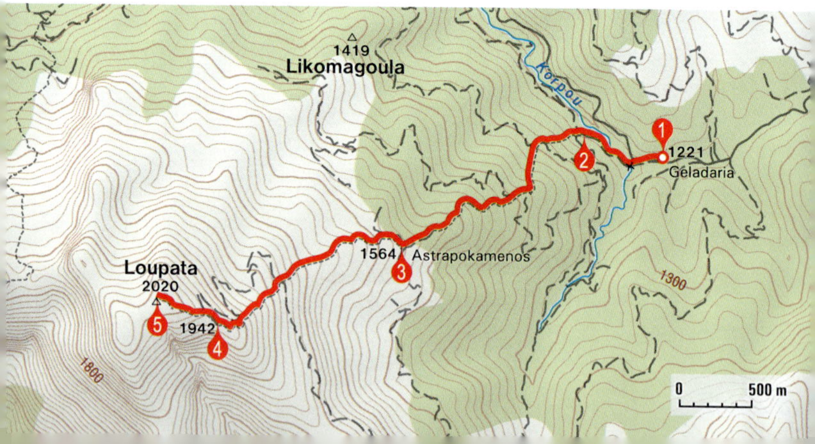

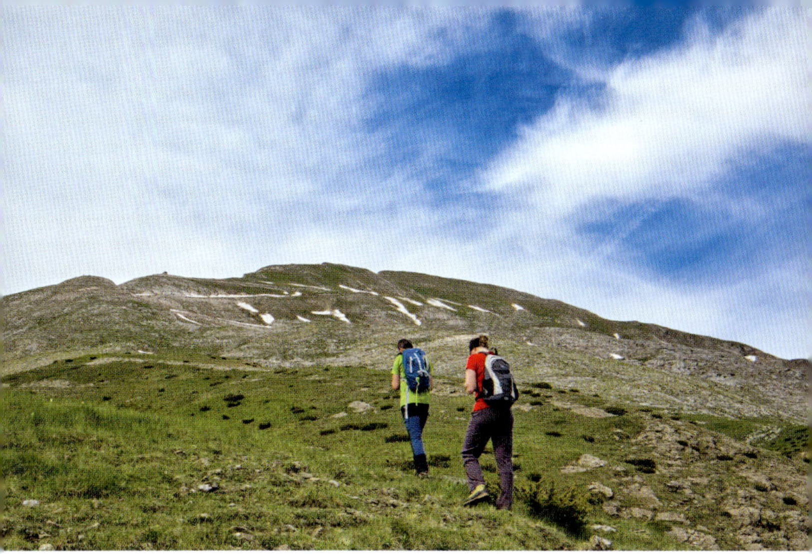

*Der Loupata besitzt auch weites Wandergelände.*

Gratrücken, der nach links senkrecht abfällt. Vorsichtig steigen wir entlang von diesem hinauf zur ehemaligen **Feuerwachstation** 4, die nur für kurze Zeit in Betrieb war.

Um zum Gipfel zu gelangen, folgen wir der Schotterstraße kurz, verlassen sie aber gleich wieder nach links und steigen entlang der Gratkante hinauf zu einem Vorgipfel. Den zweiten Gipfel umgehen wir kurz unterhalb seines höchsten Punktes auf der rechten Seite. Nun erwarten uns ein kleiner Zwischenabstieg in einen Sattel und der letzte Steilaufschwung zum Hauptgipfel des **Loupata** 5.

Hier oben genießen wir eine wunderbare Aussicht auf die umliegenden Gipfel. Besonders beeindruckend ist der Blick hinüber zu den hohen Gipfeln des Tzoumerka, aber auch die beiden höchsten griechischen Gipfel Smolikas und Olymp können wir von hier bestaunen.

Für den Abstieg wandern wir am Anstiegsweg zurück. Wir achten gut darauf, den freien Rücken rechtszeitig nach rechts zu verlassen, um den Einstieg in den Wald zu finden. Für den Abstieg haben wir uns dafür den Aufstiegsweg gut gemerkt.

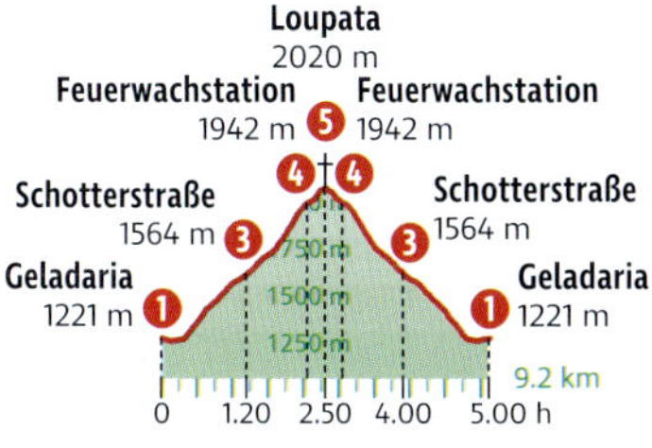

# 49 Vom Skigebiet Pertouli auf den Astrapi — 4.30 h

## Höchster Punkt im Koziakas Massiv

*Das Koziakasmassiv ist ein Gebirgszug westlich der Ebene von Trikala. Durch diese Randlage bietet der Astrapi, der höchste Punkt des Gebirgszuges, eine wunderschöne Aussicht. Im Gegensatz zu vielen Wegen im Pindosgebirge sind die Wege im Koziakasmassiv in einem guten Zustand und mit Wegmarkierungen in verschiedenen Farben versehen.*

**Ausgangspunkt:** Pertouli Ski Resort in der Nähe von Elati (1170 m), Parkplatz an der Straße. N039°33.146′ E021°30.215′.
**Anforderungen:** Sehr gut markierter Wanderweg. Kurze steile Stellen, nicht ausgesetzt.
**Einkehr:** Die Hütte ist im Sommer manchmal bewirtschaftet. Gegen Voranmeldung ist auch im Sommer eine Übernachtung dort oben möglich.
**Karte:** Anavasi Wanderkarte 1:50.000, Blatt 3.2/4.2 South Pindos.
**Tipp:** Elati bietet sich als Stützpunkt für diese Tour an, siehe Tour 45.

Vom Parkplatz am **Ski Center** ❶ gehen wir über die gut sichtbare Brücke. Gleich nach der Brücke zweigen wir nach rechts auf einen Schotterweg ein. Dieser führt an einer zweiten Brücke vorbei. Wir folgen noch kurz den Forstweg und biegen dann nach links in den Wald ab. Auf einem schmalen Weg wandern wir durch den Wald. Bei der Orientierung hilft uns neben

*Rechts: Tiefblick zur Hütte.*

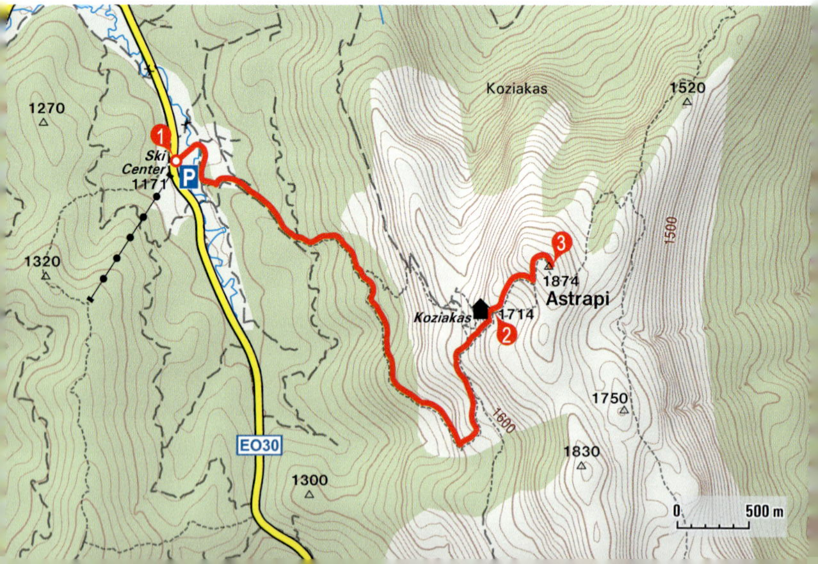

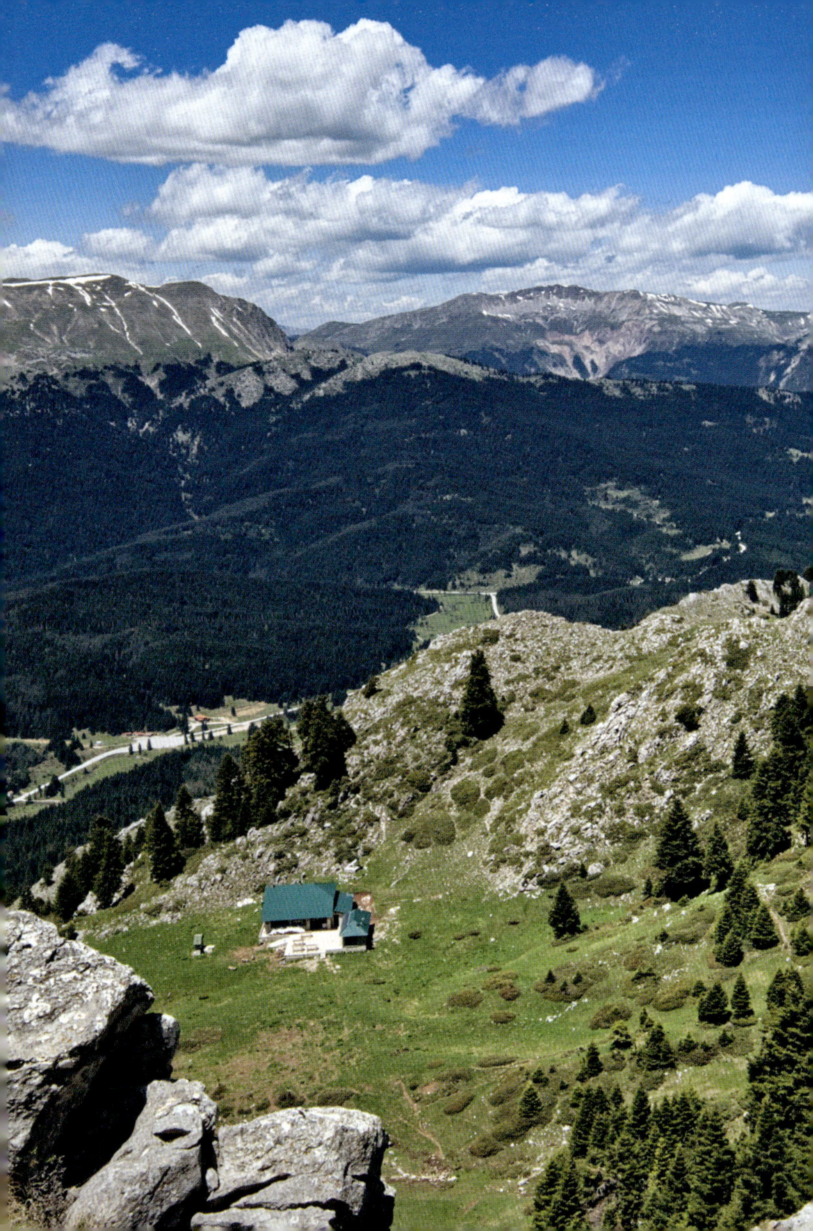

dem deutlichen Pfad die Markierung eines schwarzen Dreiecks auf gelben Hintergrund. Wir kommen bald wieder an einen Schotterweg, der sanft ansteigend nach rechts bergauf führt. An einer Weggabelung biegen wir nach links auf einen Steig ab. Dieser Weg ist zu Beginn sehr steil, wird aber bald schon wieder deutlich flacher. Wir wandern nun lange Zeit am Hang entlang nach rechts. Zwischendurch gibt es immer wieder schöne Ausblicke auf die umliegenden Berge wie Neraida und Loupata. Der Steig führt unter einer Felswand entlang und dreht dann nach links ab. Über eine felsige Rinne erreichen wir weites Wiesengelände. Hier achten wir gut auf die Markierungen, da es mehrere deutliche Wege gibt. Die schwarz-gelbe Markierung wechselt dann teilweise auf rot und leitet uns wieder durch etwas felsigeres Gelände bergauf. Von links kommt ein breiter Schotterweg, mit dem wir gemeinsam zur nahen **Koziakas-Hütte** 2 wandern. Die Hütte ist nur nach Voranmeldung oder im Sommer an Wochenenden bewartet. An der Hütte gibt es leider keinen Wegweiser in Richtung Gipfel. Wir können einerseits in einen kleinen Graben gehen und dann nach rechts auf einen deutlichen Steig queren. Dann wandern wir im Wesentlichen geradeaus nach oben weiter. Die Steigspuren werden dabei aber zwischendurch ziemlich undeutlich. Erst oberhalb der Bäume erreichen wir einen gut sichtbaren Steig. Dieser führt nach rechts am Hang entlang, bis wir auf gelbe Markierungen treffen. Hier kommt der markierte Weg von der Hütte herauf.

*Am Gipfelgrat des Astrapi.*

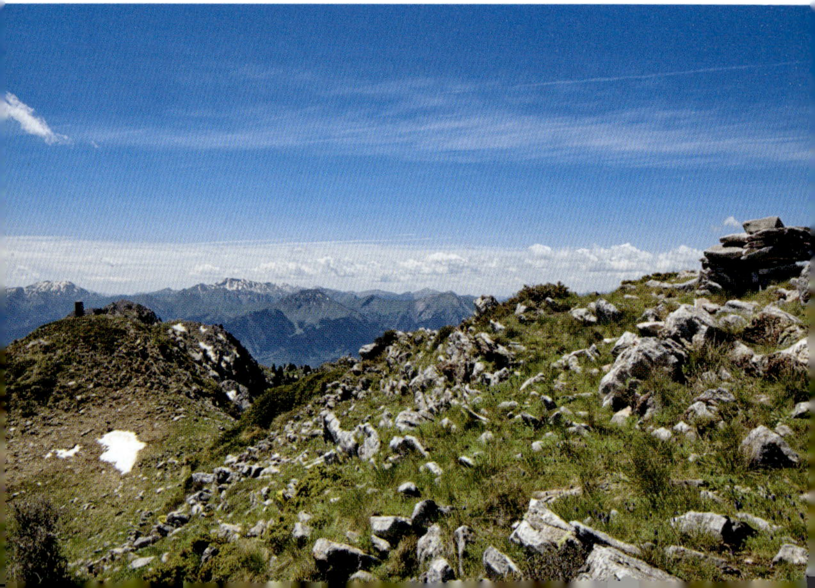

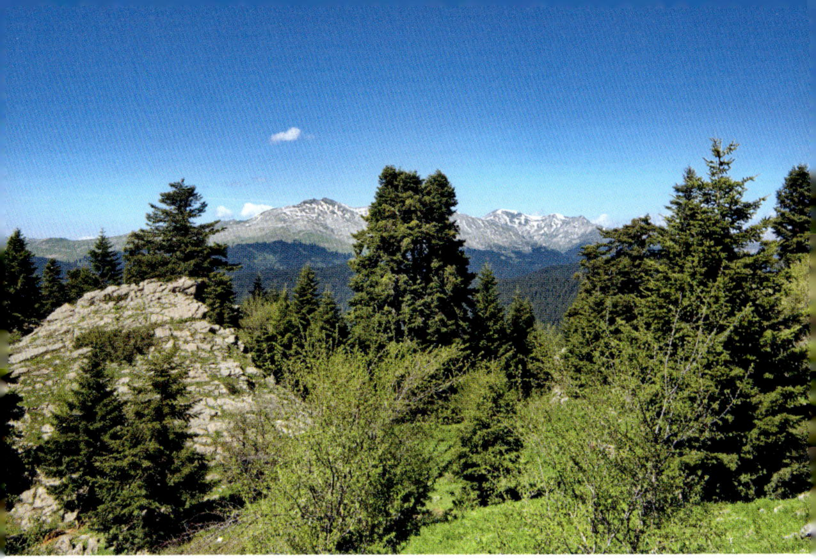

*Blick zum Loupata.*

Um andererseits auf diesem aufzusteigen, wandern wir von der Hütte nach rechts, bis nach links die gelbe Markierung abzweigt. Ihr folgen wir bergauf zum Zusammentreffen beider Wege.

Wir gehen nun hinauf in einen Sattel. Von hier führen die Markierungen sehr steil nach rechts hinauf zu einem kleinen Durchschlupf. Nun sehen wir bereits den Gipfel vor uns. Um hinüberzugelangen, müssen wir den Vorgipfel links umgehen und die letzten Meter noch etwas steiler zum höchsten Punkt des **Astrapi** ③ zurücklegen. Die Aussicht von hier ist großartig. Wir bewundern nicht nur die umliegenden Berge, sondern auch den im Agrafa liegenden großen See. An schönen Tagen reicht der Blick bis weit in die Berge des nördlichen Pindos. Beeindruckend ist auch der Blick hinunter zu den Felstürmen von Meteora.

Der Abstieg vom Astrapi zum **Ski Center** ① erfolgt am Anstiegsweg.

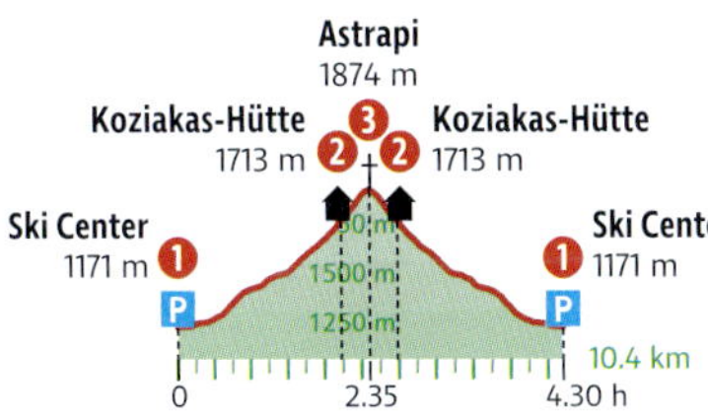

TOP

↗ 1230 m | ↘ 1230 m | 16.5 km

# 50 Überschreitung des Koziakas

**6.45 h**

## Grandiose Rundtour im südöstlichen Pindos

*Der Koziakas ist ein Gebirgskamm westlich von Trikala. Neben der bereits beschriebenen Tour zum Astrapi und der Tour zum Tsioki können wir auch den Gebirgskamm zwischen beiden Gipfeln überschreiten. Dabei handelt es sich immer noch nur um einen Teil des großen Kammes, aber einen wirklich wunderschönen Teil. Insgesamt erwartet uns bei der Überschreitung eine lange und großartige Unternehmung.*

**Ausgangspunkt:** Pertouli Ski Resort in der Nähe von Elati (1170 m), Parkplatz an der Straße. N039°33.146′ E021°30.215′.
**Anforderungen:** Gut markierte Wanderwege. Lange Tour, die Kondition und sicheres Wetter erfordert.
**Einkehr:** Die Hütte ist im Sommer manchmal bewirtschaftet. Gegen Voranmeldung ist auch im Sommer eine Übernachtung dort oben möglich.
**Karte:** Anavasi Wanderkarte 1:50.000, Blatt 3.2/4.2 South Pindos.
**Tipp:** Elati bietet sich als Stützpunkt für diese Tour an, siehe Tour 45.

Auch wenn es einen direkten Aufstieg von Elati zur Schutzhütte am Koziakas gibt, empfehlen wir den Aufstieg vom **Pertouli Ski Resort** ❶ zu unternehmen. Dieser ist etwas kürzer und vor allem schöner, da der Anstieg von Elati hauptsächlich auf einer Schotterstraße erfolgt.
Am besten parken wir unser Auto am Ausgangspunkt und lassen uns nach der Tour von unserem Gastgeber in Elati hinauf zum Auto bringen.
Wie bei der Tour zum Astrapi beschrieben wandern wir hinauf zur **Koziakas-**

*Abwechslungsreich ist die Überschreitung.*

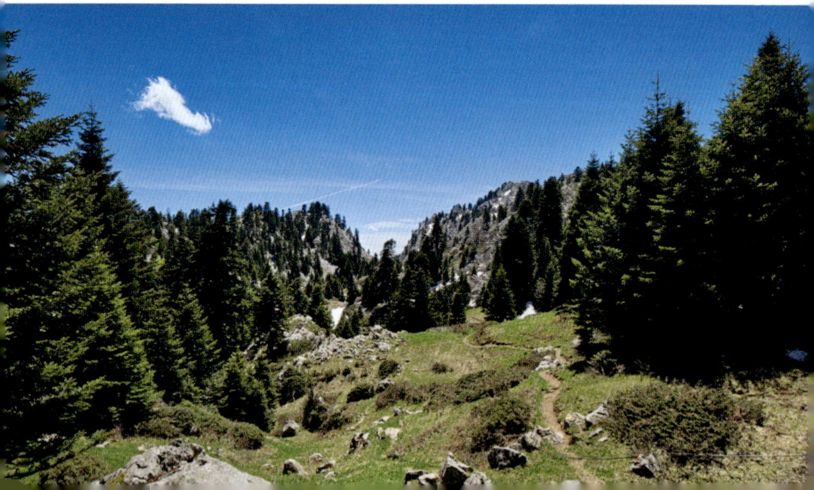

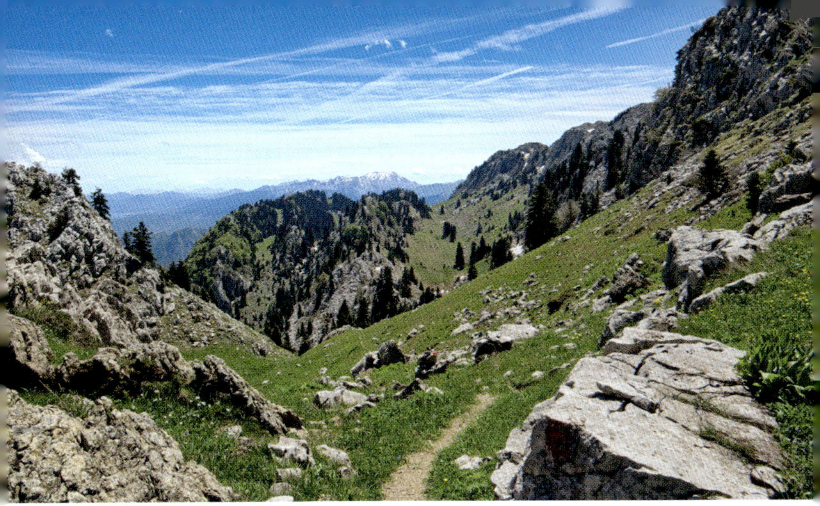

*Immer wieder genießen wir schöne Ausblicke.*

**Hütte 2**. Wer möchte, kann noch auf den **Gipfel 3** steigen. Beim Rückweg folgen wir den gelben Markierungen, bis sie nach rechts zur Hütte abbiegen. Dann wandern wir geradeaus auf einem guten Steig ohne Markierung weiter nach Süden und queren den Hang, bis wir auf rote Markierungen treffen.

Ohne Gipfelabstecher gehen wir von der Hütte auf dem rechten Weg, bis nach links die roten Markierungen abzweigen. Diese führen steil hinauf in einen Sattel. Auf der anderen Seite steigen wir wieder steil bergab. Der Weg zieht weit nach links am Hang entlang. Anschließend wenden wir uns wieder nach rechts. Wir steigen steil hinunter durch eindrucksvolle, teilweise felsige Landschaft, bis wir zu einer malerisch gelegenen Wiese gelangen. Hier befindet sich ein eindrucksvolles Felsenfenster.

Der Weg quert oberhalb der Wiese nach rechts und zieht wieder hinauf in einen Sattel. Vor uns befindet sich nun ein schroffer Felskamm. Wir wan-

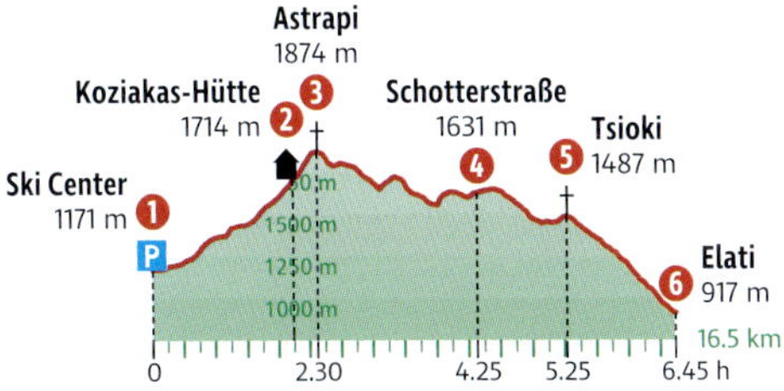

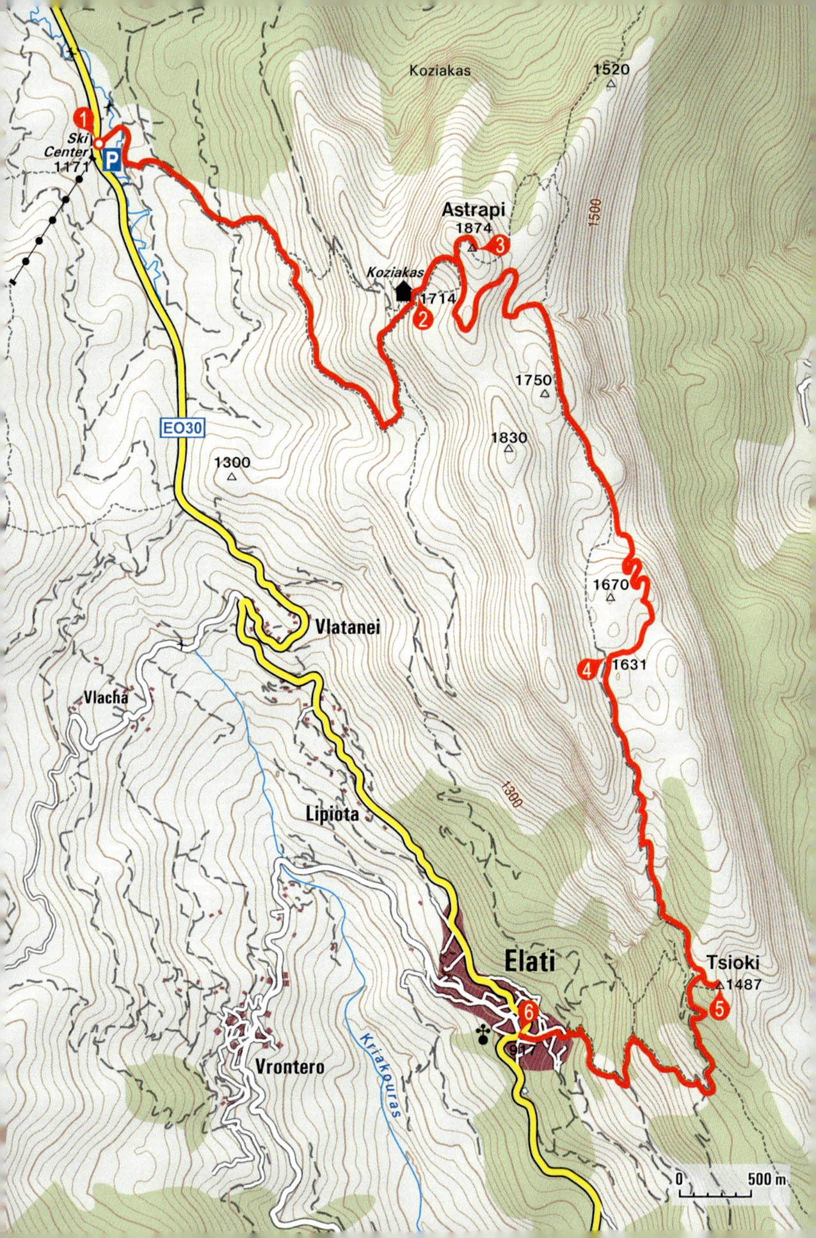

Koziakas
1520
Ski Center
1171
P
Astrapi
1874
1500
Koziakas
1714
1750
1830
EO30
1300
1670
Vlatanei
1631
Vlacha
1300
Lipiota
Elati
Tsioki
1487
Vrontero
Kriakouras
0
500 m

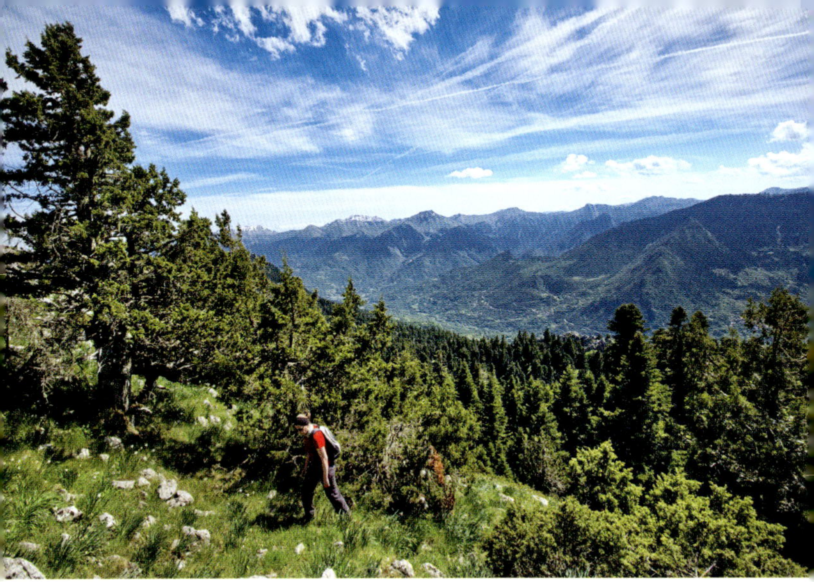

*Der Weg zieht sich ganz schön in die Länge, ist aber großartig.*

dern nach links bergab in einen Kessel. Unser Steig führt aus diesem steil hinaus in einen weiteren Sattel. Danach gehen wir wieder ein Stück bergab und überqueren eine Wiese, bis wir vor einer Felswand stehen. Deutliche Markierungen leiten uns nach rechts hinauf. Hier oben treffen wir wieder auf eine Wiese und auf eine breite **Schotterstraße** 4. Auf dieser wandern wir nach links in einen weiteren Sattel. Die Straße zieht am Hang entlang zum nächsten Sattel. Danach geht es endlich bergab. An einer Linkskurve verlassen wir die Straße und folgen dem geradeaus führenden Steig bergab zu einem Brunnen (Kanapi). Von hier gibt es einen direkten Abstieg nach Elati, der aber sehr steil ist. Wir können auch die wenigen Meter zur Straße hinauf gehen und dieser bis zu einer Wegteilung folgen. Kurz vorher in einer Rechtskurve zweigt der Gipfelanstieg zum **Tsioki** 5 ab. Wer möchte, kann den kleinen, aber aussichtsreichen Gipfel noch mitnehmen. Der Abstecher ist nicht besonders lang, aber teilweise ordentlich steil. Ansonsten bleiben wir auf dem Forstweg geradeaus in Richtung Elati. Wir gehen nun auf dem beim Tsioki beschriebenen Aufstiegsweg in umgekehrter Richtung abwärts. Wir kürzen den Forstweg an einer Stelle ab und erreichen die Wegteilung bei einer Höhle. Hier wandern wir auf der Schotterstraße in Richtung Elati weiter, bis wir diese verlassen. Der schöne, orange markierte Steig bringt uns ziemlich flott hinunter nach **Elati** 6, wo wir in einem der zahlreichen Cafés unseren Durst löschen können.

↗ 580 m | ↘ 580 m | 6.9 km

# 51 Von Elati zum Tsioki

**4.00 h**

## Kurze Spritztour über dem Bergdorf

*Der Tsioki ist ein kleiner Gipfel im langen Kamm des Koziakas. Der Gipfel ist von Elati schnell auf guten Wegen zu erreichen und bietet eine tolle Aussicht auf die Region um Trikala und die umliegende Gebirgswelt. Der Anstieg ist nicht besonders schwierig, nur der Schluss zum höchsten Punkt ist ziemlich steil.*

**Ausgangspunkt:** Ortsmitte von Elati (917 m) N039°30.035' E021°32.210'.
**Anforderungen:** Sehr gut markierter Wanderweg. Zum Schluss sehr steil, etwas Trittsicherheit erforderlich.
**Einkehr:** Unterwegs keine Einkehrmöglichkeiten. In Elati gibt es mehrere Cafés und Tavernen.
**Karte:** Anavasi Wanderkarte 1:50.000, Blatt 3.2/4.2 South Pindos.
**Tipp:** Elati bietet sich als Stützpunkt für diese Tour an, siehe Tour 45.

Von der Ortsmitte in **Elati** ❶ wandern wir kurz in Richtung Norden und biegen dann gleich auf der ersten Straße nach rechts ab. Wir folgen dieser ganz nach oben bis zu einer T-Kreuzung. Hier wenden wir uns nach rechts und kommen nach einer Kehre an ein großes Hinweisschild mit Informationen zu den Wanderwegen. Wir nehmen den Steig, der nach rechts ab-

*Im Frühjahr ist die Gegend unheimlich grün.*

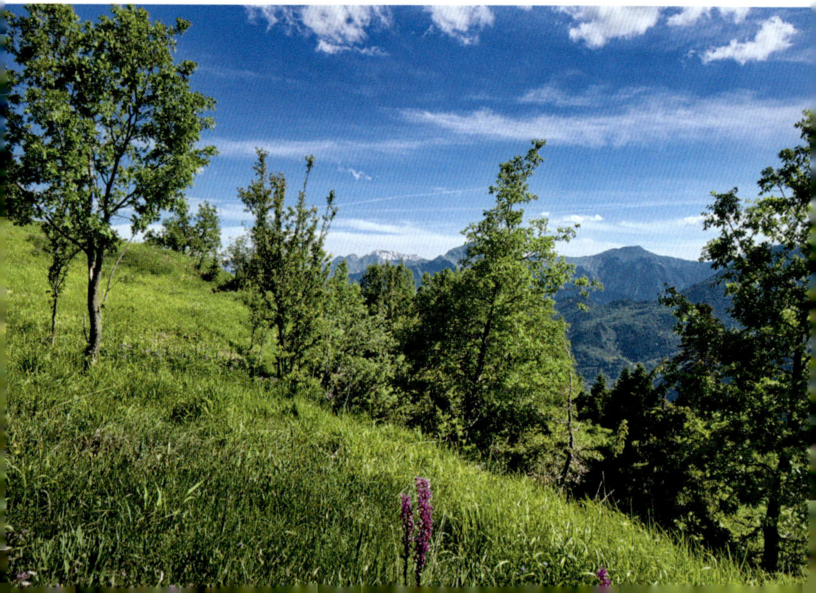

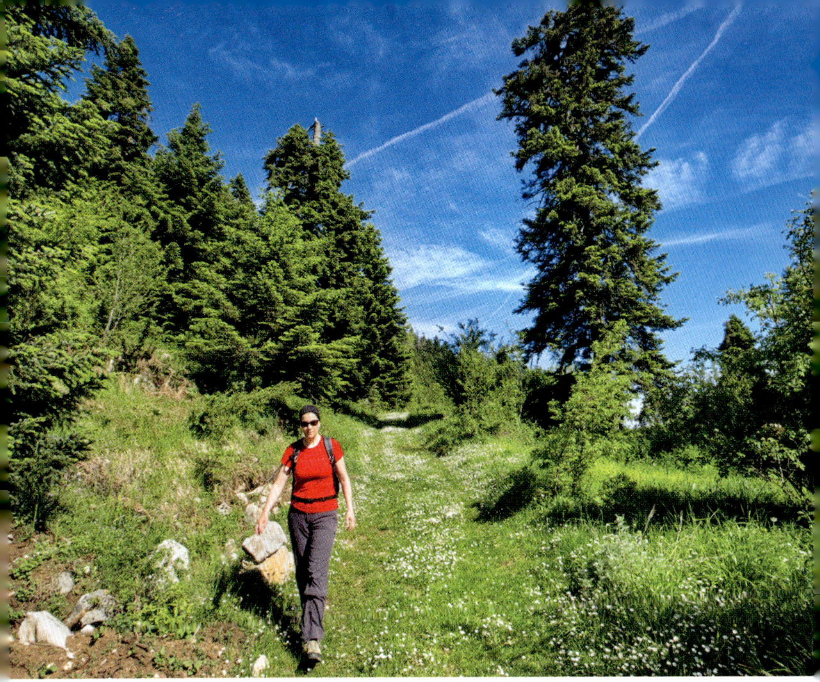

*Im Abstieg vom Tsioki.*

zweigt und in den Wald hineinführt. Im Wald schlängeln wir uns über viele Kehren bergauf bis zu einer Wegteilung. Wir lassen uns von der orange-roten Markierung nach rechts leiten und gehen, bis wir schönes Wiesengelände erreichen. Wunderbar ist der Blick zu den nahen Felsen im Koziakas Massiv, aber auch hinüber zu den auf der anderen Talseite aufragenden Bergen Loupata und Karavoula.

Aus dem Steig wird kurzzeitig ein breiterer Weg, der an einem verfallenen Stall vorbeiführt. Kurz danach biegen wir scharf nach **links** ❷ ab und folgen dem nun wieder schmaleren Weg in vielen Kehren durch lichten Wald bergauf bis zu einer Schotterstraße. Auf dieser wenden wir uns nach links. Nach zwei Kehren wandern wir geradeaus in einen **Sattel** ❸ mit einer Wegteilung. Wir nehmen die nach links aufwärts führende Forststraße, die wir an einer Stelle abkürzen können. Wenig später kommen wir zu einer weiteren **Wegteilung** ❹. Wir folgen

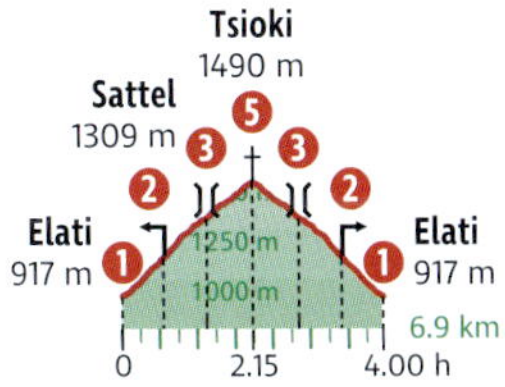

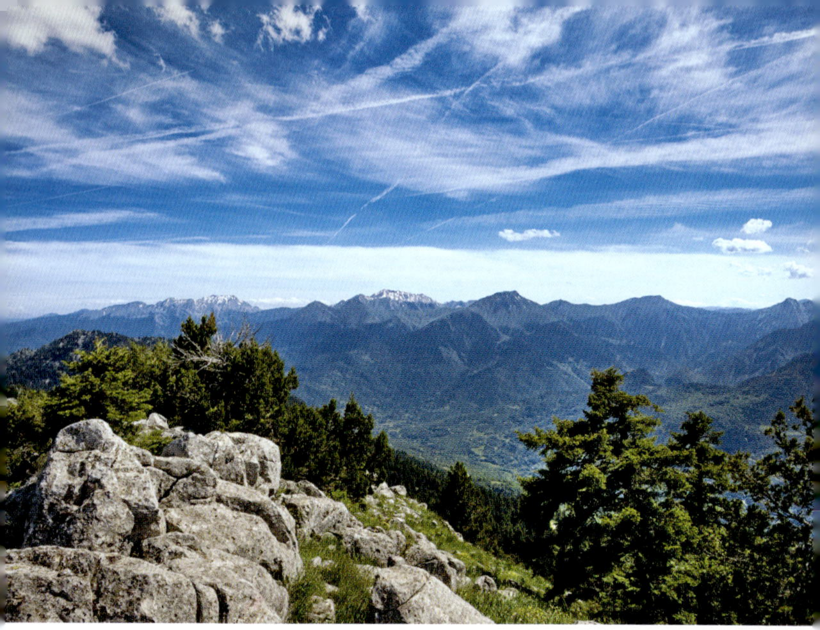

*Gipfelaussicht zum Agrafa.*

noch kurz dem Forstweg (blaue Markierungen), bis in einer Linkskurve nach rechts ein schmaler Steig abzweigt. Auch dieser ist blau markiert. Er steigt geradeaus in die Höhe, quert dann nach rechts und führt im Wald steil bergauf zum Gipfelhang. Dieser ist leicht felsdurchsetzt und von üppiger Vegetation. Vorsichtig steigen wir in einen kleinen Sattel und gehen nach rechts zum nahen Gipfel des **Tsioki** ❺.

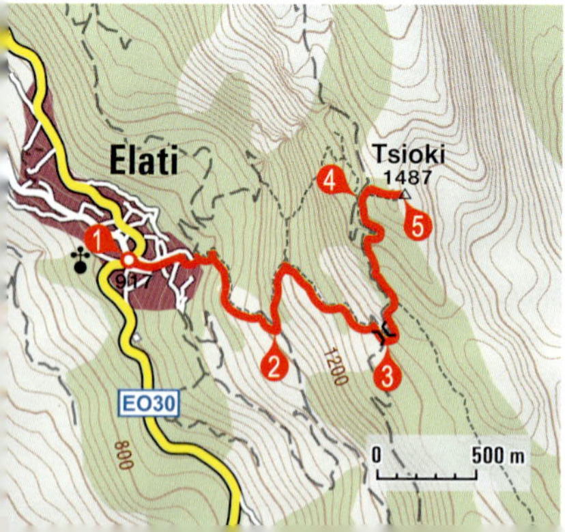


Die Aussicht von diesem kleinen Gipfel auf die Ebene von Trikala ist wirklich sehr schön. Auch der Blick zu den umliegenden Bergen wie Loupata, Avgo, Karavoula und Neraida ist wunderbar. Nach der Gipfelpause wandern wir auf dem Anstiegsweg zurück nach **Elati** ❶. Es gibt auch einen direkten Abstieg in den Ort, der aber sehr steil ist. Dieser zweigt vom Anstiegsweg an der Wegteilung unterhalb des Gipfels ab.

↗ 670 m | ↘ 670 m | 10.7 km

5.00 h

# Von Stournareika zum Karadziouni 52

## Blick auf die großen Nachbarn

*Der Karadziouni liegt südlich der Kette Avgo – Marosa – Loupata. Durch diese etwas abgesetzte Lage genießen wir einen großartigen Blick auf diese Nachbarn und den ebenfalls eindrucksvollen Chadzi. Auch das Agrafagebirge ist hier noch einmal deutlicher zu erkennen und präsentiert sich von einer eindrucksvollen Seite. Der Anstieg wurde vor Jahren durch den Wald markiert und ist immer noch gut zu finden.*

**Ausgangspunkt:** Parken in Stournareika am Hotel Panorama. N039°26.062' E021°28.387'.
**Anforderungen:** Zu Beginn breiter Forstweg, durch den Wald schmaler Steig, der gut markiert ist. Nach dem Abzweig kurz etwas zugewachsen. Im Gipfelbereich keine Markierungen, aber übersichtlich, wenn auch teilweise weglos.
**Einkehr:** Unterwegs keine Einkehrmöglichkeiten. In Stournareika gibt es mehrere Cafés und Tavernen.
**Karte:** Anavasi Wanderkarte 1:50.000, Blatt 3.2/4.2 South Pindos.
**Tipp:** Als Stützpunkt bietet sich das Hotel Panorama in Stournareika an. Alternativ ist die Tour auch von Elati schnell erreicht.
**Hinweis:** Der Weg führt durch Weidegebiet. Siehe dazu den Abschnitt »Begegnung mit Tieren« S. 9.

Vom Hotel Panorama in **Stournareika** ❶ folgen wir der Fahrstraße in südlicher Richtung bis zur ersten Straße, die nach rechts abzweigt. Ein kleiner roter Punkt befindet sich an der Leitplanke. Wir wandern auf der Straße,

*Blick zum Loupata.*

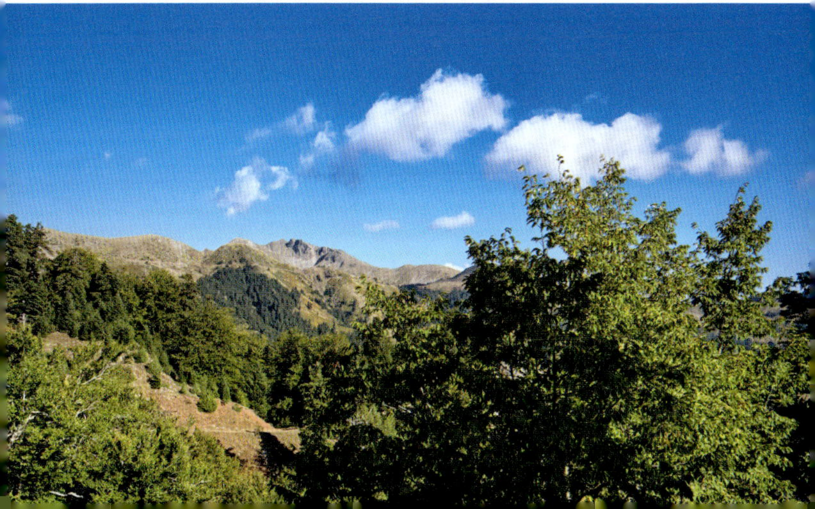

die bald einen Rechtsbogen macht. Nach dem letzten Haus gehen wir auf der Schotterstraße noch ein Stück weiter, bis nach links vor einer Hütte ein Weg abzweigt. Dieser bringt uns hinauf zu einer weiteren **Schotterstraße** ❷. Wir gehen kurz nach rechts und vor einer großen Kiesgrube nach links. Danach nehmen wir die nach links abzweigende Forststraße, die uns ein Stück bergauf bringt. Nach einer Rechtskurve folgt eine lange Hangquerung. Hier genießen wir erstmals schöne Ausblicke auf den Ort und hinüber zum Gipfel Mavropouli. An einer Linkskurve kommt auch der Loupata ins Blickfeld. Wir wandern auf dem Forstweg noch ein Stück bis zu einer scharfen **Linkskurve** ❸. Hier führen Steigspuren auf einem Rücken nach links in den Wald. Der Steig ist zu Beginn etwas zugewachsen, bald schon sehen wir aber deutliche Markierungen. Der Weg wird bald ausgeprägter, und wir gewinnen schnell an Höhe. Durch den nun höheren Wald geht es bergauf. Nach einer kurzen Verflachung achten wir gut auf die Markierungen. Sie bringen uns über einen Rücken hoch, bis es scheinbar nicht mehr weitergeht und ziehen dann nach links hinunter in eine Mulde. Wir wandern nun durch den Wald mit schönen Ausblicken weiter bergauf. Zwischendurch gehen wir durch etwas sandiges Gelände und kommen schließlich an Weidewiesen. Hier werden die Markierungen undeutlicher. Ziel ist der bereits sichtbare **Sattel** ❹, den wir ohne Probleme erreichen. Jetzt eröffnet sich ein erster schöner Blick nach Süden ins Agrafagebirge. Hier setzen nun mehrere Forstwege an. Grundsätzlich müssen wir uns rechts halten. Sowohl der ganz rechte, als auch der oberste Schotterweg umgehen eine Erhebung direkt vor uns. Wir bevorzugen den linken Weg der beiden Wege, da er nicht direkt an einer Schäferhütte vorbeiführt. Nach der Erhebung vereinigen sich beide Wege wieder. Wir umgehen noch eine weitere Erhebung auf der linken Seite und folgen der Schotterstraße bis kurz vor eine Viehtränke. Hier setzen deutliche Steigspuren an, die uns

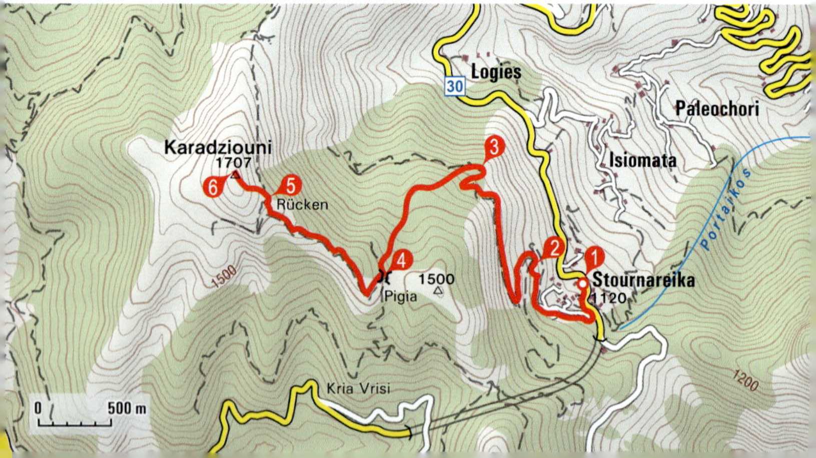

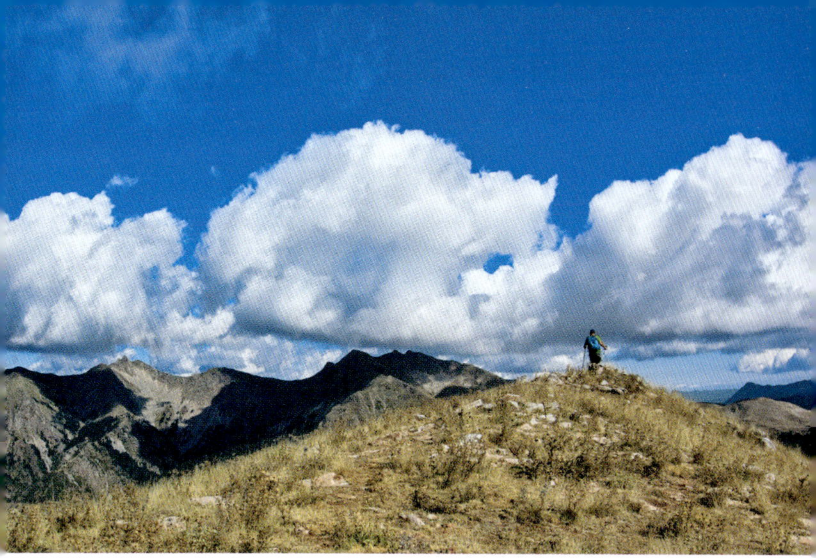

*Am Gipfelkamm des Karadziouni.*

nach rechts zur nächsten Schotterstraße hinaufbringen. Auf dieser Straße wandern wir kurz nach rechts bis zum hier ansetzenden **Rücken** 5. Auf deutlichen Steigspuren steigen wir entlang des Gratrückens höher. Das Gelände wird steiler, die Steigspuren undeutlicher. Weglos erreichen wir die Gipfelfläche mit dem Gipfelzeichen auf dem **Karadziouni** 6, das wir bereits seit langem gesehen haben.

Die Aussicht vom Gipfel ist gewaltig. Chadzi, Avgo, Marosa und Loupata sind sehr gut zu erkennen. Auch der Koziakas zeigt sich. Im Süden erheben sich die Felszacken des Agrafagebirges.

Nach der Gipfelpause wandern wir am Anstiegsweg zurück zum Wiesensattel oberhalb des Waldes. Hier erkennen wir an einem Baum deutlich eine Markierung. Auf diese steuern wir beim Abstieg zu. Über den vom Aufstieg bekannten Steig und über die Forststraße erreichen wir wieder das Hotel Panorama.

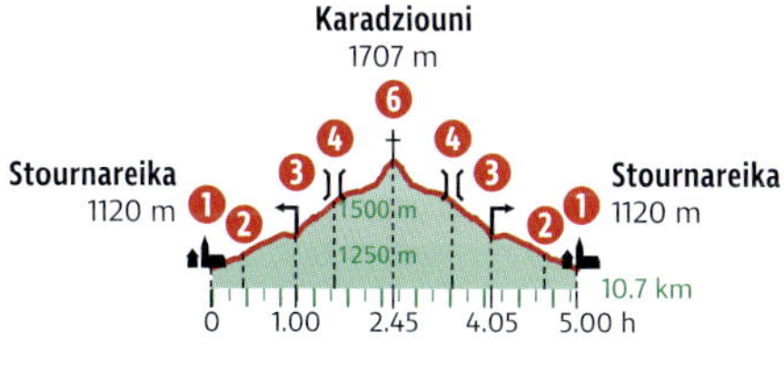

# STICHWORTVERZEICHNIS

Umschlagbild: Ausblick zur eindrucksvollen Vikosschlucht.

Bild im Innentitel: Die letzten Meter zum Gipfel des Karadziouni.

Alle 171 Fotos von den Autoren.

Kartografie:
52 Wanderkärtchen im Maßstab 1:50.000 / 1:75.000
Geodaten © OpenStreetMap und Mitwirkende
Kartografisches Design: Freytag & Berndt, freytagberndt.cz.
Zwei Übersichtskarten im Maßstab 1:900.000 und 1:1.500.000
© Freytag & Berndt, Wien.

Werk-Nr. 4561



2. Auflage 2024

ISBN 978-3-7633-4561-8

MIX
Papier | Fördert gute Waldnutzung
FSC® C147178

Wir freuen uns über jeden Korrekturhinweis zu diesem Wanderführer!
**Bitte per E-Mail an: leserzuschrift@rother.de**

**ROTHER BERGVERLAG** · Keltenring 17 · D-82041 Oberhaching
Tel. +49 89 608669-0 · rother.de